80后

借助**互联网**零成本创业

解读时代力量　分析创业过程　借鉴成功经验

简　军/编著

精英榜 ★★★

DAGONGBURUCHUANGYE

打工不如创业

80后创业富翁全传

企业管理出版社
ENTERPRISE MANAGEMENT PUBLISHING HOUSE

图书在版编目（CIP）数据

打工不如创业：80后创业富翁全传 / 简军编著. --北京：企业管理出版社，2009.11
ISBN 978-7-80255-321-7

Ⅰ. ①打… Ⅱ. ①简… Ⅲ. ①企业管理—经验—中国 Ⅳ. ①F279.23

中国版本图书馆CIP数据核字（2009）第194256号

书　　名：	打工不如创业
作　　者：	简　军
责任编辑：	启　烨
书　　号：	ISBN 978-7-80255-321-7
出版发行：	企业管理出版社
地　　址：	北京市海淀区紫竹院南路17号　　邮编：100048
网　　址：	http://www.emph.cn
电　　话：	出版部 68414643　　发行部 68414644　　编辑部 68428387
电子信箱：	80147@sina.com　　zbs@emph.cn
印　　刷：	北京市宇海印刷厂
经　　销：	新华书店
规　　格：	180毫米×250毫米　　16开本　17.5印张　250千字
版　　次：	2009年11月第1版　　2009年11月第1次印刷
定　　价：	39.00元

作者序

Author Preface

“80后”是指1980～1989年出生的青年人，由于“80后”所经历的特殊历史背景，很多人对他们一直没有很好的印象，早些年有“歧视”“80后”的现象，如被称“垮掉的一代”“最没责任心的一代”“最自私的一代”“最叛逆的一代”。然而，随着时间的推移、年龄的增长，人们对“80后”的一些偏见亦在逐渐改变，尤其是在2008年“5 · 12”汶川地震后，以及奥运圣火护卫战中，这一群年轻人的血性表现，点燃了中国人又一次的爱国热潮，充满活力地宣传了正义、人性的闪光面，改变了人们对“80后”的偏见，至此，各种媒体对“80后”进行的正面报道开始进入主流趋势。“80后”有了一个相对60年代和70年代生人更明显的特点：思维更活跃、更具创意。对于“80后”创业者，勇气、学习能力、合作，这就是我们给“80后”创业一代找到的新标签。

在中国商界、乃至世界商界，尤其是互联网界，一群“80后”青年正在集体浮出水面。而他们的气质精神，显然和所谓的“垮掉的一代”“嬉皮”相去很远。他们叛逆，但并不鄙视或远离现实的商业生活；他们会口出狂言，但更多时候，他们身上带着与其年龄并不相符的成熟与老练；他们退出有既成规则的游戏，并非出于消极，而是动手写自己的规则，以别人可能想都想不到的方式唱主角。他们十多岁即开始接触电脑、而后迷上网络，二十岁前后纷纷独立创业，二十三四岁就有所成就，带领着几十、上百人的员工，拥有了千万、甚至过亿的财富。

他们是谁？李想、王学集、彭海涛、黄一孟、李晋吉、陈曦、郭敬明、戴志康、高燃、刘琦开、郑立、王晨昀、茅侃侃、姚剑军、欧阳学君、董思阳、韩华、达贝妮、李玟阳、库克兄妹、苏哈斯·戈皮纳思、弗雷泽·多尔蒂、贝尔尼克、费拉·格雷等等。

他们因何成事？网络改变了这一代人的命运，网络无限拓展了他们的视野和生活层次。……他们不再只与相同地域或者相同年龄的人为伴，而是通过网络，吸纳世界信息，跟天南海北的人相识、结交、碰撞。他们在虚拟空间里，足不出户，即可“行万里路”。网络更催生出简单有效的行为方式。没有网络，“80后”不可能在短短四五年内迅速完成原始积累。零成本创业是与网络相随而生的，一台电脑、一个人、一根上网线，就是网络创业所需的全部投入，这在任何传统产业中都无法想像。做出了产品，推广和行销产品的成本依然为零。不用到大街上贴告示，也不用去电视台打广告。用户在不同产品之间的切换成本也为零，使得网络竞争的核心在于产品质量和口碑。产品被认可了，品牌有了，就有人把钱送上门来支撑他们去做更大的发展。这就是被互联网业首先引入中国的风险投资(VC)机制，会充当他们向前冲的动力。VC不仅会对这些初创公司投入扩张所需的几百万、上千万美金，这些曾经是成功创业者或成熟管理者的风险投资者还会带去他们成败的经验和广泛的资源。“据业内统计，与传统创业百花齐放不同，‘80后’创业者超过九成选择从网站做起，创业瞄准高新产业。”

目前就业形势非常严峻，被动就业不如积极创业，年轻人更应该有拼搏的激情。全书是案例式教学，一手采访获到珍贵资料，对每一个“80后”创业富翁都进行了深入浅出的分析，既讲了他们的创业故事，又分析出了他们的财富密码，还指出了他们的赚钱系统利润模式。对指导青年人创业，本书是一部不可多得的励志书、案例书。

励志照亮人生，创业改变命运。创业是马拉松，也是体力活。创业好比攀爬一座山，在山脚下抬头仰望山上的顶峰时，总是有希望征服它的欲望。整个攀爬的过程也充满了乐趣和困难，令创业者着迷，甚至流连忘返。但是一个人不可能永远在一座山的顶峰，总有下山的时候，要做好时刻下山的准备。上山不代表完全成功，下山也不代表完全失败。下山后，要记住再去征服新的山峰。激情相当重要，创业是一个很漫长的过程，不但要有激情，而且要长期保持激情。怎么保持激情呢？不断有希望，不断把希望实现。做成功一家公司，并不是你做正确了多少事，而是你少做错了多少事。创业一定要持之以恒地走下去，只有笑到最后的人才可能笑得最好。

目 录 | *Contents*

第一章

“方向”李想：每种产品都可以做成一个网站

“‘80后’，做事情比较果断，但在性格上有些浮躁，并且在困难面前不能坚持自己的目标。我承认我也有这些通病，而我所做的就是不断地修正自己，保持自己清晰的方向。”

“怕失败，才是真正的失败。”

“在高速上保持预见性，把自己变成导演。”

“做事要坚定，我当初如果不放弃考大学，也许今天我只是一名普通的打工者；做事要认真，如果做一件事情比别人多付出5%的努力，就有可能拿到比别人多200%的回报。”

“我遵守‘漂亮的没有我聪明，聪明的没有我漂亮’。我觉得媒体做的也不是最好的，互动做的也不是最好的，但是把互动和媒体结合在一起，我觉得把我们的优势就发挥出来了。”

——李想创业寄语

小传

李想 1981年出生，河北人，高中学历。目前身价两亿元，泡泡网（北京泡泡信息技术有限公司）首席执行官。

1998年前，给《电脑报》《计算机世界》等报刊撰写稿件；1998年，做个人网站；1999年，高中毕业；2000年，注册泡泡网并开始运营；2001年下半年，从石家庄来到北京，开始正式的商业运作；2005年，从IT产品向汽车业扩张，创建“汽车之家网站”；2006年5月，被评为“中国十大创业新锐”。

目前手下有900名员工。据统计，每天至少有一家媒体直接报道李想，至今已有400多家媒体对其进行过报道，包括CCTV《人物》、凤凰卫视《鲁豫有约》、CCTV《对话》、CCTV《新闻会客厅》、CCTV《新闻会客厅》两会特别节目《小崔会客》、北京电视台《国际双行线》、北京电视台国际中心北美频道、湖南卫视《财富大家》、东方卫视《财富人生》、东方卫视《看东方》、上海卫视《财富人生》、旅游卫视《哈啦孙国庆》、《南方周末》人物专版 、香港《文汇报》《中国日报》《时尚先生》《时尚芭莎》《瑞丽时尚先锋》《名仕》《童话大王》等。

身价过亿的“高中生”李想是“80后”，他的泡泡网从最初几千元的进账到一亿元以上进账，时间不过短短四年。泡泡网是第三大中文IT专业网站。2005年营业收入近2000万元，利润1千万元，取得20倍的市盈率，市场价值2亿元。创始人李想拥有最大股份，身价在1亿以上。2005年，李想24岁，创业6年。

李想的成功离不开父母的栽培。李想的父母是当地艺术学校的教师，家教宽松。李想儿时在农村长大，中学时跟奶奶住在一起，很少被父母留在身边。李想有一个够大的空间，自由成长。李想不喜欢课堂，他总要学习在实践中能快速使用的，他总是需要什么才学什么，学了什么就马上用起来。但初中时候他也曾经在课堂上拼命学习，就因为老师一句话的激励：学习不好不要紧，但一定要做个优秀的人。他认为这是他在课堂上所学到的最有价值的东西。中学6年，李想把所有业余时间都给了计算机和互联网，"他们就是为我而发明的"。他曾逛遍石家庄所有的邮局去买一张软件，也曾整夜地呆在电脑前搭建自己的网上王国。白天在课堂上不愿同老师同学分享的观点，晚上在互联网上可以敞开心扉自由表达、遭遇强烈碰撞。"新东西都是在互联网上学到的，传统的教育被抛开了。"

年少的李想，12岁进入中学后，开始接触电脑，不过那时所谓的电脑仅仅是中华学习机和早期的苹果电脑，李想得到的更多是报刊书籍中的电脑知识，直到初三毕业考上高中，家里才花8000元给他买了一台电脑，电脑CPU芯片是奔腾133。电脑买回家，原以为可以痛快地玩游戏。但是李想发现自己并不喜欢游戏，反而对电脑软件、硬件和系统更加着迷。他放学后、放假期间都去电脑城帮经销商组装电脑、卖机器。高一以后，李想再不向父母要钱了。高中时，李想的理想是大学毕业后到一家媒体做一个编辑或者记者，不过到高三毕业时，他已经拥有了自己的一个媒体，完全能表达自己的想法。有了自己的电脑之后，回头再读IT报纸杂志，"我发现里面有很多内容是不真实的，作者没有多少信息，都是从厂家拿来资料、凭空去写文章，我越看越生气。"李想写了一篇新年电脑硬件选购指南，投稿给了《电脑商情报》，结果发了一整版，报社给了500元稿费。从此李想开始大量写稿，投稿也非常顺利，《计算机世界》《电脑报》《家用电脑与游戏》等主要IT媒体都能见到李想的署名文章。"开始，报社给我的稿费80～100元。后来因为我是从用户的角度去写，有亲身体会，报社给我的稿费上涨到了200～300元。"高二开始，李想每个月基本上都能收到1000～2000元的稿费。1998年，上网费用还非常贵，8元钱上网费，4元钱电话费，上网一小时要花12元钱。当年暑假，一小时网费下降到了1元钱，加上4元电话费是5元钱每小时，每个月上网要700多元，李想每天可以在网上呆5～6个小时。上网后他首先去看的是当时的硬件网站飞翔鸟，"一个礼拜之后发现不对劲，我觉得他们做网站不用心，有的信息两三天才更新。我是做同样事情的，他们做得是否用心，我能看出来。这跟做媒体是一样的，你做得是否用心，用户、读者都是可以看出来的。"所以李想想到要做自己的网站，他把过去看过的书籍杂志都搬出来，3天以后做成了"显卡之家"。李想说："每天早上5点多，我起床到国外网站看最新信息。下午5点放学后，我赶快跑到电脑城，赶在电脑城6点关门以前找经销商借一些硬件，晚上回家做评测，写稿，网上更新，投稿，第二天再把东西还回去，每天都是这样。""显卡之家"成了李想的发稿中心，稿子放到网站上，各媒体纷纷来选择刊登。当时电脑正从2D向3D升级，出现了一些3D游戏，3D显示卡很热门，信息需求很大。3个月以后，每天有1万多人来"显卡之家"寻找显卡信息。"到1999年，网络热得烫手，有些网站真是钱多了没地方花，有个网络广告公司Media999找我来投广告，广告显示一万次给我10元钱，广告公司中间抽点佣金。我说投就投吧，反正我每月的稿费有2000多元钱。”后来Media999让李想去银行办一个存折，第一个月给他打过来6000元，第二个月收入就有1万多元了，当年广告费就有了10万块钱。那时候李想的父母每月工资都是1000多元。“显卡之家”虽然比不上《电脑报》那样的大媒体，但是对市场的影响还是巨大的。“有时候因为我说某一款显卡好，会造成北京市场脱销。有一次一款显卡的BIOS设置有问题，我写出文章后，厂家把这批显卡招回了。厂家还给我来信，希望我在网站上发信息，告诉顾客如果买了这款显卡，可以去当地经销商更换。”

个人发稿中心变成了IT网络媒体，李想的理想迅速变向，他决定把自己的网站做大，于是，1999年6月高三毕业后就不再上大学。2000年春节刚过，李想找到了他第一个合伙人樊铮，一起做了现在的泡泡网www.pcpop.com。“2000年7月，网络泡沫破灭，我印象非常深刻。当时的Etoys.com，200多亿美元的市值，200多美元的股票价格一个月下跌到2美分，然后宣布破产。对我来说，广告收入从每个月接近2万，突然一下都没了，Media999还欠着我几万元广告费没付清。”后来，李想和他的合伙人每个月拿着800～1000元工资，收入还是报刊发来的稿费。2001年，泡泡网的第三个合作伙伴邵震从北京到石家庄找到李想，说帮着泡泡网做广告。“他什么都不要，就要每个月2000元工资，而且工资不用我掏，工资和房租都从他的销售收入里出。我给他印了名片，他就开始去拉广告。”李想说。当时泡泡网已经有名气，邵震找到联想集团的QDI主板部，拉回来14000元现金广告费，工资和房租都有了。然后又去华旗资讯公司，换回来3台电脑，办公机器也有了。2001年底，李想从石家庄搬到北京来，租住在林业大学一个60平方米的房间里，白天办公晚上睡觉。2002年初，注册了一家公司，搬进了中关村硅谷电脑城写字楼，正式商业化运作，当年的广告收入20多万元，到2005年，收入上升到了千万元量级。2006年，泡泡网的李想被媒体关注起来，多家媒体、网站评他为“创业新锐”，南方航空公司的头等舱杂志《往来》还把他评为“2006年度十大精英会员”。当时李想在博客写道：“有点意外，今年居然和柳传志、李春平一起上榜了。”他的草根出身与竞争对手相比更加突出，中国前五名的IT垂直网站中，Pconline.com背后有分布在全国主要城市的6个太平洋电脑城，中关村在线被全球最大的IT资讯集团CNET收购，IT168背后是早年知名的联合商情公司，天极网背后是中国发行量最大的《电脑报》，只有泡泡网还是几个年轻人独立支撑的公司，至今没有拿过一分钱投资，因此泡泡网成了风险投资追逐的对象。2008年6月，澳洲电讯收购泡泡，官方公布的价格是泡泡、汽车之家、IT168、ITCHE这4家网站的55%股份总共5亿元人民币左右，按照各个网站的业务量、李想在泡泡中的控股额、及一般收购的兑现比例，可以推算出李想在此次收购中的现金进账约为3000万元左右，加之其之前积累的1000万元左右，李想的个人现金持有应该在4000万元左右，另外还留有泡泡的股份。

除了互联网，车就是李想的最爱。他喜欢玩车，从POLO到BMW不等，喜欢开快车。他说：“在高速上才能清醒，我是自己的导演。”

创业故事

为办网站放弃高考

为了办好网站，李想毅然放弃了高考，面对父母的反对，他始终坚持自己的主张："妈，你不懂，如果上大学，我这网站就死了。我还要挣钱，网站不往商业方向发展不行。"看儿子如此坚持，李想的母亲也就放弃了让儿子读大学的想法，对儿子唯一的要求就是"好好学习"。

李想当时觉得应该全身心地投入进去，因为在当时他基本上除了睡觉、吃饭，都在为自己的网站工作，如果上了大学，时间至少要砍掉一半。所以，要说服父母，"最重要的是我要拿出自己的成绩来。"李想认为做成什么样的事业和学历没有直接关系，但在他心里还是觉得没体验大学生活有一丝遗憾，但也不能说"因为我是高中学历，所以现在身家1亿，这会给很多人一个错误的信号"。其实，在李想创业之前，他已经有了六年电脑知识的积累。

泡泡网进京差点倒闭

2001年底，李想告别父母，从石家庄来到北京，招兵买马，开始正式的商业运作。技术、销售、架构和市场副总裁相继加入团队，兵强马壮的泡泡网迅速发展壮大。但2003年的那场危机，李想回忆起来仍然心有余悸。

当时，泡泡网有一半的编辑要辞职，因为他的网站全是靠编辑来运营的，如果走了一半，那网站基本上没有办法运营了。那天李想非常着急，立马给要辞职的编辑打电话，一个一个地打。但他们却异口同声地说：已经去竞争对手那里报到了，那边条件很好。事后李想开始反思，其实网站出这样的事确实自身有问题。第二天他来到公司，公司只剩下几个领导，大家一起开会讨论，决定马上招人，一个一个地去带。大概一周左右的时间，整个网站的运营又恢复正常了。在这个过程中，所有的竞争对手都在传：泡泡网死定了，李想没戏了，有的甚至说整个公司只剩李想一个人了。不过，幸运的是泡泡网度过了成立以来最大的危机。

杰克·韦尔奇是榜样

“虽然我放弃了上大学，但我自始至终没有放弃过学习。”在学生时代，李想就靠着多年从书本上积累下来的理论知识为各种电脑类刊物写稿。在这个如此强调实践操作的领域，李想竟能全靠“纸上谈兵”，成为一个专业的“电脑达人”。

“说起来，好不容易拥有自己的第一台电脑时，我还不知道鼠标怎么用！但要说到系统和硬件，我所掌握的东西已经超过了学校里所有的人。那个时候我已经不跟自己的同学聊电脑了，都跟行业内的专家聊。”

在大多数同龄人还处在“受雇于人”的状态时，李想已经当上了CEO，他手下的员工，很多都比他年龄大。他说：对一个CEO来说，管理事业就是管理人，团队的凝聚力是很重要的。

经历过手下一半员工在一夜间辞职跳槽的人事危机之后，如今的李想更注重与员工的交流。他关掉msn，坚持与大家面对面地交谈，分享各自的观点与看法，不以领导自居。杰克·韦尔奇是李想的榜样和目标，杰克·韦尔奇的管理思想和作风很值得他仿效。

别被创业概念冲昏了头脑

在“80后”这个群体中脱颖而出的李想，又一次给了许多对创业摩拳擦掌、跃跃欲试者信心。但对于“年轻人创业”这个话题，李想却要毫不留情地浇一盆冷水。“创业成功的概率就跟中彩票一样，大家看到的只是成功的例子，其实背后的失败者不计其数。我只是一个个案，并不具备普遍意义。所以，我不鼓励盲目的创业，更不喜欢那种‘考不上大学或找不到工作就去创业’的想法。一个就业失败的人，肯定是没法创业的。”李想认为，如果他身上有什么可借鉴的经验，那就是：只要主动出击，努力把事情做好，一个人就能掌握生活的主动权，改变自己的命运。这一点，无论对于创业者还是就业者，都是适用的。“我觉得现在有一些大学生心态很消极，他们往往被动地接受生活的安排，不知道自己要的是什么。其实在我看来，如果花四年的时间把基础打好，学一点真正有用的东西，同时抱一个良好的心态，将自己的位置放低，一路脚踏实地地走过来，怎么可能找不到工作？我看这样的人哪个公司都会抢的吧！”

拥有了金钱也拥有了名声，可李想却依然朴实得像个学生。对他来说，“创业不仅仅是为了获得财富，更多的是为了实现梦想。最重要的是坚持一种把事情做到最好的态度，那么拥有财富就是迟早的事。”

★★★★★ 财富密码

方向

经过多年创业的积累，李想将自己的体验和感受总结形成了七大要点，即：方向、目标、意愿、方法、毅力、成果、自我观察。

方向是创业和发展的第一个重要指标。什么是方向？方向就是你要为什么而奋斗，李想的方向就是互联网，GOOGLE的方向就是信息搜索。

一个人的方向是可以改变的，不过改变的代价也是很大的，改变方向以后等于又在新的方向上开始了起点。只要坚持一个正确的方向，一直坚持，就会取得不错的成果。当我们有了方向以后，最重要的不是先掌握方法，而是先明确目标。方向是模糊的，目标是清晰的，很多人说生活和人生感到迷茫，其实最重要的就是：他失去了目标。目标，一定要现实又具备挑战性。当我们完成一个目标以后，再去挑战更高的目标。

人生最重要的是很现实地给自己找一个方向、一个目标，踏踏实实工作，在这个过程中不断学习。

方向更重要的是一个战略的愿景，方向在一般情况下是不会改变的，方向上你会定阶段性的目标，这个目标很重要，这个目标就是你的目的，这个目标对我们而言可能是一个可以做到，但很具有挑战性的目标，这样你才能不断的成长，不断完成更大的目标。

对于一个创业的人，你要有方向和明确目标的去做，这样成功的机会才会最大。方向其实就是追寻自己喜欢的事情，比如说一个人知道自己想要的东西是什么，就会去抓住这个方向。

“我的方向和目标很明确，一开始我就知道我的事业方向就是互联网，然后我确定了每一个阶段的目标，一个一个去实现，所以我不会受到诱惑去烧钱，也不会因为碰到困难就放弃。”

盈利模式

每个产品都可以做成一个网站

花钱做推广，李想觉得有三个渠道：第一，是用户；第二，是渠道，就是经销商渠道；第三，就是广告主，包括品牌厂商、包装公司。其实，李想打广告的时候是有明确的指向。比如说，针对用户而言，点击用户量就足够了。

李想不是为了曝光而曝光，他目的是非常明确的。过去的时候，像HP、索尼不会在他们那儿做广告，因为这是一个小网站。广告主不会像他们很专业地研究流量。但是，至少有了这些东西，李想公司的品牌上升了一个很高的台阶，李想的网站和其他的IT网站成了一个不相上下的网站，有些厂家愿意在李想那儿投放广告，愿意付费，因为有不错的效果。

泡泡网是以技术出身的，在乎技术内容的，回过头去补数量、广度这些东西；汽车这边，李想一上来就是做数量、效率，回过头补质量和深度，两个有很大的不同。作为"垂直网站"，两个网站大概的发展方向还是相同的，分别从媒体、数据库，还有互动客户来挖掘自己的价值。IT这块大家都非常清楚，汽车有一个售后服务市场，包括汽车的保养和保险，这些东西也是要靠整个社区来带动的。所以，从做的第一天，李想就非常注意这种社区的建设。另外一方面，IT产品已经慢慢变成快销型产品，本身销售的环节，也越来越简单。

汽车有一个很大的不同，汽车很多时候是一个不同的生活方式，比如说开奔驰的人，不喜欢和开宝马的人在一起。开日本车的不喜欢和开德国车的在一起，但是，做IT的时候要加一些产品和导购。所以，这两个说法无论是内容，还是未来发展方向，都有一定不同。但是，底层的结构是非常相似的，这就是他们可以把汽车网站访问量做起来的原因。

更长远而言，李想觉得，一步一步往下摸索，过去李想发挥了媒体的价值，接下来发挥用户的价值，再往后会把互动的价值发挥出来。李想从来不认为互动是很好地去卖广告，坦白来讲，虽然有每天3万多人在线的社区，但是，李想进行各种各样的数据调研，发现用户对产品的喜好程度、外来消费品广告的关注程度并不高。所以，李想不认为社区有一个真正意义的广告价值，但是，社区的口碑营销，对于销售能力的促进影响很大，如何把自己的社区打造成一个消费型的社区，不仅仅是为了互动而互动，而是为了消费力的反复循环，李想觉得这是下一步工作的重点。

李想研究发现，一个网站经营的是用户群，如果两方面用户群是相似的，会继续保留下来，用户的社区能很好的带动产品社区，很多网站这一块的流量非常大，对整个产品的导向上面有很好的帮助。

李想认为，最主要还是用户和渠道，做出本地化的内容，和整个经销商的渠道互动起来。至于眼前赚钱不赚钱，李想觉得并不重要，最重要是先培养起来。过去华南的用户数量一直是最大的，也包括整个带宽70%来自电信，30%来自网通，这一块是一个非常有吸引力的市场。

另外，李想他们在华南的广告销售一直非常好，李想他们的消费者一半以上是来自于华南。为什么来自于华南，因为几乎所有的厂商都在华南，他们一直都是李想非常好的合作伙伴和客户。

李想觉得互动应该是整个平台的方方面面，包括从内容这一块上面，李想他们会通过留言、评论系统，让用户与编辑进行互动，这里边用户一定是一个注册的用户，因为注册的用户才属于自己的用户。在数据库里面是用户和经销商互动，如果你去泡泡上面，这些人一方面打电话与经销商联系，另外一方面通过IT工具与经销商进行沟通，也包括通过论坛、留言板的方式进行沟通，经销商把自己的互动方式提供在平台上面，最后，社区上面是用户和用户之间互动。过去，李想他们是为了互动而互动，没有什么真正的商业价值。李想觉得真正的商业价值来自于过去论坛里领袖意见能够影响别人去购买，具体的经营方式有很多种办法，李想觉得这个方面是暂时的一个商业秘密。

如果整个网站的经营者有办法去刺激这方面的领袖意见，能够影响别人，获得自己的好处，而这些好处又可以被这些消费者认可，李想觉得这才是一个真正的消费型社区。但是，这种刺激方式大家要多方面去想，想一个多方面都受益的方式。但是，也让过去的纯粹靠这种比较虚的领袖能够获得比较实在的东西，比如他影响别人去消费了，他可以自己免费得到一两部手机。不是这些去保养、养车的人非常心甘情愿去，而同时这些人又心甘情愿把这些利益和他们进行分配，但是他们的利益又没有受损，仍然是在这种口碑的传播，是把这些各种各样的成本降低，获得这些的利益，李想觉得互联网平台有这种优势，为什么呢？因为开一个4S店的成本是很高的，但是，在互联网上面成本是很低的，这些利益大家能够很好地划分的话，这是一个很好的消费型社区。比如说把手机做成一个网站，使用这个手机的人，自然会形成一个圈子，他们会讨论手机的使用型号。汽车也是这样，开同一款车他们会形成一个很好的圈子，自行组织各种各样的聚会，这样用户的定向非常准确。举一个比较简单的例子，比如说帮4S店推广车，只需要发动这个地方的所有用户，奔驰要来这里打广告，没有必要看到大众的客户，只需要找到宝马的客户，找到奔驰的客户，找到奥迪的客户就可以了，可以帮他们大幅度降低成本，这些东西都可以做到的，只不过这些广告公司都不愿意这么做，这么做他们的利润会减少。

第二章

“专注”王学集：**掘金PHP社区软件**

“专注是个人成功的关键因素。”

“一定有需求的驱动存在，关键要看是小众还是大众，还有就看你是通过什么方式帮助站长解决问题。”

“年轻不怕累，也累得起，可以多做点事情，年轻让创业者拥有绝对的激情和义无返顾的决心。”

——王学集创业寄语

小 传

王学集 网名Yuling，1982年出生于浙江温州，毕业于浙江理工大学。个人财富1000万元。他创办的杭州德天技术公司，是我国最大的社区技术及服务商之一，包括中国网、腾讯网以及各大门户网站都是其客户。他的PHPWind创立于2002年，PHPWind一直定位于建站软件开发及增值服务提供，致力于为站长提供简便、有效、可持续的建站方案。公司的核心产品论坛系统是一套开源软件系统，同时PHPWind拥有众多原创的核心技术：独创的模版设计体系、数据库的多表散列设计理念、索引数据文件的利用及其算法、文件读写稳定性算法、数据库索引负载均衡算法、多重安全防护体系等，目前已经成为国内应用广泛的论坛软件之一。

王学集1998年一接触网络，便展现自己的兴趣和爱好。刚开始时是一种投入和迷惑不解，之后是成就感和被关注。2002年王学集上大学的时候，他是一名程序员。在做了一段时间的技术服务后，王学集独立开发了自己的产品，2003年他将业务重点放在了论坛服务上。网络迅猛发展后对社区软件的极大需求对王学集而言是一个动力，他看到了自己产品的市场化前景，于是在2004年PHPWind正式成为一个通用论坛项目。2005年，王学集靠自己优秀的产品打动了投资人，融到了一笔资金，他在母校附近创立了自己的技术服务公司，他由程序员变为了公司的CEO。王学集认为取得成功是偶然的也是必然的。他自己的初衷只是为了兴趣。但在拥有了一个有市场价值的产品后，赢利与兴趣便有了交集，对产品的持续完善换来了用户的忠诚度。王学集认为自己的身份变化是比较自然的，他觉得管理和技术都能创造价值，两者并不对立。虽然王学集坚持认为自己现在完全成为了老板，但一谈到自家产品时，与年龄相称的热情一下就被激发出来，专业的口吻和严密地逻辑思维让人几乎忽略掉他是公司的领导人。

2008年5月，phpwind被收购，总价格理论值为5000万元左右，而套现比例则会按照未来的业绩实现情况支付，王学集作为phpwind创始人兼CEO，在收购中现金收入总计估计为1000万元左右。“随着互联网及信息化产业的深入发展，创业成本变得低廉，开始涌现出很多人通过互联网进行创业，PHPWind就是为这些普通的创业者提供免费的互联网建站软件，让互联网创业门槛大大降低，我们已经为50多万名创业者提供了这样的产品。”王学集认为，“作为一个企业，要有社会责任感，不仅是卖出产品，还要帮助用户更容易地走向成功，给社区网站经营模式提供更多新的思路和方向！”

● 创业故事

年轻不怕累

王学集上大学后，想努力学一点东西，他接触到了电脑和游戏。为玩好一个游戏，他会花十几天甚至是一个月的时间对其进行琢磨。所幸的是，他的时间不会完全地被游戏占据，而是会抽出1/3或者一半的时间去思考朝哪个方向玩才是正确的。在他看来，“即时战略”类游戏有益于人的心智，能锻炼人的思维能力，一般两三个小时就能结束战斗，因此不用“昏天暗地的把时间都耗在‘练级’上”。

在很多同学眼里，王学集是个“怪人”。他不常参加班级活动，即使上课的时候，他也会研究自己感兴趣的东西，甚至经常逃课，但他却没有一门课“挂红灯”，像计算机、数学、英语等基础课都没有拉下过。他爱听自己中意的课程，学习PHP语言就是其中之一。当时PHP在国外刚刚兴起，国内还未流行，为了用这门学科技术建起属于自己的社区网站，大二暑期王学集依然留在学校，游刃于代码之间。杭州的夏天酷暑难耐，王学集的寝室在顶楼，没有空调，他每天早上六七点开始工作，一天洗三次澡，喝大量的水，用以解暑。大三暑假更是租了一间房子，与合作伙伴一起不分昼夜的编写代码。经历了这段时期，公司的社区产品PHPWind日趋完善，同时以免费版本的形式提供下载，引起了国内社区行业的不小震动。

PHPwind成立之前只是一个技术研发团队，王学集等几个年轻人共同专注开发社区软件，并建立了PHPwind.net社区交流网站。由于产品技术的前瞻性，并通过口碑相传，知名度不断提升，一些著名网络公司慕名而来。创业期间乃至于现在，他都是每天泡在网络，时刻关注互联网社区的发展方向。随着用户需求的不断提升， PHPwind不仅专注于提供更优秀的社区及电子商务解决方案，而且依托PHPWind在业内的资源和影响力，为旗下站长提供更多的盈利模式。

王学集的成功如他所说：年轻不怕累，也累得起，可以多做点事情，年轻让创业者拥有绝对的激情和义无反顾的决心。只有拥有了这些，创业才有可能成功。

创业水到渠成

王学集的父亲是一家加工企业的老板，同时投资矿产。但对于电脑发烧友王学集而言，无论哪个产业都对他没有吸引力。他喜欢编写软件代码，建立自己的社区网站。

“我真的没有想过要创业，大学毕业后我也没有觉得自己在创业。”王学集讲了一个“梦里写程序”的趣事。“那是在2003年，我们计划用两三天时间整出一个程序来。”由于没有国内外的任何资料，程序一直写不出来，人也搞得很累。而就在累得睡着时，在梦里他又想到了程序，醒来后灵感迸发，一下子把问题给解决了。2004年，王学集通过版本授权的方式，将自己的技术出售给赢利性网站，从此开始赢利。不管企业处于哪个阶段，都必须赢利。没有利润，企业必死无疑，只不过每个阶段赢利所用的方法工具不同。做企业要解决三个问题：如何活下去？如何活得好？如何活得久？赢利能力不强，现金储备不足，让很多企业葬送了生命！赢利是衡量企业成败的唯一标准。“公司刚成立时，总共只有4名员工，现在员工人数每隔半年就会翻一番。”公司发展后，王学集第一个念头就是招些学弟学妹进公司工作，一来是为了企业的更好发展，二来也可以解决他们的就业问题。

与客户一起成长

“将社区上的供给和需求有效对接，是PHPWind眼下正在做的事情。”PHPWind提供了一系列建站软件，比如社区、博客、SNS系统等，建站者可以根据自己的需求，将不同软件进行组合使用以达到自己的个性化需求。

王学集曾经犯过两个错误：一是不应该理想化地上马网上商城项目；二是贸然在北京开设分公司。王学集表示，两个错误责任在他，使公司发展上有些冒进了，但后来做出下马决定的也是他，这是出于对用户的负责。对用户承诺的兑现是一个天大的事，纸上谈兵要不得，他宁可走专精路线，也不能让过度膨胀砸了PHPWind的招牌。

如今，社区在中国已成为互联网最主流的应用之一。据统计，43.2%的中国网民经常使用论坛／社区／讨论组，社区应用普及度超过即时通讯，成为仅次于收发Email的互联网基本应用。而PHP恰恰是社区软件中最通用、最普及的互联网开发语言。“我想让PHPWind成为业界最好的社区软件及方案供应商。”

王学集展示了一份调研数据，在2万份有效问卷中，仅14%的网站经营时间在3年以上。

而相对应的网站总体盈利能力欠佳，近60%的被访论坛月均收入不到100元，仅有不到15%的论坛月均收入超过2000元。“这几组数字透露出一个事实：即绝大多数论坛依然在靠着可怜的收入维持着网站的运营。”“只有与自己的客户一起成长，并协助其创造价值，自己的价值才能体现。”

★★★★★ 财富密码

专注

PHPWind官方LOGO有8个字：“因为专业，所以优秀。”“PHPWIND的成功来自于我们的专注。”美国管理学大师杰姆·柯林斯认为，卓越企业只有两样真东西——专一与辛苦，也就是说聚焦于最关键的因素，并且避免被无谓的事物牵扯过多的精力。只要我们专注于正确的事——停止分散精力的无意义的活动——既使不付出更多的劳动，也能创造出巨大的飞轮效应。要想企业长青，必须结合理性与热情，一心一意地努力追求。这个道理不仅对企业如此，对个人也是这样。

与其他社区软件不同，PHPwind一直以简洁、高速而受到站长们的推崇。PW6.3.2版本的推出更在社区软件领域树立起一个高高的技术壁垒。国内人气最旺的网上商城之一ShopEx的官方论坛继阿里妈妈之后也从Discuz系统平稳过渡至PHPWind论坛系统。在进一步扩大产品的竞争优势基础上，PHPWind也不忘结合社区网站的特点，有针对性的提供各类增值业务，为社区网站创造更多的个性化和增值业务。以PHP郵Wind的主打社区软件系统PWFo郵rums为例，在这套系统中，包含着王学集与他设计团队的大量原创核心技术，其中包括他们独创的模版设计体系、数据库的多表散列设计理念、索引数据文件的利用及其算法、文件读写稳定性算法、数据库索引负载均衡算法、安全防护技术等。经过多年发展之后，PWForums已成为全国最优秀的PHP社区软件。除了具备多重子版块和后台用户组权限可以自由组合外,PWForums还具备分版块控制生成html页面、可选用的所见即所得编辑器、防止图片和附件防盗链、多附件上传下载、输入图片URL直接显示图片、版块主题分类、版块积分控制与版块内的用户组权限控制、主题与回复审核功能、自定义积分与自定义等级提升系统、论坛用户宣传接口、帖子加密隐藏出售、分论坛二级目录/域名等一些特色功能。

从1994年诞生至今，PHP技术已被全球2000多万个网站采用。随着PHP技术的成熟和完善，PHP已经从一种针对网络开发的计算机语言发展成为了适合企业级部署的技术平台。国际权威机构的调查显示，PHP技术在全球互联网社区领域的应用位居第一。在Alexa中文网站500强中，394家网站全部或部分应用着PHP技术。据统计，王学集创办的PHP-Wind成立至今，已累计为50万的互联网站长企业提供了网站建设类软件，每日使用PHPWind软件产品的网站，创造了超过3亿多次的访问量。

盈利模式

掘金PHP社区软件

PHP技术是社区软件中最通用、最普及的互联网开发语言。“我对社区软件的未来商业前景一派乐观。随着互联网的碎片化和去中心化趋势愈演愈烈，基于web2.0众多应用的社区网站已经成为互联网的主角。但通过整合无线服务、即时通讯、电子商务等互联网应用业务，通过整合和汇聚长尾市场的分散力量，网络社区的潜在价值在未来几年内将充分释放。要做到这一点，取决于社区软件提供商是否能为网络社区提供一些更好的人与人互动的工具，把社区上供给和需求有效对接。”

PHPWind作为国内知名的通用型程序供应商，其社区软件产品包括了论坛系统、博客系统、内容管理系统、商城系统与独立运营的免费站点申请平台等，其中主打论坛软件产品PHPWind Forums覆盖了国内1/3的站点，是国内最先保持PHP社区软件代码开源的系统，也是全国使用范围最为广泛的社区软件之一。

社区网站的遍地开花以及社区应用的日渐主流化，为PHPWind的商业前景打开了一条充满增值空间的上升通道。许多网站总是自称为社区网站，社区网站的概念到底是什么？一个社区，应该是一个城市，可以允许各种各样的人存在，不仅是讨论，而且应该是互动的。一个城市值得我们留恋的地方在哪里？第一是这个城市有我的财产，比如房子、车子等等。第二是这个城市有我的亲人、朋友，因为这个城市有这些人的存在，我会对这个城市有亲切感。这两个因素的存在是很重要的，这就可以理解为什么QQ、MSN之类的IM工具可以很流行，其实QQ本身只是一个号码，真正有价值的是里面的好友，好友是我们的人脉，这个跟手机号码的性质类似，这些都是我们人际关系的积累，如果丢失了，就等于失去了很多财产，所以QQ能够火。为什么我们要使用QQ、MSN？

每个人存活在世界上，哪怕他（她）是最内向的人，也是需要自我表达的，这个行为表现在网络上，表现形式无非是文字、图像、视频、音频，所以博客才会兴起。当然，你表达了，同样需要别人去关注，如果没有人关注的一个博客，博主的动力会减少。同样的，如果你建了两个博客，一个被关注，一个不被关注，你肯定会倾向于经常更新有人关注的博客，因为至少这个过程中是有互动的：你在写，别人关注，同时也可以回复评论。同样的，使用文字表达的方式是最直接、最有效的，那么，就可以理解新浪博客、百度空间的兴起。如果一个网站只是单纯地能够写博客，肯定是没有竞争力的，因为没有人关注，没有互动。那么，是否应该有一种形式来表达或者是构建这一过程呢？这么就可以理解个人空间的出现，能够写博客、传相片、传视频音频，能够跟别人互动，能够跟自己的好友在网络上继续保持联系，能够认识更多自己感兴趣的或者是跟自己有相同爱好的人，这样的产品，是不是一个完整的社区？这个最成功的例子就是facebook和myspace了。如果有一个社区网站像一个IM软件（QQ、MSN）一样能够给人互动，并且人们不能离开这个网站的时候（因为亲朋好友都在上面），这个社区网站肯定能成功，并且会吃掉很多其他网站的用户群，因为互联网就是一个用户争夺战的平台，需要用更好的产品去留住用户，超越竞争对手。

第三章

“痴迷”彭海涛：专注于游戏软件研发

“游戏不过是用来给无聊人打发时间的。这个世界，人们太无聊了。”

“我是在玩游戏，而不是被游戏玩。”

“我确实像卸下了个包袱，每个人都想做陈天桥，但是假如真把他的财富、责任、问题都交给你，这个压力不是每个人都能承受的。”

——彭海涛创业寄语

小 传

彭海涛 1984年生于四川成都，小学三年级开始接触任天堂游戏机，曾获得过休闲游戏《疯狂坦克》的成都赛区冠军；2001年6月在四川大学计算机专业就读，开始设计休闲小游戏，获得业界不少好评；2002年，18岁的彭海涛告诉父亲，陈天桥运营《传奇》创造了财富神话，他可以做出更好的网络游戏软件；2002年9月，彭海涛退学，在父亲100万元的支持下，招募了三名国内顶级技术精英，专心做游戏软件开发，并成功制作出了highway高速全3D实时网络游戏引擎；2003年9月，锦天科技发展有限公司创立；2005年5月，经过两年的研发，中国第一款自主研发的3D网游《传说online》诞生；2005年7月，以2000万元的价格将《传说online》的全国总经销权，出售给北京晶合时代软件技术有限公司； 2005年11月，《传说online》成为获得国家文化部批准的“国家动漫游戏产业振兴基地”首推的第一款本土游戏；2006年初，在《传说》正式运营收费之后，彭海涛携锦天全体研发人员开始了第二款免费游戏《风云》的开发。2006年12月，《风云》正式推出。短短半年时间，注册用户达600万，活跃用户150万，迅速进入国内最好的3D角色扮演类游戏行列；2007年7月，锦天科技被盛大收购，据悉收购金额上亿，彭海涛自此成为中国最年轻的亿万富翁之一。

1984年出生的彭海涛有着退学创业的传奇经历。在他将自己设计的两款网络游戏以1亿元的价格卖给盛大公司后，彭海涛想做的第一件事就是为自己配置一台最先进的电脑。对他来说，游戏总是第一位的，即使有了1亿元的财富也没让他心猿意马。盛大集团总裁说：“这 1 个亿绝对是真金白银，年底前盛大将按约定分三次把钱打给他。”许多人都对一个青年人陡然间拥有了1个亿的财富而感到不可思议，甚至将这一结果归功于他的父亲——一位有钱的房地产商。彭海涛虽然不否认父亲的帮助，但他认为，自己做网络游戏成功的原因是：“这个世界太无聊了。”

彭海涛在18岁的时候选择了退学。据他说，退学的原因是对大学感到失望，“学不到新东西”。这么说是针对游戏而言，因为从很早之前，他就已经是个狂热的游戏玩家。他的玩游戏历史要从幼儿园算起，那时他的母亲去广州出差，带回了一台家庭电子游戏机，从而为他开启了一个虚拟的全新世界。1994年，这个痴迷游戏的小男孩，已不再满足于游戏机了——他索要了一台486的电脑。这台电脑让"只是为了玩游戏"的小学生彭海涛兴奋不已。第二年，小学五年级的彭海涛，已经成为日本"光荣"公司的《大航海时代》游戏里一个成功的"商人"。他热衷于游戏里面的航海和交易，游戏中的世界地图、港口城市都在他的脑海中。到初一时，地理老师就为此夸奖他说："你的世界地理水平可以去教初三的学生了。""从初中到高中，除了上学，我都在玩游戏。"他说。因为对游戏的痴迷，彭海涛成了一个"问题孩子"，他经常不做作业，为打游戏还经常逃课。

2001年夏天，彭海涛按照自己的意愿选择了大学——四川大学网络学院。此时，他已经不仅是玩游戏的高手，而且是修改游戏的高手。"我是在玩游戏，而不是被游戏玩。"彭海涛说自己这么多年玩游戏就没买过点卡，也没有找人做过代练，甚至他还把自己在《传奇》的装备卖了6000多元钱。大学期间，彭海涛参加《疯狂坦克》成都赛区比赛获得冠军，并得到8000元奖金。此外，修改程序、编程、开私服……所有游戏玩家敢想而不能做到的领域，他都一一涉猎。很多游戏他都自己亲自修改来玩。"这东西没人教你，只能自学，我把我能找到的所有的书都看过。"在大一下半学期，彭海涛在国外游戏的服务器上加设了一个服务器，再把现成的国外游戏作了一些改编，免费让大家来玩。结果在他的服务器上，在线的人数经常都能达到五六百人。当时很多网游每个月的收费在28～30元，同时在线的这几百人"随便一收费每个月就能挣上万块钱"。彭海涛意识到，他完全可以复制盛大在《传奇》的赢利模式。游戏赚钱并不是那么困难，读不读大学对他已经不那么重要了。

2002年9月，退学后的彭海涛开始大手笔地"玩游戏"。带着父亲给的100万元作为启动资金，彭海涛开始建设自己的游戏工作室。这是一个四人团队，汪疆负责程序编写与服务器维护，贾涛负责游戏引擎与游戏画面，赵志明负责游戏剧情的整体设计，彭海涛自己负责游戏的整体架构。其他三个人都是彭海涛在网络中认识的朋友，都是大学毕业刚工作一两年的年轻人。

2003年9月，在父亲的帮助下解决了500万的注册资本后，彭海涛任董事长的锦天科技有限责任公司创立，他正式从游戏研发者转型为游戏公司老板。那时的公司很像网吧，员工们蓬头垢面地聚集在电脑前，没日没夜地熬着。那时公司里的电脑机箱多半是敞开的，为了机器散热，满地都是各种各样的电脑零件，沙发上被子乱成一团。据说，彭海涛的办公室只用来睡觉，平时上班他都跟大家凑一块儿。在公司第一款游戏作品《传说》刚起步时，彭海涛曾连续2个月睡在办公室，创造过4天3夜不睡觉的记录。

2006年初，由锦天科技制作的中国第一款自主研发的3D网游《传说online》正式收费运营之后，彭海涛开始投入到第二款免费游戏作品《风云online》的研发中。那段时间，是彭海涛创业以来最艰难的时期，连最初的创业“四人团”也有人离开，甚至要靠父亲的人脉和银行贷款才能支撑公司运营。但到了2006年12月，《风云online》投入商业化运营，游戏的3D引擎和画面品质既叫好又叫座，注册用户数超过600万，活跃用户数也达到150万的数字。不久，在和陈天桥三次会面后，彭海涛交出了自己的“孩子”——《传说online》和《风云online》两款游戏的运营。

不论过去还是现在，彭海涛都一直活在自己的游戏世界里，他不愿走进父亲所在的那个真实的世界里去，这也是他卖掉网络游戏的原因。“我确实像卸下了个包袱，每个人都想做陈天桥，但是假如真把他的财富、责任、问题都交给你，这个压力不是每个人都能承受的”。

创业故事

辍学后创业

2002年彭海涛念大一，那年暑假，父亲带他旅游。飞机上，数码电视里正播着一款韩国的动画片，由此及彼，彭海涛一下子就和父亲聊到了韩国的游戏。他告诉父亲，韩国游戏《传奇》在几年时间，就赚走了中国网民10亿元人民币，他感到很郁闷。“我一定要做一款热门的网络游戏，证明中国游戏不比韩国游戏差！”开始彭国权以为他只是随便说说，没想到，彭海涛一下子就全盘托出他对游戏产业发展的整体规划，并提出他想辍学创业。

父亲彭国权很是惊讶，彭海涛郑重地向父亲分析：“您供我上大学，目的就是让我掌握一门专业知识，以利于我今后在这个社会安身立命。而我现在创业的想法已经构思成熟，并有极强的操作性和可行性，我现在所拥有的知识也完全能够应付这个事业。假如我继续在大学里学习，毕业后还是做这些事情，那时创业，恐怕已经失去了这个项目的先机，我觉得不值。况且，如果创业成功，我仍然可以继续学习。”

彭海涛一番解说，不得不令父亲刮目相看。就是在那一刻，他作出了一个惊人的决定，一个对国内网游影响深远的决定，一个在当时让所有亲朋好友都百思不得其解的决定：出资100万元，支持儿子辍学创业。

“挖人”风波

在彭海涛意欲大展拳脚之际，一次“挖人”风波却使公司停滞两个月之久，差点功亏一篑。那时，不知竞争公司使用了什么伎俩，一些关键的美术设计人员被暗中挖走，游戏美工这一块顿时陷入瘫痪，游戏研发面临全面停顿!这时，负责构思设计的赵志明站了出来：他没有任何3D软件基础，仅有一点绘画基础，但他硬是在一个月的时间内通过没日没夜的自学成为了一名3Dmax高手，能轻松胜任游戏中各种形象的设计，统领整个美术组。

这次“风波”看似偶然，实属必然。在危机解除后，彭海涛智慧地看到了这一点。员工们埋头工作，得应得的工资，利益驱动不大，工作积极性不高，遇到条件更优越的公司招聘，谁都会义无反顾地去尝试。“4人团”看似牢不可破，其实也脆弱得不堪一击。原来支撑大家夜以继日工作的是创业的冲动、志同道合的激情，而当时间流逝，新鲜感消失后，势必会出现这样那样的问题。经过长时间的思索，彭海涛的心中，渐渐勾勒出了一个新的利益分配模式。在危机解除后的第三个月，彭海涛对公司体制进行了变革：他将公司的部分股份让出，无偿赠予与他一起创业的员工们，培育了员工们的主人翁意识；他将公司的总经理职务虚位以待，聘请职业经理人入驻公司。

21岁赚到2000万

著名游戏代理商北京晶合时代软件技术有限公司以高达2000万元的价格，买断了彭海涛自主研发的《传说Online》的全国总经销权。国家文化部获知此消息后也十分重视，以特事特办的高效率为这款游戏发放了“准生证”。

北京晶合时代软件公司曾签约推广过《大富翁》、《轩辕剑3》、《航海时代》等知名游戏。该公司副总裁表示：“《传说》最有价值的地方是拥有完全自主的知识产权，是全国第一款自主研发的3D游戏引擎，意义不亚于第一款国产汽车发动机。”他说，目前日韩动漫游戏几乎占据了中国大部分的市场，国产动漫面临的最大困难之一就是缺乏具有完全自主知识产权、科技含量高的游戏引擎。“作为国内第一款自主研发的游戏引擎制作的3D网游，美丽的《传说》也许会开创一个时代！”

与陈天桥会谈3次赚1亿元

通过与盛大网络的一次成功交易，青年彭海涛一夜之间名声远播。因为卖掉了自己创立的成都锦天科技发展有限公司，彭海涛一下拥有了一亿元的现金。

2007年4月的一天，盛大投资部朱海发带着一个同事，悄悄地来到了位于成都的锦天科技公司。他这次要和年轻的董事长来谈一次合作，作为董事长的彭海涛接待了他们。“盛大来找我合作，我非常惊讶，因为盛大的名气在网游界众所周知，尤其是它和我们是同样性质的企业。不过，朱海发谈了合作构想以后，我觉得也很好。因为盛大要接手锦天的运营，这正是我所希望的。”从此之后，彭海涛就经常往来于成都和上海之间，和盛大的人士谈合作的细节。彭海涛在上海期间，一共和陈天桥见过三次面。每一次，陈天桥都会和他聊一些对网游的构想，比如如何搭建网上迪斯尼，如何创建一个综合的网络帝国，而这些都让彭海涛心潮澎湃。他说，其实见到陈以后才坚定了锦天和盛大合作的决心。

"其实，我的公司在卖之前，每个月的营业额都有将近1000万，每年超过1个亿绝对没有问题。我是想以后专注于研发，才做出的这个决定。"对于坐拥1亿财富，如何使用的问题？彭海涛显得有点茫然。他说，就算公司赚了钱，也大都是在账上放着，从来没有什么规划。将来很有可能还是用在网络游戏的研发方面。

★★★★★ 财富密码

痴迷

"卖掉公司，是把自己不擅长的运营管理卸下来，让我有充足的精力开发精品游戏。"彭海涛身上，有浓厚的"80后"创业者的气息：只为兴趣，更有个性。彭海涛这一代人是和游戏一起长大的。对于他们，游戏不再是种消遣，而是平行的另一个世界。彭海涛的游戏史从幼儿园开始，"从初中到高中，除了上学，我都在玩游戏。"因为痴迷于游戏，他经常不做作业、逃课。但游戏给了他成就感，大学期间，因为参加《疯狂坦克》大赛，取得成都赛区的冠军，他掘到了第一桶金——8000元。后来，由于对游戏设计的不满，他尝试自己改编游戏，并在国外服务器上加设一个服务器，免费对玩家开放，能有五六百人同时在线。这些技术都是他自学的，因为喜欢，他看遍了所有能找到的关于游戏的书。"除了游戏，我其他的爱好真的少得吓人。除了做游戏、玩游戏，我也没有其他的技能！""我只是专注地去做了自己爱做的一件事情——做游戏，就算是我到了六七十岁，我还是想做游戏、玩游戏，这就是我！"

为什么喜欢游戏，彭海涛认为："现在有很多不公平的事，但起码游戏是公平的。在网游里，我喜欢做独行侠，我玩游戏只是想证明自己，不是想在游戏里有多少社会地位，在现实生活里我也是这样。"

寡言少语的彭海涛心中有一个远大的理想：打造一款中国人最喜爱的游戏，创造一家"中国暴雪"(暴雪是世界最著名的游戏研发企业，《魔兽世界》、《星际争霸》的开发商)。

盈利模式

专注于游戏软件研发

“我要做出中国最好的拥有自主知识产权的游戏。”彭海涛最终选择盛大的理由：一来没有其他公司找他谈过收购的话题；二来被陈天桥的个人魅力所吸引，认为陈天桥值得信赖。

盛大收购锦天科技主要有两个原因：除了锦天已经商业化的这两款产品，彭海涛和他的研发团队更是让盛大看重的因素。盛大收购锦天科技之后，除了公司所有的游戏运营都将由盛大接管之外，锦天的运营一切照常，盛大也依然会让彭海涛的团队完全独立自主地工作，不会给任何限制的条条框框，彭海涛只需安心负责研发，而且未来盛大也不会在游戏的开发数量上提出任何要求。

为什么选择被收购，而不是通过寻找风险投资的方式把公司做大？彭海涛交了底——他本人并不特别喜欢把时间花在公司运营上。“我的愿望就是开发游戏，把运营交给盛大负责，也让我卸下了一个本来就不擅长的担子。”彭海涛说，可以让更多的人来玩自己做的游戏，是所有游戏开发人员的一个共同愿望，他也不例外。而盛大本身已经形成了一个强大的运营平台，好的游戏可以通过盛大的平台发挥最大的能量，盛大在运营方面的优势正好可以跟他互补。

第四章

“实干” 黄一孟：收入靠广告

“发展过程中的困难总会有的，服务器压力、社区管理、版权风险，都可能带来困难。”

“互联网的资源趋势是出现更多的免费网站。”

“我们现在做的，一方面是技术方面的事，另一方面就是继续扩大流量。当这两方面达到一定阶段的时候，肯定会找到自己的商业模式。”

—— 黄一孟创业寄语

小传

黄一孟 网名Dash，1982年3月18日生于上海。VeryCD创始人，精通技术，是Google崇拜者，前国家二级运动员（篮球），初中开始接触计算机，高一时参加了少科站的Pascal培训后正式入门，从此决定投身于IT行业，创办了目前在国内拥有相当用户数量的P2P型VeryCD网站。

黄一孟出生在上海一个普通家庭，父母一直秉承传统的教育模式，希望他能好好学习，毕业之后谋得一份稳定的工作，安稳地过生活，但是天生反叛的黄一孟却想创造出更好的人生。“在我读书的时候就不是很想去追寻一种传统的道路，觉得这样有点浪费时间，我希望能够靠自己喜欢的东西来成就自己，而不是靠学习死知识，自己心里面有一些想法也想向大人们证明，反正就是有点叛逆吧。”年少的锐气让黄一孟顶住了众多质疑，从大学退学创业，其实他自己当时也不知道能干出什么成绩。当时大家说他傻，父母也不理解，但他自己仍旧坚持。“他们说的也有道理，从他们的角度思考也没有错，但我自己没受到影响。每个人都有自己的选择，我下的决定，父母即使不支持也不会反对，我既然做了，他们还是会支持我的。”在逆境中的获胜扫清了黄一孟通过建立网站来创业的障碍。黄一孟对电影特别感兴趣，当初他的主要精力都放在电影收集上，做VeryCD，最早只是为了满足个人喜好。论坛程序使用的是国外的一个程序（IPB），在这个基础上增加了资源发布功能，最早程序都是黄一孟一个人写的。黄一孟发现电驴是一个很偶然的机会，因为VeryCD最早是想做一个个性化CD定制的网站，需要整理一个资源库，供网友定制。在收集资源的时候就发现了BT和电驴。经过仔细对比后，发现电驴更适合用来建立一个完整的资源库，所以网站就向这方面改进。当然最后采用的软件是eMule这个开源软件，比电驴更优秀，也更适合在它的基础上进行改进。从2004年5月份，黄一孟开始全职做VeryCD，当时有两个朋友加入进来，主要参与论坛管理和策划等一系列的工作，现在黄一孟团队90%的人都是技术人员。VeryCD在最初的时候，就没有想过要从中挣钱，所以，当2003年底用户大量增加，虚拟主机无法承受的时候，资金显得很窘迫。当时的网友给黄一孟出了一个主意，仿效很多其他的论坛，向网友进行募捐，募捐了一个多礼拜，凑到了两千多块钱。虽然不多，VeryCD就是靠这笔钱租了第一台服务器。后来黄一孟逐渐放置了一些广告。

迄今为止，VeryCD服务器总数已超过10台。不仅黄一孟酷爱IT技术，而且VeryCD团队的成员大多热爱IT技术，他们在一起研究与VeryCD相关的网站和工具程序。现在VeryCD团队除了开发VeryCD网站的功能，还推出了与VeryCD资源分享息息相关的eMule下载工具，eMule是 VeryCD团队在国外eMule软件基础上研发后提供的中文版，VeryCD与eMule两个网站是这群技术员目前主要的工作项目。

创业故事

开始于eMule

黄一孟的网站源自一个叫“电骡(eMule)”的软件。支持这个软件的，是一种名为“P2P”(Peer to Peer的缩写，一种端到端传输技术)的先进技术。通过这种技术，人们可以直接连接到其他用户的计算机、交换文件，而不是像过去那样连接到服务器去浏览与下载。

黄一孟找到这种软件，完全是一种运气。那时，有不少BT和电驴(eDunkey)软件，以及使用这些软件的网站。埋头为“个人CD定制”网站寻找更多影音资料的他，却在一番搜索链接后发现德国人Merkur公布的P2P开源软件eMule软件。这种直接点对点交互的新技术软件使得他眼前一亮，用过之后更是一种激动。“于是我把eMule汉化改写，再加上个性化的影视音乐收藏网站创意，就诞生了VeryCD网站的雏形。”那时，黄一孟的愿望就是：“可以把网站扔在那，提升人气，然后再另外弄一个电子商务网站与之对接，将人气转换为财气。”于是，他每天还得发愁，怎么样提高网站的点击率，怎么让更多的人习惯去他的网站访问。另一方面，周边一些人气旺盛的搜索网站和门户网站，也常常让他很是羡慕。

VeryCD迎来日访问量达200人记录的那一天，黄一孟特意截屏以示庆祝。但很快，“先是几百人几百人地增加，后来就是几万人几万人地攀升，到2003年底，VeryCD的日访问量一下子冲到100万，挤爆了中国频道的虚拟主机。”日访问量的节节攀升，让黄一孟开始总结。“什么东西触发了这个市场？”“为什么有那么快的发展速度？”“这种速度是否可怕？”“发展电子商务的固有想法是否已经过时？”“应该抢先做出来，还是只跟风？”……在那片不明方向的混乱中，他似乎隐约地看到，互联网的核心价值正开始回归技术本身，一个令人向往的交互、互动、参与、共享的网络正在诞生。相应的，VeryCD这样原本默默在做信息共享做内容共享、服务的个人网站，也势必能在这个网络时代中体现自己的商业价值。黄一孟最终挺身而出，决定拼一拼。很快，VeryCD迎来了第一台服务器，黄一孟的

SOHO身份结束了。2004年5月，他在上海市天山路租了一间10平方米的小屋，第一次组建起自己的创业团队。

第一部电影《活着》

2003年9月16日，黄一孟发布了VeryCD的第一个内容资源《活着》。从那天起，VeryCD确立了他的使命——分享互联网！

多年来，VeryCD犹如《活着》里的人生，一路走来有彷徨有困惑，有心酸有快乐，有卑微有荣耀！"最大的困难是网站所需要的资金问题，主要是资金周转太大，当初能够挺过来主要还得感谢网友的捐赠，尤其是网站出现资金问题最初的那一个月。"黄一孟需要感谢太多的人：感谢为VeryCD感慨解囊，捐助了第一台服务器的网友们；感谢一批又一批勤勤恳恳负责VeryCD社区管理的版主们；感谢成千上万的资源发布者们；感谢所有使用电驴下载并乐于分享的网友们；感谢VeryCD团队……在众人的帮助和鼓励下，VeryCD走到了今天，黄一孟的梦想没有改变，他要做全世界最好的开源软件，做最好的资源分享社区！

实际上不存在天堂企业

随着员工人数的不断增加，黄一孟遇到的最大难题是员工管理。"创业之前就是自己做，而创业之后你就要面临招聘、员工管理等多方面的问题。我一直以来的信念，就是让所有的员工都觉得他们能发挥自己100%的能力，而我可以提供给他们一个更好的发展平台，让每一个开发员工都有一种在天堂的感觉。"当黄一孟还沉浸在对天堂企业的美好愿景中时，问题出现了。"有些人开始不好管理了，到最后发现有一些员工已经不再适合在这个公司做下去，当时有一段时间我一直在问自己：我最初的想法到底实现了没有？我的公司究竟是不是我想要的那个能让员工们最大限度发挥自己才能的天堂？这个是不是所有人都能够适应？到最后就发现实际上并不存在这样的公司。"

黄一孟还记得自己辞退第一个员工时痛苦的心情，"当时我和我的一个合伙人一起商量了一个月的时间，考虑是否要辞退这个人，该不该这么做。当时确实是想了很久，那种感觉是很奇怪的，就像是和恋爱很久的女朋友要分手一样，不知道该怎么办。其中很大的压力就是因为我们在管理上有些没有尽到责任"。

最初，黄一孟将企业的问题归结于自己，但很快，他尝试着调整心态，"现在也就不一样了，毕竟公司是公司，我自己一个人的力量不可能对所有人都负责，我只能让更适合公司的人留在这里做得更好。每一个人都有适合自己的地方，不见得自己的公司就能适合所有的人。”从最初“上班一起工作，下班一起玩游戏”的伙伴关系，到今天逐渐成形的管理制度。“无论在什么样的关系中，沟通都是最重要的，特别是和我身边的技术人员接触，我就是将心比心，我觉得很能理解他们的想法，一方面年龄也差不多，另一方面从最早做的事情来说我也经历过他们的那个阶段。所以大家能坐下来谈一谈事情，我不会把一个员工叫到办公室里训斥一顿，而是会尽量用比较平和的心态和他沟通。”

被广电总局处罚

广电总局曾经发布《互联网视听节目服务抽查情况公告(第3号)》,对10家网站视听节目服务予以责令停止,另对17家网站给予警告处罚。在给予警告处罚的网站名单上,赫然出现VeryCD等知名网站。“受处罚是‘证’的原因”,黄一孟解释了VeryCD为何遭到广电总局的警告,但没有深入谈及这一话题。黄一孟对这一事件最后总结道,VeryCD已经“根据需求进行了调整”。

VeryCD自2003年9月起,开始将开放源码的eMule引入中国。目前VeryCD 版的eMule已累计下载超过3000万次,相应的,VeryCD在网友中也形成了相当的口碑。不少视频网站的高层在分析行业时都有一致的看法:目前在中国互联网领域,论资源的完整度和丰富度,没有一家网站能比得上VeryCD。“我们希望做成个平台”,黄一孟如此描述自己对VeryCD的期望。

★★★★★ 财富密码

实干

Dash，有“冲撞，干劲”之意，黄一孟的网名就是Dash，他的身上也名副其实有着这种精神。Dash非常喜欢看影视节目，这引发了他结合影视和互联网建站创业的念头。“发掘自己的兴趣就在于此，自己比较喜欢这方面的东西，觉得在学校比较浪费时间。当时没想很多，觉得有趣就做了。”“当初是单纯地因为喜欢电影来做网站，现在网站已经相对比较成熟，有一批忠实用户了，做的时候感觉不太一样了，思考的方向不一样了，不会纯凭兴趣去行事了，但工作的压力也大了，考虑网友的需求和网站的服务更多了。”

黄一孟对技术比较重视，他自称是个Gfans，对google非常痴迷。“我赞同谷歌的创新模式，做产品的方式，它考虑用户体验，页面不怎么繁杂，做的时候考虑怎么做对用户最方便。"同google一样，VeryCD也做了节日logo，这也成了VeryCD独特的文化。虽然崇尚技术，但黄一孟认为网站发展的关键是用户的使用度，"我们要提供更好的服务，也会做新的项目来帮助用户，如对下载内容进行收藏等。"现在，VeryCD的软件每天有30万次下载，200万～300万次使用量，网站日访问量2000万次，电骡和网站相辅相成，推动了其广告的发展。现在公司的收支已经能够保持平衡，当初靠捐助过日子的情况一去不返了。

对于自己的成功，Dash 把成功归结为自己的兴趣和心态，"做自己比较感兴趣、比较擅长的事情，给自己压力非要做某件事情很痛苦的，成功率也不高。只有对自己的事情感兴趣，觉得值得去做，这样不用给自己太大压力就自然能坚持。"把握良好的机会对Dash也很重要，"我们是传统的DVD等之后新增加的发行渠道，传统的发行商没有很好地利用这块渠道，这块是空白，这种渠道相对于传播成本来说是非常低的，可以产生很大的利润空间。"

黄一孟凭着自己的实干和锐气为自己开拓了一条财富之路，他的善于选择、善于学习、善于面对困难，也许就是他为什么能取得今天的商业业绩的原因。

盈利模式

收入靠广告

VeryCD最大的优势是可以通过VeryCD找到很多有价值但是平时可能很难找得到的资源，在VeryCD社区中可以和志同道合的朋友共同交流心得。“我们没有编辑,规模小，成本也比较低”,黄一孟坦诚VeryCD的内容发展主要依靠网友的力量,而收入方面则主要还是“靠广告”。在金融危机下,互联网创业公司大多面临窘境,而黄一孟则表示VeryCD目前没有资金方面的困状。黄一孟说：“我们现在的广告一般都是通过广告代理来做了，包月形式，广告商会对效果有要求（比如点击率），而我们则会对广告商的品牌有要求（大品牌、健康品牌优先）”。

现在的模式一般是由广告公司代理VeryCD的广告。广告公司会和VeryCD签代理合同,这样VeryCD对自己的广告销售就没有压力了；而广告公司也能获得尽量多的利润。这样要投放广告的话,就只能通过广告公司来进行。也有的网站自己成立广告公司,情形和代理公司差不多,只不过因为广告公司是网站自己的,利润多少都是网站的。不管怎样,都是专业细分的结果,各个领域只负责自身的一块,会做得更好。

第五章

“热情” 陈曦：**以手机为载体掘金**

“创业好比攀爬一座山，在山脚下抬头仰望山上的顶峰时，总是有希望征服它的欲望，整个攀爬的过程也充满了乐趣和困难，令创业者着迷，甚至留连忘返。但是一个人不可能永远在一座山的顶峰，总有下山的时候，要有时刻下山的准备。上山不代表完全成功，下山也不代表完全失败。下山后，要记住再去征服新的山峰。”

“人重要的不是从0变成100，而是从100变成0后再从0变成100，这才是困难所在。”

“我的人生规划是做一个真正的企业家，真正的企业家是不甘心退出历史舞台的，他必将靠企业文化来实现永续经营。”

——陈曦创业寄语

小 传

陈曦 1981年生于天津，畅网科技首席技术官。14岁考入大学，三度创业，第一次创业公司以400万美元出售。2005年，从1万多名竞争的创业者中脱颖而出，获得东方卫视《创智赢家》冠军。

陈曦出身于知识分子家庭，中学时获得过奥林匹克信息学竞赛的银牌，14岁考入天津大学少年班。按正常的轨道，陈曦会走一条读书治学的路，但“不安分” 的陈曦，却选择了退学。事实上，在少年班学习期间，陈曦就开始赚钱了，当时学校有产学研的产业，对计算机非常精通的陈曦就参与其中。1997年初，当很多人对互联网还很陌生的时候，陈曦已经开始利用B2C的模式赢利了。一家香港的VC（风险投资）看中了陈曦的团队，一下子投了400万美元。陈曦毅然离开了学校，和他的伙伴们在天津、北京、杭州等地开设了自己的公司，规模最大的时候公司有400多人，陈曦担任公司的CTO（首席技术官）。公司通过并购投资获利，陈曦的身价也一下子涨到了几千万元。

第一次创业的成功让陈曦有些“自我膨胀”。1999年，他和一个同伴在北京创办了第二家公司———C&L软件。这家公司以开发行业管理软件为主，但陈曦一直在寻求通过借壳上市。对资本运作并不熟悉的陈曦遭遇了人生中第一次惨败，他的身价一下子“垂直落体”到50元。这次惨败让陈曦又回到了大学校园，不过第二次进大学却只读了8个月。陈曦入校时学的是数学专业，但这8个月里，他经常到哲学系上课，“那时候我得到了很多人生感悟。”在那段时间，陈曦也并不是一直在学校，他经常会到新疆、西安、成都等地考察一些项目，因为他始终还是放不下心中的梦想。“我在失败中成长，永不放弃理想。”2001年，陈曦又和同伴创立了一家软件公司，其后他又一次进入大学学习，这一次他选择了经济学。

2004年，陈曦和两名从英国回来的MBA投资100万元人民币在上海联合创立畅网科技。创办公司的过程中，陈曦号称“见过了中国所有的VC”。而这次他们选择的一个项目是手机网络游戏，通过类似于WAP的技术让任意两个手机用户之间可以进行互动游戏。

经历了多次的创业过程，陈曦的心态越来越平和，"我已经爬过很多山，现在要爬到人生的另一座山，实现下一个目标。我希望通过一生的努力为家庭和社会增添财富。"陈曦是一个追求完美的人，"生命太短暂，我时时刻刻都在准备着接受挑战。"

● 创业故事

20岁只剩下50元

陈曦成立了第二家公司，开发行业管理软件，然而，遭遇惨败。他的心太大了，始终梦想着公司能上市。最快的方法是借壳上市，陈曦便将他的公司并入新疆一家集团公司。投入了以前赚的所有钱，仍不足以控股，而新合并的公司股权结构极其复杂，内耗斗争没完没了……最后走到破产清算的境地。在离开新疆的机场前，陈曦只有200元钱。临走，他用150元为自己买下一件纪念品。结果，他只带着50元钱落荒而逃。

不让自己成为流星

失败之后，陈曦总是一遍遍地回想一个故事：这是发生在一位股东身上的事，那年他刚去纽约，第一天晚上，在餐馆里入睡，身上只有一条床单，36岁的人，一无所有，后来就在这份隐忍中实现了自己的梦想。“人啊，一条大河都能趟过来，小沟小坎算不得什么。”

1999年，陈曦重回校园，学的是哲学。不久，陈曦离开校园，再次创办自己的公司。2001年，陈曦再次回到校园，学习经济学，并得到了去芬兰诺基亚实验室交流的机会，在那里，他获得新的创业灵感。2004年，陈曦与两位从英国留学归来的朋友一起创立了畅网科技，从事无线互联网行业，业务范围包括无线阅读、游戏和搜索三部分。那个时候，用手机上网还是罕见的。今天，越来越多的人使用手机上网。借助手机联网游戏，畅网科技可以打造动漫产业、手机图书、手机音乐等一切以手机为载体的平台。“作为一个小公司，只有做大公司不做的缝隙市场，而不是参与红海竞争。掌握自己的节奏，预测行业当中，在哪一个时间点公司会遇到问题，或者会遇到机会，你的预测和实际不能相差三个月，如果相差超过三个月就一定有问题。”陈曦进入无线互联网领域的时候，竞争对手很多，经过几年的消耗，很多竞争对手已经“倒下”，陈曦却坚持着，在某些产品领域，虽然他属于后来者，但能成功地把很多前辈“耗死”，也算是小有成就。“现在每走一步，都不知对还是错。在手机游戏及软件产业，我没有任何参照的榜样，只能靠自己一直往前走。5年前，有风险投资人认为这个领域市场太小，可现在看起来，这个市场有的做，争取每个月有1000万的收入。”对陈曦而言，他只是想脚踏实地地干成一件事。他抛弃了那些以前人们最喜欢谈论的产业链、产业标准这样空洞的话题，转而去关注那些细微的，内心深处轻轻悸动的事情，因为他在公司听到的，常常是哪个员工准备买房子，哪个员工准备买车的家常话题，于是他暗暗告诉自己，要让员工们都过上好日子，“我的底线就是养活大家。”“用兄弟感情来维系团队，用好的制度来约束团队，用好的薪酬来留住团队。”“创业者，是在进行一场万米长跑，而我只是暂时领先而已。”陈曦明白，如果不努力，不加油，十年以后，在中国的商界也许根本找不到自己。这让他惶恐，“我要努力，不要让自己成为流星。”

24岁创业选秀夺冠

“经历过惨烈的人生起伏，事业的得意与失意，我开始找准自己的位置。” 在失意中陈曦想明白了很多事，“人应该修身齐家治国平天下”。他重新回到了大学校园，选修哲学，“在尼采的超人哲学和强力意志、叔本华的悲观哲学以及黑格尔的严谨探究中，收获感悟。” 但他年轻，有的是机会。后来，陈曦开始创办第三家公司，还是做软件，延续以前的模式。做手机网络游戏的项目，加上其个人魅力，竟意外造出一颗媒体“新星”。那是东方卫视打造的一个全国性创业真人秀节目“创智赢家”。陈曦层层闯关，最后凭冠军头衔获得100万元的创业基金。“创智赢家”前16名的决赛选手中，陈曦的年纪最小，却也因为性格执拗和年少轻狂直接导致了第二轮比赛中4名队友的集体退出风波，成为“创智赢家”最大的意外事件。获奖后的陈曦坦言在当时的重压之下，自己曾想过放弃：“过去的3个月其实是很艰难的，我还年轻，很在乎别人对我的看法和态度，尤其是退出事件之后，我陷入了自我否定的困境，内心充满了紧张和惶恐，甚至想离开这个舞台。”决赛现场来了大批商界名流做评委。决赛一开始，竞争对手彭震的场外短信支持率略高于陈曦，然而在一场“从创智到创业”的两分钟演讲结束后，陈曦凭借其感性的气质轻松追上，并将优势一直保持到最后，以多出近20%的支持率胜过彭震。在创业计划展示和专家提问环节，陈曦表现出了超出其年龄段的冷静、成熟与干练，而对比彭震的“体育经纪公司”概念，陈曦的“手机Game”的创业理念显然也更加吸引人。最终在三个专家评委团中出现了三个惊人相似的“7：2”，7票投给陈曦，2票给彭震。在由9名参赛选手组成的选手评审团中，两人票数出现了平局。不过在观众短信、专家和选手评委的5票中，陈曦还是以压倒性的“4.5：0.5”

战胜了彭震。最终坚持下来的陈曦赢得了队友们的友谊，他深情地表示参加这次真人秀节目获得的最大的收获并非100万的创业基金，而是发现了还有比金钱利益更加重要的东西，他同时强调："无论如何，都不能失去自己的善良与真诚。"据悉，陈曦获得的百万创业基金只能投入他的"手机游戏"的创业计划中。现在，"畅网科技"手机游戏用户已达到15万名，处于行业里的前三名。对此，陈曦说，我已经爬过很多山，现在要爬另一座山。他渴望做的是手机游戏行业的标准制定者。

★★★★★ 财富密码

热情

你若以为陈曦是个内敛的人就错了，恰恰相反，他冲动热情，他敏感、执著。陈曦透着同龄人所没有的气质，或许正是这种气质——"冲劲"和"拼劲"成就了陈曦。他也存在着柔弱的一面，"很多次我都想放弃比赛，尤其是看到比赛中暴露出的人性弱点时。"但是他仍然没有放弃，"我要实现自己的目标，证明自己的价值"。支持他继续创业比赛的是他身上的"冲劲"和"拼劲"。

一个人要成就一番事业，就必须具备感染他人的领袖气质。而这些气质中，热情是最主要的。在许多情况下，员工们之所以愿意为公司竭尽全力地工作，就是受了老板热情的感染。世界上的伟大事物都是靠热情来成就的，无论我们工作的目标是什么，热情无疑是实现目标的最有力工具。热情是工作的灵魂，无论你从事的工作是伟大还是平凡，要想获得成功，首先需要的就是工作热情。你投入得越多，信心也跟着增加，业绩也随着日渐显著。在热情面前，障碍就像田径赛的栅栏一样，等着被征服。假如一个人缺乏热情，一定是个无精打采的人，即使有好的机会来到身边，也不一定能决定，或者是在工作中遇到一点困难就放弃，因此，成功总与他擦肩而过。事业成功离不开热情，热情是战胜一切困难的动力。当你全身心地投入到工作时，你会得到一股神奇的力量，当这股力量被释放出来时，就足以克服一切困难。

热情是一种品质，一种工作状态。然而，一个不具备工作热情的人，没有人愿意与他交往。没有哪一个员工愿意对一个没有激情、没有竞争精神的老板保持长久的忠诚；也没有哪一个老板愿意提拔一个精神萎靡不振、浑浑噩噩的员工。如果一个人轻视、厌恶自己的工作，那么，他必遭失败。成功者与失败者的分水岭，不是对工作的轻视与厌恶，而是百折不挠的热情和乐观的精神。

只有付出热情，我们才有可能收获成功。

盈利模式

以手机为载体掘金

畅网科技下属几家公司的业务中，动漫产业、手机网络游戏、手机图书、手机音乐等以手机为载体的产业都是陈曦发展的方向。

畅网科技的手机游戏用户已达到15万，处于行业里的前三名。"我渴望做的是手机游戏行业的标准制定者。"当今世界，谁掌握了标准的制定权，谁就在一定程度上掌握了技术和市场的主动权，标准的重要性显而易见。作为企业来说，行业标准没有，就要自己去制定一些相应的企业标准。能够参与行业标准制定对企业来说更是一个促进、一个提高，对企业是有很大好处的。

陈曦拿出自己的手机演示着说："我们最近正在推一个手机看书的产品，通过我们这个软件便可以用手机在网上看书。我们现在签了200个出版社，现在出了几部网络小说。昨天我见了几家网络小说公司，起点中文网、红袖添香、幻剑书盟、中文在线、大众书局等，一天内基本把这个领域内所有的公司都见完了。""我们要做到绝对领先，跟第二名的差距要很大。当这个市场已经热起来了，我们的优势就已经足够高了。我现在做手机书这件事情，过一年之后别的公司进不来了，或者第二名已经被我们打得很惨了。"陈曦认为，从软件、资源整合、渠道都比任何对手强，如果还不能打垮对手，那一定是自己有问题。诺基亚、索爱、天宇、康佳等手机厂商已与陈曦签订了合作合同，在内容方面与手机厂商分成。"500万部算是很少了，中国去年卖了将近一亿部的手机。"据估算，按一部手机陈曦赚一块钱，500万部手机的数量，装一个软件一年就可以赚到500万。

"中国互联网老一代成功者，当他们退出历史舞台的时候，就一定是无线互联网起来的时候，整个中国互联网的进程会因为手机而改变。”中国互联网是落后于美国的，而手机在中国则是最大的市场。“再比我小10岁的人，他的第一次互联网体验不是在电脑前完成的，而是在手机上完成的。”

第六章

“精明” 郭敬明：**写故事收版税**

“沉默其实是一种力量，因为你不需要辩解，你的存在，你的姿态，就是最好的一种回答。”

“很多我们以为一辈子都不会忘掉的事情，就在我们念念不忘的日子里，被我们遗忘了。”

“那个男孩，教会我成长；那个女孩，教会我爱。”

——郭敬明创业寄语

小 传

郭敬明 网名“第四维”，别名“小四”，1983年6月6日出生于四川省自贡市。他的身份正在发生一些变化，从一个单纯的作家到公司老板，一位“80后”的公司董事长用他的文化产业，书写着一部年轻人艰苦奋斗的创业史。

父亲郭建伟在一家国有企业工作，母亲邹慧兰是当地一家银行的职员。儿时的郭敬明喜欢读书，母亲经常给他买一些益智方面的幼儿图书，有时还给他详细指导和讲解。母亲讲解时，郭敬明听得十分认真，并且还不停地提问。郭敬明的记忆力非常好，有的故事，母亲讲一遍他就能背诵。郭敬明在陌生人面前胆识也大，每每有大人到他家来串门时，只要叫他讲故事，郭敬明便绘声绘色地讲起来。郭敬明的聪明和好学让父母很是高兴，但父母从来没有刻意地要培养他，让其将来成为一名什么样的人才，而总是给郭敬明一个自由的学习生活空间，让他在自由和兴趣中渐渐成长。兴趣是成功最好的老师。每次父母领着郭敬明去新华书店，都是由他自己去挑选，郭敬明喜欢什么就买什么，每次买书回来，郭敬明便要一口气把他们读完，甚至父母叫他吃饭他都舍不得放下手中的书。

1988年9月，郭敬明在自贡市贡井区向阳小学上学了，但是他在课堂学习之余特爱读课外书，读完之后，他也写一些读后感，尽管十分短小稚嫩，但他那种良好的学习习惯深受老师和父母的称赞。由于大量阅读，潜移默化，郭敬明的文字功底在悄然提高，到小学生写作文的年龄段时，他的优势便凸现了出来。每次老师布置一篇课堂作文，别的同学绞尽脑汁半天都写不出来，而他却很快进入角色。他写文章速度很快，而且写得又好，经常被语文老师拿去当范文在课堂上阅读。老师的一次又一次赏识教育，经常给儿时的郭敬明在学习上带来更大的鼓励和信心。

1995年，郭敬明考入自贡九中，他的视野更开阔了，他开始广泛地阅读名家的小说和散文，包括金庸、梁羽生的武侠小说，尤其是古龙的武侠小说，他更是爱不释手，同时，他也喜欢读一些杂志和报纸。1997年初中二年级时，郭敬明在杂志《人生十六七》上发表了他的处女诗作《孤独》，这首诗忧郁凄美。不久，他收到了杂志社寄来的10元钱稿费和样刊，当时，郭敬明非常欣喜，父母知道这事后，对儿子也倍加赞赏，鼓励他继续努力。作品第一次变成铅字得到社会的认可，郭敬明的创作激情大增。从此，他除了自由写一些文章外，还参加一些全国中学生作文大赛。由于功底扎实，他写的文章经常都能发表，让班上同学好生羡慕。上了高中，学习时间更紧了，但郭敬明依然坚持自己的读书写作爱好，他天天记日记，合理安排时间：一必须保证课堂学习；二学习决不忿及写作，写作决不忿及学习。由于这样安排，使写作和学习互不干扰，结果收获很好。郭敬明很有灵气和自制力，学校老师对他基本上没什么限制和管束。郭敬明高二、高三时，连续获第三、第四届"新概念作文大赛"一等奖。

2000年的冬季，郭敬明在紧张的学习之余阅读《萌芽》杂志，发现杂志上所登的文章自己也能写出来，并可能写得更好。恰好《萌芽》杂志登出举办第三届"新概念作文大赛"的通知，带着自信，郭敬明抽出半个小时便完成了命题作文《剧本》，然后寄往上海参加初赛。一个月后，郭敬明收到了《萌芽》杂志社邀请他去上海参加决赛的通知。从自贡到上海上千公里，坐火车也得花两天时间，自己的学习又很紧，放弃了吧？又觉得有些可惜，于是打电话回家告诉父母。父母得知此事，还是比较支持的，尽管当时家里经济条件不是很宽裕，但在父母的心里，儿子的此次远行将会花掉夫妻俩多年攒下的几千元积蓄，但他们认为值！2001年1月，郭敬明向学校请了假，一个人坐飞机到上海。他到了上海先找一旅馆住下来，第二天便四处打听参赛地点。决赛场上，全国高手云集于此，但郭敬明不慌不忙、沉着应战，最后，他以"假如明天没有太阳"一文获得大赛一等奖。"新概念作文大赛"在全国颇具名气，它是由北大、清华、北师大等全国10所著名高校和《萌芽》杂志社联合发起共同主办的，担任评委的也是国内一流的文学家和知名学者，在中国被公认为中学生中的"茅盾文学奖"。2002年第四届"新概念作文大赛"，郭敬明又参加了，这次大赛有4万多人参加，而进入复赛的仅有200人，但他还是力克群雄获得一等奖。这让评委有点吃惊，因为这项全国顶级的中学生作文大赛举办多年来，能连续两次拿一等奖的实在太少，目前全国仅有两人，郭敬明是其中之一，由此，郭敬明名声大噪。

真正让郭敬明一炮走红的还是《幻城》，《幻城》从2003年上市后12个月，累计销售84万册。郭敬明成就了《幻城》，而《幻城》也成就了郭敬明。 2003年11月，郭敬明再接再厉，推出了他的第二部长篇小说《梦里花落知多少》，上市即成抢手货，发行突破90万册。如此畅销，年少的他便成为一个令人刮目相看的学生富翁和"天才"少年作家。后来，郭敬明的作品陆续被推出，《爱与痛的边缘》《岛系列》《悲伤逆流成河》《一梦三四年》《天亮说晚安》《刻下来的幸福时光》《1995—2005夏至未至》《最小说系列》《青春·扬花·念念不忘》《小时代1.0折纸时代》《爵迹》《N世纪》等等。

郭敬明名利双收，邀约他参加活动的人越来越多，但郭敬明会首先完成学业，然后才是自己的写作和活动，学业实在忙不过来，他会毫不犹豫地推掉活动。生活上郭敬明十分时尚，喜欢打羽毛球、听CD、旅游，他穿着也颇另类，但给人的感觉一定是很舒服的那种。生活中的郭敬明更是一个十分孝顺的孩子，他靠自己的写作挣了钱，但他会不时给父母、爷爷奶奶买衣服和营养品之类的东西。朋友同学遇上什么困难，他也乐于相助，他认为“孝顺”和“助人”是中国人做人的基本要求。

● 创业故事

第一桶金

春风文艺出版社邀请曹文轩为郭敬明的《幻城》写序，专门做了《幻城》的flash，并且邀请了比较活跃的评论家，在上海为郭敬明开了作品研讨会，这些举措在青春文学中都属比较成熟的商业活动，在这一代人中，恐怕还没有谁能有这么高的待遇呢。此外，出版社制定了各个时期详细的宣传计划和进度，通过网络、报纸、电视等媒体发消息、做评论、访谈等等。而社长甚至在过年的拜年贺卡中，亲自致信发行商，大力推荐《幻城》。

春风文艺出版社整个宣传攻势划分为3个阶段：第一阶段是"预热"阶段，以多发消息为主；第2阶段为"热销"阶段，继续宣传，在各地搞各种活动，并且准备加印；第3阶段则是如果出现滞销的预备方案。在当时国内这样周详的图书宣传还极少见，所以出版社精心准备的新闻稿很受媒体的欢迎，而且"几乎不花分文"。在发行上，他们更是步步为营，每一步都有相应的计划，甚至包括每个经销商、每个省、每个店所分到的图书数量，根据各自的经济情况和销售情况都会有一个配额比。

作为整个行销策略的一部分，郭敬明忙于签名售书。上学时，周一到周五他在学校里上课，周末则去各城市搞签售，并且一般每周跑两个城市，有的城市还去过两三次。每到一个城市，就是进宾馆，然后签售、吃饭、走人。在春风文艺出版社一系列的行销策划下，《幻城》的销量节节攀升，已经达到了130多万册。而之前，郭敬明的散文集《爱与痛的边缘》，首印只有1万册；而另一部作品《左手倒影，右手年华》，很长时间在北京没有找到愿意接受的出版社，只能拿回上海，而这本书的出版是2003年的4、5月份，正赶上《幻城》热卖，销量非常好，《爱与痛的边缘》也因此再版。《幻城》的版税是每三个月和郭敬明结算一次。2003年11月，郭敬明乘胜出击，再次通过春风文艺出版社出版《梦里花落知多少》，首印就达30万册，至今销量也达到了100多万册。

"岛"工作室

"岛"工作室是艾柯文化公司的前身。"岛"工作室由春风文艺出版社出资，郭敬明牵头找人组织选题、策划和制作，春风则负责印刷和发行。当时工作室共有5个人，主要策划制作《岛i5land》杂志，计划出12本书。这是面向学生群体的文学读物，每本定价20元。郭敬明说，《岛i5land》走的是高端路线，现在每期的销量已达20万册。

在成功地把郭敬明打造成为偶像作家之后，春风文艺出版社做的一系列"青春文学"作品在市场上屡屡走红，这时他们开始考虑新的"青春文学"平台。2004年春节期间的图书订货会，在饭桌上，郭敬明说起自己现在发表作品比较容易，但是很多朋友都很难，因此想建立一个平台，春风文艺出版社也提到想建立一个新的"青春文学"平台，郭立刻表示很感兴趣，说"那我来做啊，我可以来做一个工作室"，双方一拍即合。很快，郭敬明就拿出了工作室的整体运作方案。春风文艺出版社觉得这个全新的合作方式不错，"我们可利用他的人气再揽一些人，也利用他的眼光，因为他知道哪些东西最符合这一代人的口味。"利用郭敬明的资源和影响力，加上出版社的发行渠道，从未有过的新模式让出版社感到兴奋。从此，郭敬明常常一天只休息3～4个小时。

给自己打造一个平台

郭敬明的艾柯公司在上海大连路的高档写字楼里。郭敬明少年得志，他公司的员工也很年轻，旗下招揽了很多心怀文学梦想的青少年，极有商业头脑的郭敬明相信自己的包装能力。"很多时候我们的关系更像玩伴，不过工作的时候都很拼命，一起熬夜、检查所有细节，做好版交给出版社之前，经常临发出又改，熬夜改，我们都是完美主义者。"虽然是老板，但郭敬明只负责项目的设计、选题等内容方面的管理，公司事务性工作有专人负责。"碰到重大事项公司的人会向我汇报，我做决策的时候也会和大家商量，听取专业的意见。随着年龄的增长，没有那么旺盛的创作精力的时候，我会更多地把时间放在公司的治理上，我对这些也很有爱好。"在选择合作伙伴时，郭敬明最重要的原则是观念一致，互相信任。"完全由我判定和把握方向是很重要的，版税倒是其次。有很多出版社拿出几百万支付一个作家的稿酬，也有出版社拿出更高的天价买我的作品，这对作者其实是一种消耗，我关注的是有没有诚意去经营和维护好我的品牌，而不是急功近利地挣钱。当年跟我一起成名的人已经剩得很少了，我不想过早透支自己的才华和影响力，而做公司则是希望能给自己打造一个更广阔的平台。"

★★★★★ 财富密码

精 明

"青春文学第一刊"《最小说》中的作者自由鸟推出其首部长篇小说《光月道重生美丽》。作为郭敬明的柯艾旗下签约作者，自由鸟透露郭敬明是一个另类的老板："凌晨5点在论坛帮我们打广告！"而签约之后，郭敬明对待旗下的签约作者一向精明："我们没有什么底薪和分红，稿费是按字数来算钱，基本上是1000字100元，一般大家每个月是六七千字，每个月结算。"尽管如此精明，但郭敬明还是给他们提供了一个平台："在每月销售达50万的《最小说》上连载自己作品，还可以同步在网站、博客上得到宣传。"作为老板的郭敬明不但能提供良好的平台，还相当卖力地想办法为旗下的作者打广告："有一次，我在公司的官方论坛上看到网友询问最新的《最小说》内容时，小四马上推荐了我的一个作品，帮我打广告。我后来一看他当时回复的时间竟然是凌晨5点，一个老总能在半夜给职员打广告，当时很让人感动。"郭敬明的确是个很精明的文化商人。他还那么年轻，就已经很善于做文化产业了。

盈利模式

写故事收版税

郭敬明靠《幻城》掘得第一桶金，此后的《梦里花落知多少》《左手倒影，右手年华》《岛》等在市场上取得好成绩，这也让郭敬明步入富翁行列，福布斯中国名人榜连续两年将郭敬明纳入榜中，其财富从2004年的160万元攀升至2005年的250万元。而在2007年，郭敬明的《悲伤逆流成河》在很短的时间内销售量就过百万册，加上柯艾公司旗下的《最小说》等文化项目的盈利，郭敬明在作家群中绝对算得上是高收入者，这一点从他住高档社区、开着凯迪拉克就可表现出来。

郭敬明觉得作家分两种：一种是探索内心和思想，这建立在作家本身具有很优秀的品质和思想；另外一种作家是希望写好一个故事，读者在看这个故事时，能体会到阅读的乐趣。"我可能是后一种作家……如果今天只有一万个人看我的书，我就非常随心所欲，想写什么就写什么，因为这一万个人是跟我臭味相投的。但是现在，如果我把一个阴暗的内心世界写出来，影响了中国的一代青少年，那是很恐惧的一件事情。中国现在很多人批判我的同时，他没有想过，如果今天没有郭敬明，他的儿子不少时间和精力用在打游戏，用在看电视，用在上网跟别人聊天上。他的儿子可能看完我的书之后，体会到了阅读的乐趣，可能建立起了文学乐趣了，会去看更好的、更伟大的作家们写的书了，但是你需要把他引入这个行列中来，我甘愿做一个垫脚石，但是你就不要再批判我了，因为我并没有做伤天害理的事。"

郭敬明关注书的销量，因为创作完肯定想知道读者的反应。但是他不会根据销量调整写作的方向，因为很可能一本书卖了50万本，大家都说非常好看，而下一本一下子卖了100万本却有80万人都说不好看或者没有之前的好，他还是会很难过，卖得好不能全部说明问题。

2007年10月，郭敬明开始写《小时代》，这本书和《梦里花落知多少》一样都是以女性为主人公来叙述故事。“因为我的读者许多都是女孩子，如果设定男性视角，她们看问题的方式和我们是有些不一样的，她们会觉得她们所看到的世界和男孩子看到的世界是不同的。这部小说讲的是四个女孩子的故事，选择以女性为主人公，我想女性读者会更有共鸣感，特别是以第一人称来写作。”“如果你仔细看的话，你会发现，其实这个第一人称是架空的，和以前以女性为第一人称叙述的方式是不一样的，其中的很多故事其实还是以第三人称来叙述。‘我’只是作为穿针引线的工具，她是一条线索，她的任务就是串联起整部小说。这部小说对我来说非常特别。我以前的小说很简单，两个男生两个女生谈谈情说说爱就结束了，但是这部小说，我是第一次用十几个主角，一起来推进这个故事，像一个网一样，打得特别开。这对我也是一个很强的挑战……”

第七章

“执著”戴志康：**社区驱动模式**

“勇敢是什么呢？不是意识不到前面的困难，而是你意识到困难还往前冲，因为你觉得自己能克服这些困难。”

“我觉得不要太把自己当回事，也不要不把自己当回事。”

“互联网上，尤其是最近几年永恒不变的真理，就是只要有用户使用就有它的价值，就是你自己的核心竞争力。”

“不要浮躁，你不要觉得我要去融多少资？赚多少钱？要有简单、淳朴的理想，往往这个理想会成为你一生、半生贡献的事业。你一开始什么都没有，既没有技术也没有人脉的情况下做很大的事情，成功的概率会很低，不然你总想着要赚钱、盈利、融资，你不断的失望、落差，会打击创业的积极性。”

——戴志康创业寄语

小传

戴志康 1981年出生，黑龙江大庆人。他的父母都是大庆石油学院的教师。

戴志康从小的兴趣爱好是无线电，不过，无论是组装一个收音机，还是音乐门铃之类的，都涉及一堆的元器件，并不容易攒齐。初二时，戴志康家中有了一台电脑，AMD的80386。他随后发现，代码是更容易推倒重来的创新机会。他很快痴迷于电脑，对应的是学习成绩也在下降，这对一个知识分子家庭来说，不容易被接受。

中考前，他的父亲带他去大庆实验中学，这是当地最好的高中，这所学校拥有奔腾微机，而不是他以前摆弄的386，这激励了他学习的动力。在突击学习了一个月后，他以高于录取分数线一分的成绩如愿考上了大庆实验中学。

1998年，戴志康家中有了网络，暑假期间他频繁上网，制作个人主页是他的一大爱好，他当时的个人主页叫“超人软件工作室”，实际上就是盗链别人网站软件的。

又是一年高考时，他在高中阶段成绩一般，不过2000年那个炎热的夏天他出奇地顺利，又是在最后阶段，恶补了一下，最终获得一个不错的分数，虽然没有被他填报的第一志愿华中理工大学录取，但是考上了哈尔滨工程大学，学习通信工程专业。

戴志康大一的时候比较正常，大二的时候不正常，大三的时候，就显得很疯狂，自己租了房子，大四就消失了。戴志康找到了一处月租300元的房子，这让他少了一点约束感，学习之余，就是无拘无束的网上冲浪。他当时感觉非常好，房子很破，生活很勤俭，像个科学家，宁静而充实，有思考的时间并不断使自己长进。

2001年底，他获得了哈尔滨一个网页设计比赛的一等奖，后来黑龙江电视台还采访了他。这进一步激发了他对网络的兴趣。2002年，戴志康用PHP创作出了第一个作品，StatTherefor，用于网络流量统计。PHP(Hypertext Preprocessor)是超级文本预处理语言的英文缩写，PHP同ASP有些类似，都是在服务器端执行的嵌入HTML文档的脚本语言。PHP支持几乎所有流行的数据库以及操作系统，目前广泛为网站程序员所应用。

2002年3月，戴志康开始开发Crossday Bulletin(CDB)论坛后台，6月发布2.0版本，10月则发布3.0版本，之后改名为现在的Discuz!。Discuz来自于Discuss，讨论的意思，至于惊叹号是戴志康惊异于网络产业的巨大钱景。Discuz!可以让站长简单地搭建出一个网络论坛。此时，戴志康纯粹是一个共享软件开发者，他将代码上传到各个下载网站，希望更多的人使用。越来越多的人使用Discuz!来搭建他们的论坛，当时有800多家网站使用了他的后台，这让戴志康充满了成就感。2002年底，他在北京成立博卡先锋软件开发有限公司，担任副总经理一职，兼任技术总监，负责Discuz!项目的开发与推广。

2003年初，Discuz!进行商业化和国际化改造，2月推出第一个商业版本2.0版，并同时以简体中文、繁体中文和英文三个版本对外发布，开始被多家知名公司认可并使用。2003年，Discuz!经国家版权局审核通过并注册登记，登记号2003SR6623，戴志康为唯一著作权人。2003年至今，Discuz! Board成为国内用户数较多、应用较广泛的PHP论坛系统。

2004年初，他投资50万元人民币，在中关村创办北京康盛世纪科技有限公司，专门从事论坛软件技术研究与产品开发。作为北京康盛创想科技有限公司的CEO，他得到了太多的荣耀。近期，央视和凤凰台等多家媒体对他进行了专访，被誉为"80年代后"成功创业群体新兴阶层的杰出代表。因其公司的潜力巨大，他的公司获得了sequoia中国基金数百万美元的投资。如今，这位年轻的CEO正将他的主打产品：社区套件"DISCUZ!"BBS系统与X－SPACEWEB2.0个人门户系统，以核扩散的方式输送到互联网的每个角落，他的目标是输出的这些"零部件"让网站"社区化"，给大量有网站需求的个人和机构带来方便，使交流变得简单，并从中获益，从而使互联网创业的门槛降低，改变整个中国互联网的基础环境。仅以他2004年开发的第一个OBLOG社区示台软件为例，两年时间竟有中国博客1600万人之多。

创业故事

创业成本800元

戴志康一度抱着一个单纯的想法：做出好东西证明自己，找到一份好工作。到2003年末，一个老板给他30万元年薪，这已经大大超出他当初的设想了。不过戴志康几乎想都没想就拒绝了，他尝到了给自己打工的甜头。

从2001年秋天开始，每个月800元的花销持续了好几年。300元租房子，200元吃饭，剩下的就是上网和打电话，再加上自己整天闷头开发，这是开启一个事业所需要的全部成本。那时候互联网火起来了，戴志康通过互联网认识外面的世界，他对把陌生人联系在一起的网络社区有了兴趣。他想开发一套能自动生成社区的软件，让即使不懂技术的人也能管理，他认为如果有人在自己设计的社区里聊天和认识朋友，是一件特有成就感的事。软件设计好了，他为软件取名叫“Discuz!”，挂在网上，免费给人用。

第一桶金：3000元人民币

人要解决吃饭问题，付出也要用一种方式得到回报。在对比同类产品的关键技术指标，比如速度、安全、负载能力和人性化等，戴志康认为自己的“Discuz!”远远超过了竞争产品，“他们的产品都是收费的，为什么我的不能收费？” 但收费给他带来了意想不到的麻烦，网上对他一片谩骂声讨。

戴志康并不恐惧谩骂，相反，他对自己产品的核心价值有信心。“这种坚持己见的意志锻炼能够帮助我在将来遇到困难时不轻易退缩。起初收500块，没人买，就改收1000块，还没人买，就改成2000块，找到一个愿意出2000块的应该比找到4个愿意出500块的概率更高。”

转机出现在2003年7月，一个香港人给戴志康发来Email，说想做BBS社区的一个东西，问他需要多长时间，戴志康告诉他一个星期就行，香港人不相信，戴志康果然在一星期内做完，香港人一高兴多给了1000块。"我对百万、千万已经麻木了，但这3000元至今让我兴奋不已。"随后，戴志康的软件有了越来越多人购买，销售额平均每个月增加30%，到毕业时，他有了50万元。2004年初，戴志康怀揣50万元从哈尔滨来到北京，并注册了自己的公司。

注册公司的苦与乐

在北京注册公司期间，戴志康天天跑工商、税务、科委等部门。第一个月他光是打车费就花了2000多元。北京城太大了，一个初来乍到的东北人在这里创业，除了花钱外还要透支身体。戴志康常常是早上7点起床，晚上11点才回家。他习惯了马不停蹄地去跑一个又一个的部门，去见一个又一个的客户。

有一次他去办理一个证，排了一个上午的队，站得腿都麻木了，结果轮到他的时候，工作人员接过他填写的表格一看就说："表格填写错了，这表作废了，你再到那边去领一份重新填写吧。"排了三个多小时的队，这下又要从头开始，他心里窝火得想骂人。他没办法，他只得重新填写，再重新排队。

到北京的第三个星期，戴志康终于领到了"北京康盛世纪科技有限公司"的营业执照，公司注册资本50万元。接过营业执照那一刻，他感到自己成熟了许多。

融资故事

2006年的除夕，大年三十的下午，戴志康等待在传真机旁，等待投资人张帆的回传。全球最知名风险投资之一的Sequoia，竟然也会认可他们这种草根企业，他幸福而紧张地等待着。那天，他等来了。

Sequoia即红杉，红杉资本创始于1972年，是全球最大的风险投资商，投资了苹果电脑、思科、甲骨文、雅虎，还有Google等。据统计，红杉投资的公司总市值超过纳斯达克市场总价值的10%。2005年9月，沈南鹏与张帆一起创立红杉资本中国基金(Sequoia Capital China)并取得在中国的决策权和管理权。2000年，28岁的张帆在美国加入了德丰杰全球创业投资基金。张帆先后投资了空中网、分众传媒等，担任过百度的董事。张帆对互联网信心十足，一次他说道："在我看来现在投资互联网没有任何问题，今后相当长一段时间还是投资互联网的好时机。"

另一个投资者是作为天使投资人的周鸿祎。第一轮投资具体数目没有公开，估计在数百万美元之间。有传闻说，因为周鸿祎先期进入，所以回报颇丰。同年8月，美国著名风险投资杂志《RedHerring》将康盛创想评选为2006年未上市“亚洲百强科技创新企业”，这是创新公司被资本市场关注的一个标志。

2008年3月，因为涉及了Google的市场披露，康盛创想的第二轮融资被关注，实际上第二轮投资在2007年已经完成，具体数目仍然没有公开。涉及的注资方除去红杉资本中国基金(Sequoia Capital China)之外，还有晨兴创投(Morningside Ventures)和Google。 晨兴创投是晨兴集团旗下的风险投资公司，晨兴集团是香港陈氏家族于1986年创立的一个多元化投资集团。陈氏家族于1960年在香港创立恒隆集团。晨兴创投于1992年开始投资中国大陆的高科技、媒体、通讯和生物工程项目。至于Google，具体投资额为100万美元，戴志康解释，谷歌是策略投资者，其融资只占此次融资的一部分。

2008年4月，第三届中国站长大会“网站如何拿到投资”的主题论坛中，戴志康谈了自己的看法：“自己多少也要赚钱。赚钱有什么好处呢？我们的投资人教我一个观点，无欲则刚，VC是否投都死不了，有钱赚，投我是你的机会，很幸运，但是不投我也无所谓。”而在这之前，他谈到：“因为我们测算了一下，上一次融的钱，我们一个月的成本两三百万的规模，这次披露出来所融的钱大概可以让我们花三年零八个月左右，如果在盈利情况不太好的情况下。”

戴志康他们做的是一件有理想的事情，这件事情可能会消耗相对来说比一般公司长一点的时间。他们可以保证的是，不管有没有对业绩的要求，他们都会保证团队是100%，全身心地投入到这个事情里来。

创业中遇到的五个槛

第一个槛，戴志康当时觉得特痛苦，因为他在学校里面是一个挺好的学生，还当过学习委员。戴志康真正开始创业的时候放弃了很多东西，因为他这个人做事情比较投入，而且他只能干一件事情。是要一个大学的文凭，还是要做自己的事情？现在看来，戴志康觉得大学文凭真的没有什么，反倒认为没有大学文凭更容易出名。但当时不是这么想的，因为当时看不见的因素太多了。费了半天劲考了一个大学，一个学期挂五门，他们学校是挂了六门就开除了。每天在想到底是得到这个好还是得到那个好，这是戴志康当时特困惑的事情。戴志康其实拿到大学毕业证了，很多媒体说他没有毕业，其实他毕业了，但是绝对不是考毕业的。在大四的时候所有挂了的科目在那儿重新考一遍，反正费了半天劲考大学了，就考一遍吧。戴志康走访了很多老师家，动之以情晓之以理，说他没有打游戏，他是做的有意义的事情。

感动了一大批老师，于是戴志康就拿到了毕业证。

第二个槛，公司在成立三五个月的时候招不到员工，没有钱。当时戴志康自己拿了三五十万，但是这个钱在北京不算什么，当时公司设在很偏远的农民房里面，挺受打击的。戴志康住在一个特别小、特别黑的小屋子里，50～60平方米，而且是民宅，特别老的楼，因为便宜。戴志康穿一个大裤衩，穿一个拖鞋，有时候光膀子或者穿一个背心。面试的人会在开门的第一瞬间说你这是公司吗？扭头就走掉。有的小姑娘还会说骗了。戴志康连着8个月没有招到人。虽然他的公司也是合理合法成立的公司，却连个人都招不到。租一个写字楼几个月就把钱花完了，戴志康第一个员工还是从他大学的同学里面找的，起码知根知底，他知道戴志康不会骗他。

第三个槛，公司在成立一年左右的时间，服务器遭到攻击，在中国有很多所谓的比较黑的手段，游走在一些法律的边缘。他为什么攻击戴志康公司的服务器呢？因为戴志康卖社区软件的时候，里面有一个社区的虚拟主机的服务。有一个人来跟戴志康谈合作，说你这儿不要做了，我们合作。这个人挺横，所以戴志康就没有跟他合作。因为这个人是某地机房的管理员，他就每天发来东西把戴志康公司的服务器堵满了。戴志康公司的服务器被攻击5个月，每天接的电话都是退款，每天上网看到的全都是骂戴志康的信息。戴志康通过网站做服务，网站要是挂了的话，就惨了。很多的网站寄存在戴志康这个地方，访问不了他也很急。戴志康赚的钱都花了，也没有办法赔他。戴志康公司创始的五六个人，每天都在接电话，别的什么都干不下去，他们在机房里睡了一个多月，一开始希望通过技术的手段解决。后来机房都赶他们走，他们都成过街老鼠了。当时最快乐的事情是中午正吃饭呢，突然有一个人喊能访问了，他们马上把筷子扔了，就跑过去看。

第四个槛，还有五个月，他们的Discuz一开始是免费的，中间经历过一段收费的过程。戴志康当时创业的过程很简单，他的想法是要比大学同学强。因为他原来是学生会的，他听说谁又找了一个年薪5万元的工作，大家非常的羡慕，感觉鲜花掌声都来了。他觉得这是非常好的东西。所以当时的目标就是找一个年薪10万元的工作。戴志康当时想怎么能够年薪10万元呢？上一个研究生，上完了也就是那么点，他还不愿意上学。要不就是大学自己做一点东西，将来找工作的时候，戴志康学习是不好，但是他做的东西有那么多人用，就容易找到一个年薪10万元的工作。做Discuz最开始的动机就是为了找工作。等到大三的时候，年薪30万元的工作也来了，让戴志康十分的诧异，是不是你做的这个事真的有人认可了？感觉很舒服，但是回过头来，怎么实现这个商业价值，他每天花十几个小时给人做服务。戴志康在哈尔滨装了两部电话，一个是销售，一个是客服，两个都是他自己来接。一天上好几个QQ，一个叫客服1，一个叫客服2，一个叫客服3。最后戴志康练成了一个特别神奇的能力，就是一边接待电话一边写程序。戴志康每天把最费脑子的事情在早上完成，写程序，脑力活的在一般接电话的时候写。戴志康在2003年的时候感觉这样实在是太累了。他那个时候还想招一个人，一个月给他500块钱，让他跟着我干，相当于收一个学徒一样。但他也没钱啊，他一个月就500块钱的生活费，吃饭吃掉300多，租一个房子300多，每个月还有200多块钱的赤字。戴志康把这个定一个价，他想把这个软件商业化，在中国这个决定蛮草率的。在中国，一个免费的东西变成收费的，这绝对不可容忍，但是收费的东西免费了，有人叫好，但是不会像骂你的人那么多。整个的过程中大概从2003年初，到2003年底，不仅一分钱没有赚到，戴志康每天上网，那论坛上全是骂他的话。后来戴志康跟同事说：当你被骂，骂到涉及到你的名誉权、肖像权、人格、道德观、价值观的时候，你发现你一定要成功了。“你这个白眼狼，骗我们用，等我们用上马上收费。”下面跟一个，“你掉钱眼里去了。”一楼还能看，二楼不能看了，第三楼简直要呕吐了。戴志康也是一个勤奋的人，法律上讲，他自己做的东西他付出劳动了，他愿意定多少钱都可以，但是在不违反市场规律的情况下。整个一年钱没有收着，骂挨了不少。戴志康每天在置疑做这个事到底有没有前途。干活的人总是要被游手好闲的人骂。他们那个学校没有太多令他怀念的地方，但是最令他怀念的地方就是建于1990年的游泳馆，他那个时候一天能游两次泳。当时有一个同学，他们两个人到门口吃烧烤或者是吃别的东西，喝点小酒，回来感觉特好，论坛也不看了，他就在写程序。基本上有半年的时间，早上起来看一下论坛，把电话一拔，他就干他自己的事。

第五个槛，戴志康认为他最为黑暗的时间就是在2003年那一年，他每天活在置疑声中，他自己都不知道在做什么事情。最后这个事情是怎么改变的呢？他发现指望中国人掏钱买他的软件确实不容易，他以前还挺能写作文的，他写作文还发表过。戴志康奋笔疾书了几篇《中国用户版权意识之怪现状》，后来发现也没有用。戴志康找了几个外国的朋友，跟他们聊天还能学一些英文，翻译得不对还能请教他们。戴志康遇到国外的一个用户，戴志康说你帮我把它拿到北美去卖一卖，反正卖得也很便宜，一百美金、两百美金都可以，真正的销售市场是在国外市场打开的。Discuz这个产品在香港、澳门、美国、加拿大、英国都有卖，而且当时第一批几十万的收入里，有60%～80%是国外的用户卖出来的。戴志康就当赚老外的钱贴补国内的亏空而已。

一个创业者每天受到心灵的压抑和挑战是挺痛苦的，戴志康当时一点高兴的事情就是看论坛里面一屏都是骂的，突然有一个声音在说，我发现Discuz这个软件版本做得还是不错的。戴志康就能够高兴两天。现在的孩子都生活在蜜罐里面，戴志康就觉得自己生活在酱缸里面，又臭又苦。偶尔看到一点希望的时候心里还是蛮高兴的。

猫一般的机灵

戴志康去朋友公司，在一旁用心听人家怎么跟员工谈话，内容和目的是什么，隔几天打电话去追着问，谈话效果怎么样。有员工最近态度不好，要找他来谈。谈之前想好，到底是针对他的性格、价值观，还是物质利益去谈，谈的过程中注意其表现，眼睛一眨、嘴角一动，就知道对方内心怎样想的。这样活得累，大部分时间都在想别人是怎么想的，但积聚多了，点就连成面，在平常的生活和工作中随时用到。

轻视技巧。戴志康不看好的一种方式，就是看起来很聪明却有话不好好说，非要绕来绕去。他说这时常是最傻的做法，因为技巧是让别人更费力，浪费大家的时间。最原始最简单的才最有效。戴志康喜欢跟自己相似的人，对不喜欢的做法，他会当面说出来：“我不喜欢。”

决断。23岁那年，要买辆车的念头一天早上突然冒出来，第三天，他就把车开回了家。24岁打算换辆车，有了想法后的第四天，他开着银灰色的宝马上路了。后来他在北京海淀置办了一套大房子，看房子可比看车复杂，可从有这个想法到拿到钥匙，不过10天。2005年1月，他第一次把闷在心里、思前想后近半年的决定告诉手下：“我决定产品完全免费，你们讨论怎样执行吧。”

决断需要威信做后盾。“我比较独断和固执，说完了就要执行，所以威信极为重要。”新员工，一定要让他先认同自己。大多数员工是搞技术的，要在技术上树立威信。戴志康是社区软件方面的“一流高手”，一旦发现员工有不懂，就马上从头到尾讲一遍，从不吝啬把最好的想法、最先进的技术告诉他们。他清楚以后搞管理的时间会越来越多，如果很长时间不搞技术，就会落伍，以前的那些经验就没有什么可骄傲的了。所以就趁还没有太落伍的时候把所有东西告诉大家，既树立了威信，也传承了经验。

机器是死的，人是活的，人总可以把机器搞定。戴志康说，技术上没有他搞不定的，难的是与人沟通，如何花更多精力去培养、提高员工。最痛苦的是招人，要大规模扩张，人才是第一位的。以前是出不起好价钱，现在是出得起好价钱，找好的人还是要费大量的时间。戴志康现在成天都在招人，从公开招聘渠道里来的人都不理想，还得从认识的群体里去淘。“相马”是个费时费力的活儿，见了十个也不见得碰上一个。

管理和财务上的，随时碰到不懂问题他随时学习，去网上搜，或者买书看。什么样的问题他都遇到过，招聘的技巧、赏罚的技巧，怎么开会、怎么树立威信，怎么建立制度、怎么使制度执行下去。要应付不同性格的人，有些人喜欢激励、有些喜欢成就感、有些喜欢生活上保障、有些喜欢教给点技能。现在员工也不多，都是经过筛选和磨合过的，有共同价值观，有天然的凝聚力。

戴志康感谢父母从小培养自己独立思考的能力。那些陷入网游不能自拔的年轻人就是因为以前没有自主性，没有自己的思考和见解，一碰上诱惑就被死死黏住。戴志康看来，正因为存在这个缺乏免疫力的阶层，网游才得以能够爆炸性增长，但随着他们免疫力的提高，增长会逐渐回归到一个合理范围之内。而戴志康认准的，是那些能够积极改变人们的沟通和生活方式的网络服务，比如社区，他相信互联网的革命意义，并竭力在其中寻找一个位置，哪怕仅仅是一个小小的角落。

★★★★★ 财富密码

执 著

戴志康在没赚到钱之前不喜欢赚钱，但赚一次钱后就喜欢了。

在戴志康眼里，执著是最重要的创业素质，执著是贯穿始终的原动力。执著是为了一个一直都看不到前途的事情干上三年。戴志康的父母从小给他很大的空间，这让他学会坚强和独立。当时他做的时候，还有好多家都在做，但其他人都没有坚持下来。

到目前为止，戴志康对自己最满意的是他的执著和勇气。还有一点很重要，不要太自我。“你可以很有天分，很自信，但是还是要有那种能够去改变，也能够被改变的能力。这种年龄，应该保持一个比较好的可塑性。”

戴志康出生于大学教师家庭，父亲是博士生导师，所以他接触计算机比较早，1993年开始研究计算机，1995年和1996年就自己编写一些程序，还参加一些计算机竞赛，都取得了比较好的成绩。2001年是互联网发展的一个低潮，那时候BBS不是互联网的一个热点，也不是投资商的一个焦点。戴志康敏锐的观察到了这方面的价值，开始开发Discuz！软件。

那时的戴志康20岁，上大学，除了吃饭睡觉之外的时间都用在这上面。2002年，Discuz！在技术层面上达到了比较高的水平，但是并没有给戴志康带来经济效益。虽然戴志康在这个软件上花费了自己几乎全部的时间，但是2003年中国的互联网用户，根本没有为一个软件付费的概念。这直接导致戴志康三年来没赚到一分钱，这样的挫折让他差点放弃，开始怀疑这个产品的价值。

后来网友开始讨论戴志康做这个软件是不是从一开始研发就有一个特殊的目的，是不是想赚一大笔钱，这个产品是不是个有价值的东西，并且这种讨论迅速上升为互相的攻击，有人认为Discuz！根本卖不出去，说戴志康的价值观有问题。这样无休止的争论和攻击使戴志康变得灰心和懊恼，再次对自己产品的价值产生怀疑。

执著的方向正确了就是坚定不移，方向不正确就是“傻”。回首以前的艰难岁月，戴志康说：“对很小的公司，在市场很差的情况下进入，最直接的好处是没有竞争，有足够多的时间做原始积累。唯一需要做的就是坚持，等市场转暖，开始收获。”“我是一个做了决定就不会改变的人，执著不是为一个看得见的目标奋斗三年，我心中的执著是为一个看不见的目标奋斗三年。当初有好多人也在做相似的软件，但其他人都没坚持下来。”

按照戴志康的说法，到他35岁时，他的公司从成立算起就有十二年了。如果到那时公司还活着，应该是一个很稳、很成熟的公司了。企业也是有生命的，正如一个人并不知道自己什么时候会得病一样，企业的发展也很难预知。“我不想证明自己有多成功，我只想证明自己能走多远。”戴志康希望能走到尽可能远的地方，走不动的时候自己就会停下来。创业，他实现了从“0”到“1”的突破，怎样从“1”到“10”，从“10”到“50”？戴志康明白这个过程很艰难。

他一直用爱迪生的故事来激励自己。“大家都想弄出个发亮的东西，只有爱迪生成功了。他反复琢磨，反复实验，终于找到了钨丝。爱迪生的成功靠的是多思多想，执著去做，坚持不懈。”“你想到的，别人也能想到。你做到的，别人未必能做到。”这是戴志康的信念。

盈利模式

口碑营销

2005年之前，Discuz!的所有事情——开发、销售、支持、运营，都是戴志康一个人做，他常常是一边接电话一边写代码，没花过一分钱的所谓“推广费用”，更别说打折和促销之类的了。因为第一个人买了软件之后，就说好，第二个人听着去买了，跟着说好，这就传开了。在网上发帖子比到大街上贴海报简单得多也快得多，而且对于一个互联网产品，潜在客户肯定都在网上，这就是所谓的“零成本”营销。

2003年，戴志康到北京。当时一个朋友出资跟他合伙，朋友的思路是要搞渠道、像传统软件那样铺货。可在外面跑了一天又一天，不仅没有成效，而且在这上面花费很大精力后，产品就没功夫研发了。没两个月戴志康就刹了车，又只身回到哈尔滨，从此对口碑营销矢志不渝。后来在2004年再次来北京扩张，戴志康仍延续专注于产品的思路。直到今天，几乎没有推广，所有客户都是找上门来。

用服务吸引客户

2005年，Discuz!成为社区软件领域的龙头。既然成了老大，就要有老大的样子，12月，戴志康把每个月能带来几十万收入的产品免费，转而从为客户提供服务当中获取收入。戴志康盘算着：卖软件能赚的钱总是有限的，就像水龙头，卖一个就用三年，而提供服务的收入是无穷无尽的，就像水龙头里流出来的水。

戴志康希望衍生出一个新的商业模式，这些价值是原来单个用户触及不了的价值，他希望通过这些努力，不光为这些用户提供服务、还提供成长的收入。“我希望拥有广阔的市场占有率的产品，我们就把这个产品制定为免费的，在2005年12月份的时候，就是原来100倍的增长，我3天新增的用户比一年的多。”这样的用户增长速度足以证明戴志康的判断是正确的。保证影响力，就要花成本来扩大技术支持的队伍，技术支持的队伍扩大了之后，成本开支的增长又缩减了利润的来源，这并不是一个投入产出比很高的商业模式。于是，戴志康让更多人参与到核心开发和外围开发，还有一些项目定制上，从这里面产生服务收益，进而实现公司从软件销售到软件服务的转型。

康盛创想每天接收到的电话订单有数十份，而销售人员却只有两名。戴志康基本不主张员工出去推销。每一个BBS软件用户的网站下页，都会标有一个"Power By Discuz"的标识。这无形中为公司的推广作了很好的宣传，同时也督促员工更好地为客户提供服务。个人免费用户在理论上是不提供技术服务的，但实际上康盛创想为每一位免费用户都提供所有技术支持，而且是不收取任何费用的。"既然用户使用了我们的产品，我们就不应该以免费作为推辞的借口。"服务是一个企业最好的宣传手段，好的口碑远比一句推托更重要。目前，国内做社区软件的公司寥寥无几，全球也不过十几家而已，国内能够与康盛创想抗衡的企业基本上是没有的。但不能因为没有，就满足于现状。技术和服务优势是康盛创想最大的核心竞争力。互联网行业是一个非常不稳定的行业，今天不知道明天将发生什么。戴志康必须一刻不停的向前奔跑，才能将竞争者远远的甩在后面。

社区驱动模式

在资金的支持下，康盛创想的产品日趋丰富，除去Discuz!之外还有ECShop独立的网店，ECShop的社区版ECMall独立网上电子商务平台，SupeV影音播客系统，Discuz!NT，这是一个论坛、相册、space及聚合的论坛平台，SupeSite社区门户系统，X—space社区博客系统。外还有UCenter Home，建站者可以构建一个以好友关系为核心的交流网络，发布日志、上传图片及与其好友们一起分享信息、讨论感兴趣的话题，以快捷地了解好友的最新动态。UCenter用户中心是一个更有意思的产品，它拥"接口"，经过简单修改便可以挂接其他任何平台的第三方的网络应用程序。开发UCenter最初的目的是成为康盛创想旗下各个产品之间信息传递的一个桥梁，通过UCenter可以整合系列产品，实现用户的一站式登录以及社区其他数据的交互。涉及的客户则包括搜狐、网易、猫扑等等。这些商业网站仍然需要其他专业的技术团队来帮助他们分担一部分工作。

软件的收入只是一个方面，一个基础，这使得戴志康可以扮演社会化网络热潮中

“卖水人”的角色。此外，风险投资希望，基于应用广泛的平台，康盛创想有更具有想象力的盈利模式，这就是所谓的“You Marketing”社区营销业务，以及相关的Insenz社区营销平台。戴志康的解释：把一堆类似的网站，比如讨论汽车的网站，那我把1000个汽车网站打包起来，找一个大广告主谈，比如宝马，让他们投这个社区。我们做的事情不是小网站能做到的，小网站跟大广告主谈广告、谈钱，不现实的。

戴志康实际上是在打造一个BBS生活环境，正如他所说的：“比如我有一个朋友，在社区里买了一部手机，然后会推送到我这里来，他还分享了他的感想，他觉得这个手机很值。我要是看到这些之后，就会想，他觉得不错了的东西，他认为那个店不错，我干吗还去淘宝搜一搜呢？这样的电子商务交易，其实会在ECMall诞生出来。”从2006年开始，康盛创想一直在推动“中国互联网站长年会”，到2008年已经是第三届，这项活动应该说已经赢得了众多媒体的关注。虽然这个年会有公益性质，但是通过这一活动，康盛创想还是推广了产品，确认了品牌，同时强化了同众多站长们的联系。他们在推广方面已经越来越得心应手。康盛创想最新的宣传称，他们已经拥有了70%的市场份额的占有率。

戴志康个人已经退出了技术的研究，因为他已经培养了一支非常优秀的团队来为公司开发产品。吉姆·柯林斯在《基业长青》中说：“那些杰出公司出类拔萃的永恒品质是企业家关注的是造钟而不是自己做那只钟。”从一开始的注重品牌和发展用户，到后来对团队的培养，戴志康有意无意的成为这样一个造钟人。

第八章

“霸蛮” 高燃：绝对领先的技术创造消费

“创业是马拉松，也是体力活。”

“做自己感兴趣的事情，如果想创业，需要首先慢慢了解一个行业，要非常深入地了解，一个有希望的行业，或者说你先加入一个自己想创业的行业公司，在那里历练几年，去积累一些人脉，积累一些管理的知识、经济的知识、行业的知识。”

“积累一些钱，创业的第一桶金其实是最难的，你不能够公司开张第一天就没有钱了，兄弟就饿死了，方向要把握好，自己技术做得好的话就把技术做得更好，创业团队一定要注意，创业团队一定要是一个非常互补的团队，比如说你懂营销，不懂技术，你要找一个懂技术的人。”

“对VC一定要讲诚信，诚信是最有希望的，没有任何一家VC愿意投资诚信缺失的企业。沟通的要点是：拿自己的经验将心比心，如果你是VC，你会对我怎么样。如果你能够跟VC换位思考的话，我想离拿到VC的投资时间就不会很远了。”

“人要有理想，并要追求理想。年轻人都应该有理想，都应该仰望星空、脚踏实地，非常务实地做一些事情，只要大方向没有看错，身体好就没有问题。”

——高燃创业寄语

小传

高燃 1981年出生在湖南益阳一个普通的农民家庭，但是，与那些普通的农家孩子们不同，很小的时候他就觉得自己将来肯定是一个做大事的人。正是这种远大志向的导引，上学以后，高燃读书特别用心，成绩名列前茅，但在升高中时，因为家庭经济困难，父母不得不让他读中专。

面对人生中的第一次挫折，高燃感受到了残酷，但他并没放弃自己的理想。在中专学习的三年，高燃很勤奋。毕业后为了生计他南下广东打工，只有中专文凭的他薪水很低。为了能获得更好的发展机会，高燃开始自学ISO9000认证方面的专业知识。不久，便跳槽到一家外企当上了质量工程师，月工资5000元。在外企工作高燃接触到许多大学生，与他们交往后他发现自己并不比大学生差多少，尤其是看到家乡那些上了高中的伙伴陆陆续续考入大学，高燃很快又看到了自己的差距。“当时很压抑，因为做的不是自己想做的事情，理想与现实冲突。我是一个有远大理想的人，岂能被5000元待遇所束缚？”经过一番思考后，高燃辞职回家，准备高考。

见儿子准备插班就读，父母很是不理解，因为5000元的月薪收入对这个偏僻农村的家庭而言是一笔很大的收入，而且上大学的费用家里也难以承担。高燃却坚持自己的决定，并且决心报考清华。在别人眼中，这对高燃来说是一个不可能完成的任务，他没有读过高中，没有人对他抱有信心。“没有一个人相信我，除了我自己。”他说。此时，距离高考只剩下半年时间。

高燃被分到全校成绩最差的班，在学校的第一次考试中，高燃考了全班倒数第二名。“我觉得我一天高中都没上，就能考倒数第二，说明还有人比我更差，我觉得我还是可以的。”正是这种自信并加上自己的勤奋，一个月后的第二次月考他已经是全班第一，这样的成绩一直保持到学期末。高考如期而至，高燃如愿以偿拿到了大学录取通知书，而且是清华大学的。1998年8月，高燃正式成为清华学生。强烈的求知欲使他显得有些不安分，大学四年里他先后就读于外语系和中文系，最后从新闻与传播学院毕业。

读大学的时候，有一次与美术学院联欢，高燃看上了那里的一个漂亮女生，于是就紧随其后，并要她的联系方式，比如电话、Email，那女生不理他，径直往前走了。高燃绝望了，追上去最后喊了一句：“实在不行给个QQ，假的也行！”后来女孩果真给了个QQ，没想到竟是真的！再后来，这个女孩就成了高燃的女朋友。这就是高燃，很执著，也很霸气！

大学时期，高燃非常活跃，第一年加入的社团就达17个，并创办“清华大学国际问题研究协会”，获得过清华大学皮划艇冠军、攀岩冠军等称号，组织过多次演讲和论坛。为积累人脉，他经常与一些被学校邀请过的政府官员、专家、企业家保持联系。“大学四年每个节假日别人都出去玩儿了，我都会拿出名片或电话本，给他们打电话，问候他们。也许一次两次他们没有印象，但是次数多了大家就记住我了。”其间，他组织了很多讲座，请了许多企业家、政府官员、学者，还有一些国外的大企业家、知名人士来学校做演讲。在邀请这些名流之前，高燃都会进行充分准备，读了非常多的书，也做了非常多的功课，比如说了解他们个人的资料等。他的社交能力因此得到了很好的锻炼，那些认识他的人无形中也成了他后来创业的资本，其中包括后来鼎力支持他的江苏老板蒋锡培。很多人认为高燃有深沉的心计，但是他说：“我从来没有想过以后要得到什么东西，我知道认识这么多人是有用的，但是具体有什么用我不知道。我就是这么去做，我对他们非常真诚。我发现大学生活对我的改变非常大，让我重新树立了信心。”

高燃还清楚地记得，当年他考上清华的时候，曾有老乡这样激动地评论：“高燃将来肯定能当中央委员！”在那个小山村里，老乡以为，读了清华就能像许多人一样当大官。可大学毕业后，高燃并没有走上仕途。2003年7月，高燃大学毕业，怀揣着自己的实习作品，到经济观察报社，找总编要工作。自信和实力让他得到一个职位，成为一名记者。当被问起求职花了多少钱时，高燃笑答“一块钱”。凭着对新闻的独特理解与自己的勤奋，他获得当年报社的”最佳新闻记者奖“。在报社工作8个月后，他不安分的心又开始躁动，“我不希望我的人生一眼就看到头”，高燃开始寻找新的方向。

2004年的中国IT行业，电子商务风起云涌。雅虎和新浪合作成立易拍网，马云旗下的淘宝网对eBay紧追不舍。当了一段时间财经记者的高燃已对IT行业有所了解，他也想在电子商务里发展，便做了一个商业计划，随后，高燃找到结识已久的远东集团总裁蒋锡培。高燃完全沉浸在创业的激情中，他的信心和决心也感染了蒋锡培，蒋锡培也看好这个年轻人。相互的信任促成了一个口头协议：蒋锡培出资1000万元占65%的股份，高燃以智力出资占35%

的股份。这个结果让高燃喜出望外，他随即找来清华大学自动化系的几个博士，组建起团队。

2004年6月，高燃去江苏参加远东集团的董事会。在会上他讲了自己的计划，但招致大多数董事和监事的反对，只有蒋锡培和一个同是毕业于清华的副总支持他。高燃的商业计划最终未能通过。会后，蒋锡培说了一句话，“我们所有的人都认为你这个人没有问题，很好，将来一定会成功，但是这个项目风险太大。”高燃知道可能没戏了，有些沮丧，然而他的执着和霸气上来了，“你害了我！”他大声对蒋锡培说。蒋锡培当时有一点震惊。高燃只顾说：“我家里还有几个弟兄，回去怎么交代？当时就有很多人要投我这个项目，就因为跟你关系好，我才过来的。马上就毕业了，我的团队没建起来，渠道没建起来，怎么办？”高燃的真诚与执著打动了蒋锡培，最终答应个人出资100万元。蒋锡培拍着他的肩膀说：“这个项目有非常大的风险，但你这个人没有风险！”

2004年7月，23岁的高燃成立了电子商务公司 。但是，他的电子商务计划没有做起来，公司的境况举步维艰。恰巧此时，高燃遇到了清华同学邓迪。邓迪也创立了一家公司，同样是运营不佳。他们一家有资源，一家有技术，两人一合计，决定合并办起一家高维视讯(Mysee.com)科技有限公司。公司成立后，即遇上了连战、宋楚瑜访问大陆，通过直播他们的大陆行和紧接着的神舟6号上天，高维视讯逐渐浮出水面，进入大众视野。后来又有几百万美元的风险投资融入，局面终于打开了。2005年12月，仅仅成立10个月的高维视讯，就获得中国互联网协会颁发的“互联网产业创新第二名”、“中国互联网产业100强”称号。2006年上半年，公司又被中国互联网协会以及国内外众多风险投资机构联合评为“最具投资价值企业”。 高燃也因此成为中国年轻的亿万富翁，“80后”的财富新贵。“在最适当的时候找准了最适当的切入点，也就是人们常说的机遇，机遇是稍纵即逝的，但我抓住了！”就在事业如日中天的2006年10月，高燃退出了高维视讯董事会，对他的离开，传言四起，有人惊呼“高燃被董事会踢出局”，有人说“‘80后’创业者遭遇资本腰斩”，更有人猜测，是高燃的性格导致他最终离开Mysee。对此，高燃回应道：“之所以离开Mysee，是自己对这个行业没有兴趣了。”离开MySee.com，高燃开始了第二次创业。

2007年，高燃创立了北京天海川传媒技术有限公司，他说：“对毕业于新闻系的我来说，这个行业我更熟悉。”他的第二次创业也是风雨兼程，一路高歌，不过已经从网上走下来，成为了网下的实体经济。现在，他涉足的领域包括制造业、传媒、金融、互联网、商业连锁等。“现在，互联网的两极分化趋势也像其他行业一样，越来越明显，做得大的越来越大，而小网站却举步维艰，每天都有小网站死去，大网站却每天都在赚钱。所以我给自己的定位是并不一定非要在IT行业发展，况且现在我更希望做自己感兴趣的事情。”“这两三年之内，我会找准目标，把涉足的领域缩小到2～至3个，然后真正的专注。”“现在我也很困惑，因为涉足的领域太多，也许是好事，也许并不好，我仍然想只专注一两个领域。”“成功是一种心态。如果跌倒了一万次能够爬起来，也一样是成功的！在创业过程中，我也遭遇过好多坎坷和失败，但是，每一次都使出浑身解数，奋力一搏，因为我始终知道，什么才是自己真正想要的。”

现在，高燃主要做两件事，一是想点子，二是带团队。好多事情他都让自己信任的团队去做。

创业故事

商业计划书仅一两页最好

高燃在创业以前一直在写商业计划书。他的经验是，第一，必须对这个行业有一个理解，这对个行业的了解就是要在互联网上不断的搜索有关这方面的东西，必须要比别人知道的更多。第二，要跟行业内的人不断的沟通，跟层次越高的人沟通越好，要跟他们探讨一些实质性的东西。第三，没有写过商业计划书，有一些模板可到网上搜，样式可以照着做，但是要想打动VC的话，他希望能够用非常简单的一页或者两页把它写出来。VC不会给年轻人特别多的时间，也许就是一到两分钟，如果第一页、第二页就打动他了，就有机会了，如果写一个非常长的东西他肯定没有时间看。

杨致远没看中他的商业计划

2004年，高燃最初萌发创业冲动的是电子商务，“看到卓越网、当当网都做得很好，我也想把北大的一个网上书店买下来。”于是，他做了一份并不十分专业的商业计划书，打算寻找可以提供给他创业资金的人，这份商业计划书第一个呈给的就是雅虎的创始人杨致远。“当时我还是记者，正好赶上杨致远来北京。在饭店的电梯里，只有我和他，我用了简单的几句话介绍了我的想法，然后把策划书交给了他。印象中杨肯定了我的想法，但后来就没有消息了。”

高燃的第一桶金

回忆起自己的第一桶金，高燃不禁唏嘘。2004年4月，雅虎和新浪合作成立易拍网，马云旗下的淘宝网对eBay奋起直追。高燃也想在电子商务里发展，做了一个商业计划，给了蒋锡培。当时蒋在吉林长春开会，高燃当天下午得知消息，随即在火车上站了一夜，第二天凌晨到了长春，双手递上计划。蒋锡培说，要干一番事业的信心和决心太珍贵了，蒋锡培最终答应给他100万。正因为自己的亲身体验，高燃建议年轻人不能够好高骛远，创业初期人不宜多，能少则少；办公环境不宜奢侈，能省则省。"做好了勒紧裤腰袋的准备，创业初期需要的钱，可能就不需要大数目了。这个时候，创业团队每人凑一点，向父母或者亲戚朋友借一点，就是最好的第一桶金了。" 如果创业者的项目做到了一定的程度，比如说做到了一个比较有前途的细分方向的第一名或者第二名的时候，高燃建议创业者们可以考虑找天使投资。现在中国的有钱人越来越多，如果有比较熟悉的朋友不妨拉他们做天使投资人。另外，创业成功者、股市成功者还有vc管理者都有可能成为你的天使投资人。最后，一定要节约开支。在创业的初期，创业团队本身要少拿或者不拿工资，要竭尽全力减少不必要的支出。创业初期，开源节流很重要。

高燃第一次融资很艰难，但第二次相对简单一些。其实高燃第一次拿钱的时候就他自己一个人，没有任何团队，就他自己一个想法，那个时候难度可想而知。后来高燃做记者，跟一些企业家有过来往，当他有创业想法的时候他就去联系这些人，高燃认为这些人有可能会给他钱。高燃非常幸运，成功了。第二笔就简单多了，因为高燃已经进入了比较好的行业，应该说是最好的行业——P2P这个行业，因为它代表着宽带的未来，倒不是说P2P怎么样，但是只有掌握这个技术才能从窄带走到宽带，这是一个敲门砖，这个时候高燃树立了行业比较领先的地位，世界级也好，对Mysee.com都有一个认同。

创业伙伴

如果说高燃是个蛮霸的人，那邓迪就是个有趣的人。2003年7月，本科毕业的第一天，邓迪就去注册了自己的公司。也许在他的字典里，压根儿就没有想过要给谁打工。邓迪是高燃的新闻系同学，但他却是个计算机狂。邓迪家境好，初中就开始痴迷电脑，光在大学就换了好几台笔记本，是学院网络管理组的负责人。可为什么还选择读文科？据说，他高中时喜欢的一个女孩子在文科班，就索性转到文科了。

邓迪有自己的想法。宽带互联网的时代要来了，但缺少杀手级应用，多媒体是一个方向，但当时的技术没法解决大规模的稳定传输。邓迪想把正在兴起的P2P技术应用到媒体当中来。和邓迪一同创业的张鹤翔说，如果做成了，这一定是个惊人的成就。张鹤翔也不想去大公司，进去只能当螺丝钉，虽然能学到它的管理方法，但创业更有趣。出国和读研的同学，都举双手支持他的决定。虽说是创业，但两个人几乎就没有想过市场在哪里、怎么赚钱。P2P的流媒体传输是个浩大的工程，要多人、多年的持续工作。但在实现技术突破之前，没有直接的商业价值。邓迪和张鹤翔都不愿去干些散活儿来挣点钱，因为这样会分散精力。不仅自己吃喝要钱，筹备机器要钱，工作高峰时还要雇上10个清华的博士和硕士也要花钱。在长沙开公司的父母就成了邓迪的提款机。“创业”一年半，邓迪总共花了家里100多万元。传统意义上，这简直就是败家子。某种意义上，父母成了他们的天使投资人。

坐吃山空，邓迪越发苦恼。2005年，邓迪遇上了同样苦恼的高燃。一个人有技术有理想，一个人有社交资源，一个温和，一个“蛮霸”，两人一拍即合。接下来进展非常顺利。高燃说服邓迪要主动去找市场，不能一味钻研技术。4月连宋访问大陆，他们帮助新浪、搜狐在线直播取得成功，然后是融资、招人、扩张……

二次创业

2006年11月1日，高燃宣布离开MySee。“离开，只是觉得在那个领域我已经做到底了，继续发展的空间不大，失去兴趣了。两个人一起创建的公司，总是会有分歧的时候。”当初，他认为网络电视的竞争愈发激烈，而MySEE一直找不到最合适的突破口，在他希望转型的时候，却遇到与合伙人、管理层的分歧，他最终选择离开。从萌生去意到离开，只有4个多月。现在的MySEE已离开了网络视频领域，转做手机短剧，MySee.com的网站也已关闭。

在第二次创业中，高燃一手创办了娱乐门户网站——中国娱乐网。“现在越来越多的广告主认同这个网站，但是网站的成长需要一个过程，收入不会一下子就高起来。我们现在也比较稳健，不会大把地花钱，希望量入为出。我们也不希望一下子做得太大，这样会控制不了，我们现在要做的就是把产品及内容做好。”除了中国娱乐网是由高燃亲自管理决策以外，对于其余的公司高燃只在每周与管理者开会讨论，许多决策都不由他来做。“现在这也算是创业吧，不一定只做一家企业才叫创业。现在是在学习的过程中不断调整，我觉得现在还在路上。”“我兴趣比较广泛，投资是有机会所以就试一下，不是一定会朝这个方向发展。”“我只想做自己感兴趣的事情。希望自己成为默多克那样的商人，可以在两三个领域内做到最好。”

第二次创业与第一次创业有所不同，现在的风投公司比过去更中意传统产业，因为互联网的风险太大了，说不准哪天就一下成功了，也说不准就白投，不过二次创业者更容易拿到投资，相比较起来，风投公司相对比较信赖二次创业者，因为有经验，有基础，风险评估的风险系数也会相对较低。

人脉关系成就了高燃

创业前，高燃列了10个人的名单，觉得这10个人有可能帮助他，他第一个想到蒋锡培。高燃说，蒋锡培是非常厚道、非常诚恳的人。他打电话过去，果不其然，在很短的时间内，蒋锡培就非常欣赏他了。在很短的时间内，蒋锡培的夫人也非常欣赏他了。蒋锡培的儿子也对他非常好，这是将心比心，打铁还需自身硬，一个人必须有实力，你现在没有做成一件事情，但是你必须有做成一件事情的潜质。高燃认识各方面的朋友，又有非常上进的决心。蒋锡培说高燃，这个项目成不成功不要紧，你这个人一定会成功，他是投人，而不仅仅是投某个项目。

★★★★★ 财富密码

霸蛮

高燃谈及自己时，喜欢用"霸蛮"一词，但不是霸气、蛮横之意。"我们湖南人都明白这个词其中的含义，主要是一种执著和勇气。"在困难中吃得苦，也许正是这种精神让高燃总能得到上帝的垂青、命运的恩宠。创业仅几年，已获得海外1000万美元以上的风险投资，在清华科技园拥有900平方米的办公区、100多人的团队，与google、sohu等企业毗邻。

湖南的土话"霸蛮"，是不知天高地厚，初生牛犊不怕虎的意思。"如果我能最终成功，最重要肯定是因为我的理想。这个理想非常大，99%是完成不了的，明知道它不可为，所以会付出格外的努力。"

高燃崇拜毛泽东，在家里买了《毛泽东传》，每天翻来覆去地看。"我们也可以把建设新中国理解为创业，我就把这种过程移植到创业的过程当中去，这其中有很多的困难，希望能够及时领会。我很崇拜毛泽东，希望我的创业也有一个好的结果。但在这当中也有波澜起伏的过程。"

盈利模式

绝对领先的技术创造消费

有人喜欢在网上写字，于是就有了各种各样的论坛和博客网站，可如果有人喜欢在网上与人分享自编自导自演的节目，现在他们也有了自己的去处。mysee网站的两个创办人是高燃和邓迪，他们在上学的时候，就非常喜欢看互联网里的电影和电视节目。然而这在当时的互联网技术条件下几乎是很难满足的。

只有提供更好的技术服务，才能看到更完整的视频信号。完全是凭着自己爱看电影的兴趣，邓迪在大学毕业以后，从家里拿到了本来预备给他出国留学用的15万元钱，集合了几个同学，宣称要开始研究互联网的视频分发技术。“现在我有时候会想起来，这些当初他们也真是勇敢，居然就会跟我一起做到现在，因为你想就是一个普普通通的本科毕业生，然后拿了那么一点点钱，就租了一间民房，就开始，居然就有人敢过来，一直干到现在。” 邓迪一心想做的这个技术叫做P2P，就是点对点技术。传统的网络视频分发，要有一个带宽，如果有100兆带宽，用传统方式，只能供3个人同时在线观看。而p2p技术从理论上讲可以把带宽上的信息分给3个人，然后再有人看，就从这3个人那里往下分，3个传给6个，再传给9个，成几何级数增长。同样用100兆带宽，可以供至少6000多人在线观看。P2P有绝对的优势，怎么把这个理论变成商业应用，当时全世界也没有找到一个办法。商业前景让邓迪激动不已，而公司的资金匮乏却让邓迪走到了举步维艰的境地。在购置电脑等技术设备之后，从家里拿出来的15万元钱几乎所剩无几，几个月不发工资，能容纳十几个人的办公室最终只剩下3个人。这个时候如果再不找合作伙伴进行投资，公司将难以生存。后来，在100万元的投资资金支持下，高燃和邓迪的团队在几个月之内，推出了可供应用的p2p视频技术，在当时的中国这还是第一次。

但是在实际的商业推广中，高燃和邓迪发现，比技术领先更困难的是说服用户采用他们的这项技术。"去和电视台谈，他说你能有多少人同时在线，5万还是10万，我们一个电视台一下子就是上千万人在线，就是全国多少覆盖率，对于他们来说，完全不具有经济价值。那时候我们和网站合作，网站基本上做直播还很少。"从在学校创办电影网站的经历中，邓迪和高燃清楚地知道，网络视频确是深受年轻人喜欢的项目。2005年，邓迪和高燃决定：自己创办mysee视频网站。第一次直播电子游戏竞技大赛，就创造了同时在线8万人的高纪录，这个网站和它采用的技术开始引起业界的注意。"然后又做了连战、宋楚瑜的直播，给搜狐做的。做了发现号的直播，做了神六的直播，给新浪做的。"高燃和邓迪认为，搜狐和新浪都使用他们的技术服务，原因在于P2P使网上直播的成本大大降低。以新浪直播连战和宋楚瑜的访问为例，在线观看的人数有10万人左右，按照以前的方式，新浪至少需要30G带宽，300台服务器，每个G的带宽在北京电信购买的价格在100万元左右，再加上每台服务器需要1万元，10万人观看的直播，成本费用高达3300万元。"如果用我们的技术，就可以降低到1/10，或者1%。"低成本的吸引，让国内众多提供视频的网站，纷纷找上了高燃和邓迪的门。不到一年的时间，他们先后成为搜狐、新浪、新华网、千龙网、人民网等一系列网站的视频技术服务商。

技术服务，成为了这个视频公司最主要的盈利模式。大型视频网站每年向高维视讯给付200万元的技术费用，中型网站每年也需要给付20万元的技术费用。公司的年收入接近1000万元，其中60%来自于技术。让高燃和邓迪没有料到的是，这个曾经被认为是风险过大的项目，仅仅在一年之后，成为风险投资资金追逐的目标。一轮又一轮的投资开始砸向两个年轻人。

商业模式创新应该放第一位，高燃认为技术创新在时下中国的互联网只能排第二，技术不是特别高的门槛，但是商业模式的创新又很容易被抄袭，只有执行力强、速度快的公司才能够最后胜出。互联网新公司如果不创新，就没有必要出生；如果不创新，就不可能长大，高燃认为创新的是互联网公司安身立命的根本，如果公司是100，创新就是1，他还援引"没有创新互联网也会死亡"的观点，称Myspace、YouTobe、 Google和百度都是创新的典型代表。他认为创新对互联网行业和传统行业一样，都是创造新的东西，不过互联网尚且"年幼"，可以从传统商业经验中找到老师。对于Mysee.COM，高燃称最大的创新还是在技术——广告的到达、P2P的直播并发和点播并发。他称MYsee.COM是国内第一家研究出P2P点播的公司，第一家和大门户网站有内容合作的公司，第一家和湖南卫视等传媒机构达成内容合作的公司。在广告投放上，是唯一实现精准投放的公司， Mysee.COM的广告可以根据不同地理位置、不同节目形式、不同时段投放。不过，作为一家视频流网站，Mysee.COM同样面对业内人士的质疑，有分析人士认为视频网站提供的自主内容将来会遭遇版权的瓶颈，甚至可能被封杀。

“投资商本身是很聪明的，他说我把这个钱砸下去，我就能找到更多能干的人，我就能做更多的事，跑得更快，别人就更没有机会。所以一个行业里的前三名的公司都很有可能被投资人看中，但必须是前三名，后面的也不是说没有机会，只是要慢慢的成长。投资的基金是有周期的，它必须在这个周期里面迅速放大，它不能够等很久。”

第九章

“特长” 刘琦开：**网上外贸赚差价**

“我觉得最重要的一点就是一个人的思想，他敢动、想动、愿意动的这种灵感，他有没有这种冲动，而且用行动来付诸实施，因为很多人不敢想。”

“不要循规蹈矩，要走自己的路。”

“如果顾虑这么多的话，我觉得世界上就没有什么能够成功了。”

“采取最直接的方式，要勇敢地去面对、直接去面对，不要回避，你越回避问题就积累得越多。”

“人一定要知道自己的方向是什么，给自己确立一个目标，不要轻易地去改变。”

“世界上本没有大事，所谓大事都是一件件小事情组成的，只要认认真真做好每一件小事，大事也就随之做成了。”

——刘琦开创业寄语

小 传

刘琦开 1981年12月出生于在江西井冈山地区，3岁时母亲去世，父亲又常年在外打零工挣钱维持全家的生活。刘琦开一直在江西生活到10岁。10岁那年他跟随父亲迁往上海。2001年9月他考入重庆工学院，就读于工商管理学院市场营销专业。大学时期开始在网上寻觅商机，自2003年7月为上海市浦东管材做成第一笔外贸生意后，已在网上累计销售额300万美元。后组建网纳科技公司，致力于重庆地区摩托外贸及网站建设。

大学时期，刘琦开逐渐迷上了泡图书馆和泡网吧。“书中自有黄金屋”，刘琦开一直把广泛涉猎作为汲取知识的有效途径。重庆工学院图书馆各类馆藏资料，给刘琦开提供了一片广阔的天地。一有闲暇，他便钻进图书馆，忘了吃饭是常有的事。他读经济类书籍，特别热衷于电子商务，在阅读中开始了思考，在心中策划过无数次商业计划，并不断地论证计划的可行性及市场前景。他兴趣广泛，除了经济类书籍，文学、历史、艺术等范畴的书籍也兼收并蓄，为他日后塑造坚强的意志奠定了坚实的理论基础。在读书之余，刘琦开还喜欢上网。刚开始，他也偏爱聊QQ、打传奇等，时间一长便觉得索然无味。2002年3月，刘琦开无意中进入了一个外文商贸网站，英语水平优秀的他很轻松地浏览了网站全部内容。在对一些供求信息的浏览中，他发现国内的某些商品价格加上关税等，在外国市场还有一定的差价。比如刺绣、丝绸等手工艺品，在欧美市场行情看好，而油漆、钢材等工业品，在东南亚也具有绝对的价格优势，一股搞网上商贸的冲动迅速产生。2002年4月，刘琦开买了一台IBM笔记本，在学生宿舍里安装了宽带，开始了他的模拟商贸。他整天呆在电脑前，发一些内容深奥的英文信件。刚开始找不着门道，刘琦开便频繁地在一些外国购物网上注册、发布信息、联系商家，虽然一无所获但还是激情澎湃。期间，他做成过一笔生意，虽然利润很少，但他还是很乐观，这是人生中的第一桶美金。那是一个美国影迷，非常喜欢中国的巩俐，他在网上发布信息，愿以200美元价格购买一张巩俐的签名照。刘琦开看到了这条信息后，随即在国内的论坛上发帖征集巩俐的照片。广州的一位影迷恰好有一张，他联系了刘琦开，双方以500元人民币成交。就这样，刘琦开做成了第一笔涉外生意。2003年春节，回上海过年的刘琦开认识了广东斯派涂料公司的代理商陈明杰。陈明杰从商20多年，积累了丰富的经验，求知欲极强的刘琦开缠着他讨教经商经验。陈明杰也毫不吝惜，给予了刘琦开很多点拨，并激励他倒一批油漆到重庆赚取差价。刘琦开是一个雷厉风行的人，他说干就干，马上找到好朋友张建，软磨硬泡，争取到了50000元的投资。2003年2月11日，刘琦开与斯派漆签订了购货3吨的合同。就在万事俱备只欠东风的时候，他没有等来东风，却等来了"非典"——因为"非典"肆虐，铁路禁运。油漆无法运到重庆，赚取差价就成了一个梦。刘琦开不敢到斯派漆去提货，那样损失会更惨重，只好单方面违约。除了交纳的保证金，按照合同他还向斯派漆承担了赔偿。这一次失利对刘琦开打击是沉重的。他仔细分析了自己失利的原因，虽然看上去这次失利是因为不可抗拒的因素，但换作一个成熟的商人，绝对不可能犯这样的错误。因为"非典"早在2002年年底就已经影响很大，疫情、重特大事故等对经济、股市的影响也已屡见不鲜，作为一个市场营销专业的大学生，刘琦开应该对"非典"可能对生意造成的影响有一个风险评估。这次失利，也给刘琦开上了一课。他认识到，虽然产品价值是决定市场运作的主导因素，但市场环境、不可抗力等因素也不容忽视。一个精明的生意人，应该把风险控制放在第一位。失败后的刘琦开，开始对自己的实际情况进行了客观的分析。他拥有较高的英语水平、市场营销理论知识等，这是他的优势，劣势在于没有多少资本。他开始谋划走一条代销的路。2003年暑假，刘琦开意气风发地回到了上海。经过多方打探，他得知一家私营小钢管厂——浦东管材资金周转困难，经营举步维艰。刘琦开找到该厂市场主管邓树林，展示了自己在市场营销领域的才华，凭着三寸不烂之舌，说服了他允许自己为该厂代销产品。

回到家里，刘琦开守在电脑前，密切关注世界各地钢管交易动态。7月16日，刘琦开看到了一条求购信息，新加坡多美哥公司求购特价钢管3吨。刘琦开怦然心动，立马在键盘上敲出了一封信，附上浦东管材相关资料及产品实物的扫描图片，发送了过去。7月18日，多美哥公司回函呈示了公司的相关资料，并商讨交易事宜。刘琦开马不停蹄地赶到浦东钢管厂，找到邓树林，准备外贸的相关手续。8月5日，3吨钢管的交易款项打入浦东钢管的账户。钢管外贸的利润率是6%～12%，这一笔生意，刘琦开赚了600美金，他掘到了人生的第一桶金。利润不多，但意义非凡。刘琦开更加勤奋地在网上寻找商机，泰国、马来西亚、越南等国的一些紧缺钢管的公司逐渐与刘琦开取得了联系。刘琦开利用短短一个暑假的时间，轻轻松松做成了6万美元的钢管交易。9月3日，刘琦开接到了浦东钢管厂任命其为海外总代理的通知，他这个海外总代理就在一个笔记本电脑上走马上任。对钢管生意驾轻就熟的刘琦开，2003年签订了50余万美元的订单。2004年，他进一步对客户资源进行深度挖掘，一举签订了200余万美元的订单。不知不觉中，刘琦开成了一个创业富翁。

2005年，刘琦开转站重庆杨家坪，创立了重庆网纳科技公司。此时，他不再局限于单方面做钢管外贸，又开始了他的第三次创业，将重心从外贸实业转移到网站建设。刘琦开对自己成功的经验也比较低调。他最大的感触，就是做任何一件事情都不要拖泥带水，要果断决定、迅速出击，而且要理性面对任何挫折，在总结教训后快速崛起才是明智之举。

● 创业故事

卖葡萄赚"第一桶金"

刘琦开的成功与他的性格有很大关系，他从小就养成了在逆境中坚忍不拔、不屈不挠的性格。刘琦开从小就有经济头脑，小学五年级的时候，他已经是个"小管家"了。当时父亲做小生意每月的进账，除了留着自己的一点花销外，其余全交给刘琦开保管，甚至在外打工的哥哥姐姐也把每月的生活费交给刘琦开保管。初二暑假的一天，刘琦开看到邻居到果园去批发葡萄，然后到几十公里外的城镇上卖，他就强烈要求邻居带他同去。第一次，他批发了30斤葡萄，用自行车晃晃悠悠地带到城里去卖。奇怪的是，卖完一算账，刘琦开的30斤葡萄，比别人50斤赚的钱还多，邻居于是就不再让刘琦开跟他们一块儿去了。谁知第二天，刘琦开起得更早，提前两小时赶到果园，批发了60斤葡萄，自己一路摸索到城里去卖，不仅葡萄新鲜，而且抢先一步占了好的位置。这天，他又赚了一笔。尝到了甜头，他越发不可收拾。这年暑假，葡萄生意让刘琦开赚到了上千元，这"第一桶金"他交了学费还有剩余。

征服汇丰银行

刘琦开当年决定成立自己的贸易公司，可是，注册公司首先必须解决资金和进出口权的问题。经过仔细考虑，刘琦开感到要做成事，直接找外国人合作可能会容易些，于是，他瞄准了上海外资银行。刘琦开来到了汇丰银行驻中国总代表处，经过一番波折，他终于见到了银行的经理，刘琦开用英语作了简短的介绍以后，就翻开计划书进行陈述。那个经理几次想插话，提点问题，但刘琦开却说完第一页说第二页，语速非常快，他把原来准备一个小时要讲完的话用20分钟就说完了。当刘琦开终于陈述完毕时，这位经理和他面面相觑。经理觉得很奇怪，一个大学生在这里自言自语了20分钟，他却听不出个名堂。或许是他想搞清楚刘琦开的来意，接下来两人谈了4个小时。最后，当刘琦开离开这家银行的时候，他已经获得汇丰百万美元的投资。此后，他还接受了渣打银行的服务。

一个大学生能够获得两家外资银行的投资服务，刘琦开说：“我很幸运，但我更是靠着直接而真诚的态度，详尽而周密的商业计划，才获得了他们的认同。”由于有在外贸公司打工的经验，再加上他的全力以赴，很快就有好几家生产厂家邀请刘琦开做他们的外贸总代理。不长时间，刘琦开就为几家生产厂家签下数百万美元的订单。不到一年，刘琦开的公司代销的产品就出口到美国、阿根廷、英国、南非、埃及、伊朗、韩国等世界各地。

创业要受得起打击

刘琦开认为，大学生在找工作或创业过程中首先要认定目标，再深入研究。要花时间去研究对方需要的是什么，自己具备什么能力，接着就该“死皮赖脸”地去扣开这道大门。刘琦开讲到了自己的一个朋友，连英语四级都没过，却一心想进长安福特公司。在第一次投简历遭拒后，他又去了第二次，第三次……到了第八次的时候，他终于扣开了福特的大门，对方答应让他去试试。后来，这位同学已经成为了公司里受欢迎的人。“创业要死皮赖脸，也就是要坚持不懈，如果照这样去做了还不能成功，你来找我！”刘琦开告诫想创业的大学生们，一定要经受得起打击。

★★★★★ 财富密码

特长和资源是创业关键

刘琦开道出当初成功获得汇丰银行投资的秘诀：“在去汇丰银行的前半年，我进行了充分的调研和准备。”刘琦开说，大学生创业最关键的问题是明确自己所拥有的特长和资源，其次才是资金问题。“商业计划书可以为你筹集资金，但这不是目的！”刘琦开认为，写商业计划书首先要理清思路，能够说服自己，说服别人，说服市场，才能得到资金。刘琦开认为写商业计划书，首先是需要概括企业计划的总体纲要，其次是明确公司背景和立足点的公司概要，最后是阐述企业未来价值基础的产品和服务。“你一定要发现你有什么特长，你曾经有过什么积累和资源，如果你再去做第二件事的时候，尽量不要浪费你的特长和资源，应该站在你的特长和资源之上，去延伸出二次创业的内容。”

每个人都有特长，但很多人却认为：只有那些拥有高学历深学问的人才有特长，其实这是不对的。只是有的人及时发现和利用了自己的特长，而有的人把这种资源白白地浪费掉了。很多人终其一生，都不知道自己有什么特长，当然更谈不上发挥和发掘他们了。其实，每个平淡无奇的生命中，都蕴藏着一座宝贵的金矿，只要你肯挖掘，你就会挖出令自己都惊讶不已的宝贝来。每个人都有特长与资源，好好地珍惜和发掘它，并学会用自己的特长的来创业赚钱。

盈利模式

网上外贸赚差价

把生意做到国外去，赚回高额差价！外贸也是做生意，不同之处在于客户是外国人。和你身边的种种生意一样，既有简单的交易，也涉及到不同国家不同部门的相对复杂的大生意。你可以根据自身的条件做选择，由小到大，由简易到复杂。最简单的外贸，如目前很流行的网上小店，在ebay或淘宝网上公开出售各种小东西，无论世界上哪个角落的人都可以购买，你通过国际快递服务公司用小包裹把东西寄给买方，买方则把钱通过网上支付工具汇入你的账号里，或者直接汇入你的信用卡或银行账户内，过程就是这么简单。网上小店式的外贸对于个人来说不是相当有吸引力的，利润积少成多，有时候也颇可观。然而，随着外贸生意做得越大，手续和牵涉到的管理部门会逐渐增加：

1．取得进出口权：只有拥有进出口权的企业和个人才能直接经营进出口业务。

2．准备货源：自己生产或从国内采购。

3．商品检验：正规出口的产品，很多都需要接受强制质量检验，向国家进出口商品检验检疫局申报检验以取得出口许可。

4．申报出口：向出口地的海关申报出口，简称报关。

5．办理国际运输：委托国际运输公司将货物运往国外。

6．通过银行收取国外客户支付的货款。

7．向外汇管理局申报：国家外汇管制规定，营业外汇收支需向外汇管理局申报审核。

8．向税务机关申报：国家税务局对外贸交易相关税务进行监管，并相应调整某些税种。

所以理论上，任何人都可以做外贸。当然，真正意义上的外贸，有其严格的规定。作为一家工厂、贸易公司，或个人决心开拓国际市场的时候，面临的第一个问题首先就是外贸经营权上的限制。

外贸第一步：外贸经营权

国家规定，只有具备进出口经营权的企业，才能直接经营进出口业务。没有进出口权的企业则可以采用委托外贸公司代理出口等方式进行。取得外贸通行证有四招：

第一招：企业可以向所在地的外经贸委申请进出口权。自己拥有进出口权当然很好，全套业务都可以自己进行，对外的合同等等票据都以自己的名义出具，对企业形象和树立品牌很有好处。国家鼓励企业申报进出口经营权，但对企业的规模、生产能力、人员配备等仍有相当的要求。取得进出口经营权的企业通常也需要接受相对严格的政府职能机构行政管理。

第二招：代理出口。暂时达不到申请进出口条件要求，或因地区和行业的限制不便申办的企业，还可代理出口。对众多的私营小企业而言，通过外贸公司代理出口更为简便可行。所谓代理出口，就是找一家外贸公司或有进出口权的公司合作。与外商的生意你自己去洽谈，谈定后，以外贸公司的名义与外商签订合同。根据合同备货妥当后，由外贸公司代理进行出口事宜，比如商品进出口检验检疫、海关申报、外汇收支等。外商把美元货款支付给外贸公司，外贸公司再按照约定的比例折合成人民币，扣除相应费用后支付给你。这样一来，虽然实质上仍是你做外贸，但操作形式上就变成：你以普通内贸的方式把货物赊销给外贸公司，外贸公司自行出口后支付货款。代理出口的缺点是显而易见的：首先是除了同样的成本与费用外，还不得不承担额外的出口代理费这个费用常常会占总交易金额的1%～2%；其次你不得不把外商资料、交易价格等商业秘密提供给外贸公司；外商货款直接支付给外贸公司也存在一定的风险，虽然外贸公司受国家严格管理，代理出口的外贸公司赖账私吞的可能性很小，但占用资金迟迟不转账给你的情形却屡见不鲜，因为在外贸操作中根据资金转账的渠道和各个经办银行程序的不同，国外支付的款项抵达国内账户所需时间差别有时长达一个月，也不容易查询进展，这就给不良的出口代理商占用资金提供了借口与便利。毕竟代理出口的外贸公司良莠不齐，既有本分经营拿了代理费认真替你做事的，也有千方百计挖墙脚、克扣挪用货款的。再者，通过代理出口，所有票据写着别人的商号名字，对自己在国际市场上的品牌拓展多少有些局限。但代理出口的方式避开了出口权限制，任何工厂都可以做外贸了。而且，只要慎重筛选出口代理，并且自己深入了解外贸操作流程，就能把风险降到最低。同样，除了工厂以外，普通外贸公司甚至个人都可以通过代理出口的方式从事外贸。实务操作上与工厂无异，只多了一个普通国内进货的环节以解决货源而已。

第三招：挂靠。对于个人做外贸能挂靠。所谓“挂靠”就是与某个外贸公司达成协议，成为此外贸公司名义上的业务员。业务自己做，以外贸公司的名义对外签合同、交货、结算货款，自己则按照约定的比例计提利润。挂靠的方式多见于有一定的外贸经验，有自己的进货和销售渠道的人。之所以选择挂靠而不是自己去开公司，主要是借助大型外贸公司的知名度和商业信用，以期在购销过程中得到优惠便利，并节省办公费用。在这种情况下，挂靠者甚至不需要到公司上班，在自己家中用一台电脑即可完成外贸交易，有时甚至是大宗交易。这种自由方式颇受有经验的外贸人士的欢迎。不过，做外贸需要比较深厚的外贸知识技巧，有对进销两方面渠道较强的把控能力，因此并不推荐外贸新手去做挂靠。

第四招：个体工商户外贸备案。如果交易金额不大，但又不能像网上小店那样可以用“国际快递+网上支付”方式简易操作外贸的，还可以选择个体工商户外贸备案方式。自2004年新版《对外贸易法》出台以后，放开了对个体工商户进行出口业务的限制，理论上个人也可以申请外贸经营权了。申请上也没有资金限制，具体步骤是：（1）在工商局办理个体工商户注册；（2）到外经贸委作个人外贸经营权登记；（3）到海关办理“中国电子口岸”入网手续；（4）到外汇管理局办理“对外付汇进出口单位名录”或者出口收汇核销备案登记手续；（5）在银行开立个人对外贸易结算账户，办理外汇收付。个人申请外贸权虽然并不困难，但因为是个体工商户身份，在经营中承担无限赔偿责任，风险较大。加上个人的商业信用有限，即便取得了外贸权，实际操作中也很难运用各种基于商业信用和银行信用的结算工具等，因此目前而言还只适合于特定产品或小额交易。

外贸经营权办妥后，接下来的问题是，面对无限广阔的国际市场，选择什么样的产品去行销天下呢？国际买家认可什么样的产品呢？

外贸第二步：选择受欢迎的产品

本身就是生产厂家的，自己已有的行业产品当然是首选。因为你了解工艺生产，有条件自己去调整产品控制成本，这是一个很大的竞争优势。不过，把现有的产品直接出口多半不行，因为内销和出口在品质、外观、功用等方面常常会有差异，国内畅销的商品，不一定符合国外消费者的习惯与喜好。因此，刚开始的时候不妨模仿。向同行业中有出口业务的厂家学习，分析他们的产品，以了解其中差异。特别留意那些出口量大，客户多次订购的产品。一旦有机会，甚至不妨争取与同行工厂合作，不挣钱也替他们分包一些生产任务，以求实际操作经验。跟在别人后面模仿，通常不会有什么利润，但却是稳妥的一步。

如果你是受雇于一家外贸公司的业务员，那么一般是受命推销本公司的产品。这些产品要么是公司下属或兄弟工厂生产，要么是公司稳定的合作厂家生产。这种情况下就没什么选择余地了，初始阶段也没有特意去改变的必要，因为公司既然有成熟的业务，就说明产品有市场，努力学习产品知识，积极推销就是。还有一种情况就是普通的贸易公司希望发展国外市场。这类情况比较复杂，有些已经有比较看好的产品和供应厂家，有些则完全是一张白纸：无产品、无客户、无稳定供应商。这种情况下，就要认真考虑，寻找自身优势，比如行业知识，所在地区的特产或优势产品，人际关系等。有海外关系或联系上的优势的，如移民、留学生等。这一类人的特点是既不了解产品，也不了解外贸，更无现成的供货方、客户关系。考虑到个人做生意的特点和局限，一般的选择原则是倾向于日常消费品，体积小，耐储藏，价格弹性大，品质标准比较模糊，不涉及进出口商品检验检疫的商品，比如工艺品、以年轻消费者为目标的流行饰品、时装箱包等，避免食品、农副产品、大宗纺织品、电器这类较专业，各国限制较多的类别产品。

不同的市场，对同类产品有不同的偏好。外贸业务员选择经销产品的时候应有的放矢。因此，了解一点世界地理知识、风俗习惯和历史沿革，就能投其所好，少走弯路。从消费习惯来看，可大致分为美加（美国和加拿大）市场、欧洲市场、日韩市场、东欧市场、中东市场、非洲市场这几类。具体到每个客户固然各有所好、风格不同，但一般说来日韩市场特别是日本市场，偏爱精致优质的产品，高、精、尖、小巧美观，喜好中国传统文化，一些具有民族特色的产品常能得到理解与欢迎，也能接受高价格，但数量不会太大；美加与西、北、南欧等英语国家市场一般对品质要求适中，喜欢简洁流畅，新奇多变的产品风格，价格适中，量比较大，是中国出口商喜爱的客户。中东市场对品质要求不高，对产品的审美方面较为朴实甚至俗气，价格也低，数量也比较大；非洲市场弹性最大，本土文化与前英语殖民地文化、前法语殖民地文化交织，口味复杂，奢侈品和品质极差的产品都能接受。正因为外贸产品在质量、功效和外观上的多变性，因此，选择什么样的产品，更多的考虑应从业务员对产品变化去做调整，能够有效控制成本的产品。本身是工厂最好，否则至少也要有若干工厂愿意配合。单纯被动地去推销现成产品是很难有发展前景的，不断求变才是成功外贸的关键。从这个需求出发，找一家好的配合工厂，比选择一个产品要重要得多。

解决了出口权，选定了工厂或产品，接下来就是销售渠道的问题了。

外贸第三步：销售

外贸销售有三个基本知识不可不掌握。

外贸销售基本知识一：单证交易。所谓单证交易，就是用一套单证文件来代表货物。交易以这套单证为对象，谁拿到了这套单证，谁就是货物的主人。这样一来，货物尽量不动，单证则任意买卖转手，由单证的持有人决定何时以及如何最终处理货物。这套单证，通常包括几个核心文件：

1. 提单（即提货单Bill of loading，缩写为B/L）。

2. 发票（Invoice）。与普通发票的概念不同，外贸中的“发票”指的是自己制作的列明该货物名称、数量和价格的一份署名文件。

3. 装箱单（Packing List）。自己制作的列明该批货物体积重量及包装情况的一份署名文件。

4. 其他说明货物情况的文件，如证明货物质量的检验证书，证明产地的产地证书等。

全套单证中，以提单最为重要，因为它是货物的所有权凭证。单据在外贸中的作用是决定性的。建立起“外贸实际上就是买卖一套单据”的概念，对于理解国际贸易中很多特殊的、专业性的操作非常必要。

外贸销售基本知识二：退税制度。退税是外贸中的重要概念，也是目前外贸业务中利润的主要来源。为便于管理，国家假定所有产品均为国内流通与消费，因此普遍征收增值税，税率高达售价的6%～17%不等。正规情况下，国内采购或出口前的价格均为含税价，即已经缴纳了增值税的价格。而产品用于出口的话，这部分税就不应征收了，已经征收的可以按照程序部分或全部退返给出口商。假如你从国内工厂购进冰箱一批，价格为含税价1170元，其中1000元就是净价，170元是已缴增值税。按照国家的规定，冰箱类产品的出口退税率为17%，也就是说，彩电出口以后，税务局将退返170元给出口商。这样一来，即使出口商以平本价即1170元出口，仍可得到退税款170元作为利润收入。在这种情况下，如果出口者出于竞争考虑，从170元中拿出一部分来贴补降价，即使以低于进价1170元的价格出售，也还是有利润的。

外贸销售基本知识三：信用证交易。所谓信用证，通俗说来就是买卖双方事先商定交易条件，如品名、数量、质量标准、价格、交货时间等。然后买家找一家银行（通常就是买家的开户行，或有一定的担保）作为"中间人"，把这些交易条件提交银行，银行据以出具一份文件作为买卖双方交易的依据。银行作为中间人的责任，就是监督交易行为。卖方根据文件来备货出货，然后把代表货物的全套单证交付银行。银行审核单证无误以后，直接支付货款。有银行作为中间人，买卖双方就不再直接进行钱货交易，而是分别与银行打交道。卖家不及时、按质按量交货，就拿不到钱；买家不付钱，就拿不到货。反之，有银行作保，只要卖家交了货，就一定能拿到钱。这种方式，既不占用买家资金，又给予了卖家很好的信用保证。这份用以证明双方商业信用的文件，就叫做信用证。信用证最基本的一般有四个关系方：

1．进口商。负责向自己的开户银行申请开立信用证，叫做信用证申请人。

2．进口商的银行。负责开立信用证并审核单据、拨付款项，叫做信用证开证行。

3．出口商。负责根据信用证出货，享有信用证保障的付款，叫做信用证受益人。

4．出口商的银行。负责替出口商领取信用证、转交单证并与开证行接洽，叫做通知行。

此外，最终负责拨款的银行叫做信用证偿付行，一般就是开证行；也可以由另外的银行先行垫付并收取少量费用，叫做信用证议付行，一般也就是通知行。

信用证是外贸中最重要的也是最常见的工具。国际商会为规范信用证的使用而制定了统一的标准《UCP500》即《国际跟单信用证统一规定》，作为使用及仲裁的依据。

通过对单证交易、退税制度和信用证结算的了解，基本上掌握了外贸的精髓。现在可以非常清楚地理解一个标准的出口流程了：寻找客户——签订合同——客户开出信用证——根据信用证备货——货物办理商检、报关后交付货物运输公司并取得提单——根据信用证备齐全套单据——单据交付国外银行，国外银行审核无误后拨付货款至国内银行——根据国内银行的收款凭证至外汇管理局办理核销——至税务局办理退税。

有了最基本的外贸常识，最后一步就是准备电脑和英语。

外贸第四步：电脑与英语

因为外贸中买卖双方互不见面，作为现代最有效的办公工具与联系方式的电脑和互联网，重要性可想而知。熟练掌握电脑操作与应用，能为你顺利开展外贸节省下大笔费用。Office文档和制表软件是最基本的，此外还有最常见的图片查看和修改软件ACDSee，功能更大的 Photoshop，国际贸易公司喜欢用的PDF格式(电子书)文件浏览器AdobeReader 等，电子书最大的好处是不大容易在文件网络传输中修改、变形、缺漏或感染电脑病毒。

精通与产品或贸易相关的英语，是做好外贸必需的。

第十章

“机智”郑立：**广告与合作**

“应当多去关注他人在成功过程中所付出的努力，和面对各种问题时去解决问题的办法，少看成功本身。”

“没有从天而降的成功，每跌倒后爬起来一次，离成功就近一寸；没有平白无故的威信，每正确一次，威信就增加一分。”

“好的项目没有好的团队，做不起来；好的团队，哪怕项目差一点，我相信也可以成功。”

“激情相当重要，创业是一个很漫长的过程，不但要有激情，而且要长期保持激情，怎么保持激情呢？保持希望，不断把希望实现。做成功一个公司，并不是你做正确了多少事，而是你少做错了多少事。”

“先有了创意，然后才创业，不要一创业就成立公司。先把公司成立起来，就是有虚荣心了。”

——郑立创业寄语

小 传

郑立 1982年生，重庆人，四川大学物理系专科学历，2002年开始创业，163888网络歌曲CEO。香香成为163888.net、也是全中国第一个“网络签约歌手”。

2003年7月，正式启动了会员60元年费制度，实现盈利。2004年1月，网站访问量涨至15万人次；此间推出首张网络歌曲原创专集，网站签约歌手香香、肖飞等开始走红。2004年4月，郑立正式注册公司，吸纳第一笔投资资金进入。2004年5月，《老鼠爱大米》在163888.net上首发。国际风险投资商IDG200万美元投资入股。2005年，设立163888.net北京分部。目前已成功运作网络签约歌手香香、东来东去、蒲洋等。

郑立小时候，喜欢在街坊间打闹戏耍捣蛋，重庆话叫“街娃”。大学毕业后，在电脑城做过几个月最基层的维修工，拿着一把螺丝刀，挨家挨户地敲门：“你要不要修电脑？”那段时间他深刻体验了生活，同时也点燃了创业梦想。那时候，郑立在网上认识了一位喜欢唱歌的女孩，她的歌声非常动听，她渴望有朝一日能成为歌星，郑立逐渐发现拥有歌星梦想的网友非常多。这个发现让他沉思：“如果给这些音乐发烧友提供一个可以发表自己作品，让普通的网友实现自己歌星梦想，会不会受到网友的欢迎？”认真考虑之后，郑立认为做音乐网站肯定有前途，于是他把自己的2000块钱投资成立了163888音乐网,现在这个网站成为了国内最大的音乐门户网站。而郑立当初认识的那个喜欢唱歌的女孩也通过网站成为了家喻户晓的女歌星，她就是“香香”。

很多人觉得郑立非常幸运，是互联网时代的幸运儿。2004年4月，郑立正式注册了公司，“那时，很多投资者看中了我们的发展前景，主动给我打来了电话。”但一个灭顶之灾突然袭来——网检局“扫黄打非”，网站被迫关闭，硬盘被没收，负责技术的创业伙伴也离开了。这个打击将郑立打蒙了，他想转行了。半个月后，事情出现了转机：硬盘从网管局取出来了，技术方面也找到了新人，郑立的网站又开始了迅速扩张。不久后，郑立就接到投资商IDG中国区经理打来的电话。一个月后，郑立获得了投资。

2006年，郑立将公司总部从重庆迁到了北京。经过一系列方向调整，网站更名为fenbei.com，网站的流量和人气大幅提高。作为20世纪80年代年轻创业者，郑立有足够的理由为自己感到自豪，但他没有丝毫懈怠，郑立用这样一段话来激励自己：如果我们志向高远，我们就会感到人生短暂，可供我们学习和工作的时间很少，而我们要干的事情还很多。我们就会真正地体味到什么叫时不待我，什么就光阴似箭、日月如梭，我们就会抓住每一分每一秒拼命学习和工作，就不会感到空虚、寂寞或无聊，就不会沉浸在对过去的回忆之中。

创业故事

创业多艰辛

郑立创业之初，没有资金，便把家里配置较好的兼容机拿来改进一下，组装了一个容量大点的硬盘和几根内存条，勉强当作服务器来使用。然后，他又跑去和重庆电信谈合作：自己为重庆电信的网站负责一个频道的内容，以“打工抵债”的形式还重庆电信应收的2万元宽带费。4个人挤在一间6平方米的小屋里，摆了2张床，门都没法完全打开；而且只有2台电脑，上网工作都是4个人轮流着转。

回忆起当初的一次经历，郑立还有点后怕：“当时，黑客连续几天不停地向我们的服务器发送数据包，导致网站无法访问。我们4个人就24小时轮流守在服务器旁，困了就倒在地板上睡一会儿，醒来就继续工作。那时，重庆气温有30多度，我们穿着T恤、短裤在20多度恒温的机房里工作。而冬天我们睡的是硬板床，盖着很薄的被褥，冻得直哆嗦。吃的盒饭由路边小摊按时送来，米饭硬得像沙子一样噎人，有时候送来的回锅肉都被冻成了一陀猪油。那时我一月的开支仅600多元，除了500元房租，100元网费，剩下的才是饭钱。”生活上的艰辛，大家都能忍受，但面对4万、5万、6万不断攀升的访问量，郑立是既高兴又担心。2003年11月，访问量突破10万大关，郑立开始对服务器进行了第2次升级，同时开始把原创音乐放在更突出的位置，并安排专人每日负责审核上传的音乐，一旦发现有潜力的歌手，就尽快与其签订版权协议。

一首歌引来百万美元投资

郑立在网站在线人数达到5万时，虽然很开心，却要面临服务器随时可能被冲垮的危险，必须要进行硬件升级。资金从哪里来？郑立提出了“每年收取60元会员费”的建议，质疑、骂声随之涌现。但最终，合理的收费标准、个性化的网站服务帮助郑立平息了骂声，大多数会员交了会员费。2003年8月，郑立和同事对网站服务器进行了首次升级。同年11月，网站的访问量突破10万大关，他们再次对服务器进行升级。不久，郑立接到IDG中国区经理打来的电话。原来，IDG广州分公司某投资经理的朋友是163888的会员，一次，他把自己翻唱的歌曲发送给这位经理听，一下引起了这位经理的爱好。一个月后，IDG用200万美元的资金换得了网站部分股份。“风险投资商一要看你的项目是否有前景，二要看你是否是做这事的人。”对于这两点，郑立有足够的自信。一个月后，双方签署了投资协议。

喜欢敢说真话的员工

对郑立而言，最让他头疼的是员工的管理问题。刚创业那会儿，郑立心里总有种感觉：“我是CEO，一切都是我说了算。”凡事喜欢亲历亲为；布置工作的语气像是下达命令，一副“老板意志不容侵犯”的样子；工作中与同事产生分歧，强行要求对方按自己的意思行事。郑立并不回避自己的问题：“可能因为我是老板，员工对我就算有了意见，也不会告诉我。”直到有一天，几个员工在辞职信中说出了对领导方式的不满，郑立才开始反省。现在的郑立，更看重团队合作的重要性，尽可能多地为员工创造发挥空间，在工作中发生分歧，他也会认真倾听各方面的意见。“集体的智慧”，郑立习惯性地用起了这个词。如今，在公司，可以看到拍着郑立肩膀直呼郑立名字的员工。至于何谓优秀员工，他说：“我最喜欢敢说话、敢说真话的员工。”

★★★★★ 财富密码

机 智

人的一生有很多机遇，只要抓住一个，就能赚到钱，郑立就很好地抓住了身边的一个机遇。

一次偶然的机会，郑立听到了香香的歌曲，成为了她的粉丝。郑立很快与香香联系上了，并表示要免费给香香做一个个人网站，没过几天，163888分贝网就诞生了。分贝网刚开始仅仅给一些音乐爱好者免费提供一个展示自己音乐才华的小平台，一些有天赋的歌手比如像香香、杨臣刚、东来东往就在这里与众多网友分享音乐。大概谁也不会预料到，几年过后，网络歌手成为了真正的明星，而分贝网则成为了中国音乐门户网。网站成立后，得到了很多网友的支持，网站点击率一路飙升。一个很直接的困难摆在了郑立面前，由于访问网站的网友很多，网站流量很大，几台家用电脑无法承受负荷，想要让网站正常运转，必须有专业服务器支撑网站的空间和流量，而服务器价格不菲，通常几万到几十万不等，郑立根本拿不出那么多钱，后来通过各种关系终于凑了些钱租了服务器放在机房。与此同时，郑立从重庆坐火车到了长沙去见香香，这不仅仅是普通网友的第一次亲密接触，而是梦想与现实的第一次亲密接触。香香回忆起这段往事觉得很惊奇，那天郑立给她打了一个电话，说他已经到了长沙而且此时就在她家楼下，当时香香都有点不敢相信，两人见面后郑立说明了来意，郑立表示要与香香签约。就这样，香香成为了第一个与网站签约的艺人，后来也成为了华语歌坛的一颗明星。

就在此时，一首《老鼠爱大米》悄悄从163888网站传唱开来，这首歌火得一发不可收拾，创下了一首歌赚几千万元的乐坛神话。

盈利模式

广告与合作

对于互联网行业来说，有投资并不算成功，网站能赢利才算真正的成功。只有真正赚到钱了，才是一个成功的网站。对郑立而言，分贝网如何赢利，是最值得思考的问题。

分贝网是国内典型的WEB2.0模式网站，所谓WEB2.0就是指网友互动的平台社区，网友可以在这个平台分享资源、分享信息。WEB模式的网站怎么赚钱，这是国内乃至国际互联网一直在苦苦探索的话题，而作为音乐方面的互动社区，仅仅靠做艺人和数字歌曲来赚钱，肯定是不行的。众所周知，由于互联网的免费和开放，音乐版权方面法律尚不完善，传统唱片公司一直在温饱线上挣扎，而音乐网站按照这种模式去赚钱更加困难。郑立通过不断地尝试，分贝网不仅实现了广告销售等传统互联网赢利方式，还通过与大型知名企业合作方式实现了赢利。

2006年春天，一份商业合同让郑立很高兴。这是李宁公司送来的订单，李宁公司决定让分贝网精心打造属于李宁的品牌音乐。按惯例，国际知名品牌的音乐都是由国际专业音乐团队来量身制作，就连国内大牌音乐人也无法插手。那是一个偶然的机会，李宁品牌企宣人员接触并了解到了分贝网，经过洽谈协商，分贝网将这份音乐订单收入囊中。经过专业音乐评委的无数次筛选后，一个名叫“大卫与小波”的网络歌手被分贝网挖掘出来，“大卫与小波”以一曲《一切皆有可能》征服了所有评委，也征服了李宁公司。

然而现实是残酷的。从2006年开始，风险投资商对Web 2.0的态度开始明显地变得审慎。或许，在风险投资商对Web 2.0逐渐冷淡的情况下，我国的Web 2.0网站只能想办法自己养活自己。所以，商业模式和盈利能力已被视为这些网站的生命线。各种压力迫使国内Web 2.0网站的创业者们在收入模式上不断创新。广告依然是Web 2.0社区网站最常见的赢利模式。但随广告的增多，导致了一些用户的反感，所以说广告是一把双刃剑，如果让用户感到过分反感，那么就很有可能失去这些用户。Web 2.0网站还有一个优势，它可以将网络社区现实化，可以发掘个体蕴藏的商业潜力，可以影响用户进行消费，某种程度上，它是灵活与变相的收费会员模式。事实上，在网站虚拟角色增值服务以及特殊服务的收费模式下，Web 2.0还是蕴藏着巨大的商机。根据国外Web 2.0网站的经验，只要有8%的收费会员，即可实现盈利，这对国内Web 2.0网站来说，无疑是一个诱惑。分贝网作为国内最早的音乐网站之一，在用户数量上具备优势，网站已经拥有1500万注册用户，其网站也具备一定用户粘度，但如何盈利，对分贝网来说仍然是一个难题。网站曾在创始之初尝试了VIP会员收费，即给VIP会员提供更大的音乐空间而收取费用，取得了不小的成功，但好景不长，随着互联网的发展，模仿分贝网的网站也越来越多，而且这些竞争对手都是免费给用户提供空间。在这种环境之下，分贝网被迫免费，转向发展用户数量网站流量，也正是这种免费运营保证了网站在用户数量领先的位置。随着运营压力的加大，找到更好的赚钱模式成为网站生存的重点。作为国内Web 2.0典型代表，分贝网的赢利模式比较多元化，VIP会员收费、SP数字音乐、社区道具、电子商城销售、唱片公司合作等，事实证明，这些都可以赢利。

第十一章

“执著”王晨昀：web2.0是省钱工具

“一个人，一生坚持做一件事情，一定能够在这个领域获得一些成就，只不过，大多数人抵御不了外面的诱惑，无法坚持做一件事情。”

“当你做生意一帆风顺，自鸣得意，有些骄傲时，往往是最危险的时刻。你的竞争对手加上你的傲慢会毁掉你取得的些许成就。”

“一定要务实，不要玩概念，实打实地先赚到钱，才是最重要的。”

“作为创业者，在创业初期，不应该给自己开高薪，只拿基本生活费就可以了。”

“想着你所做的事情，如何帮助更多人，满足更多人的需求，当你能够做到这点时，财源自然会滚滚而来。”

——王晨昀创业寄语

小 传

王晨昀 1981年生于上海，辽宁回沪知青子女。15岁初中毕业后创业，从事过电子商务、图书出版、商铺中介、开过礼品店等多个行当。曾被IT业内人士称为网络传奇少年；长期致力于网络人物领域，网站经营方面的研究，其经历和事迹被中央电视台等四十多家电视台、电台报道过。

他16岁建立个人网站；18岁出任“梦想家搜索网”的管理，并与丁磊、高春辉等人一同入选“中国电信十大网络名流”；19岁和别人合作开设网络公司；21岁出书……王晨昀的发展并不是一帆风顺的。初中毕业时，因为志愿没填好，王晨昀丢掉了上高中的机会，但他并未因此而放弃自己。机缘巧合，互联网的兴起，改变了王晨昀的命运。接触互联网不久，王晨昀就建立了个人网站“网星聚义庄”，随后又陆续建立了一系列小网站。由于网站设计新颖，访问量节节上升。优秀的个人网站，最终将成为商业站点。1988年，王晨昀敏锐地发现了互联网的市场潜力，他拿出多年积蓄的3000元钱，注册了一个国际域名，并建立了他的第一个准商业站点“网星资讯网”，业务包括域名注册、网页制作维护、网上营销等。由于生逢其时，网站很快便红火起来，日点击量高达５万以上，广告收入最高时每月可进账7万元。王晨昀凭借自己的出色表现，由台湾某财团投资的“梦想家搜索网”邀请他担任搜索引擎部总监，那时他还不满18岁。不久，某香港财团愿意出资150万美元，收购王晨昀的“网星资讯网”，但他拒绝了，他对自己有更高的期望。2000年，王晨昀放弃了“梦想家搜索网”的优厚待遇，和几个朋友创办了“第一需求网络信息服务有限公司”，负责数千万元的项目。一年后他选择单飞，先后建立了三个电子商务网站——“爱情礼品专卖店”和“我爱B2C时尚购物连锁”、“百世网星爱情专卖店”。对王晨昀而言，将视野从网上转到网下，是一次飞跃。经过多年的打拼，王晨昀已积累了不少财富，但他们一家仍挤在两间旧房里。“钱就是资本，我的每一分钱，都要花在创业的刀刃上。”

下面是王晨昀的自述，这对青年创业者的创业会有一定的帮助。“我在15岁刚接触到互联网时，想做一个个人网站，我希望每天的访问量能够有1万，这样我能赚到生活费。在我16岁的那年，是读技校第二学期，很多同学都去各个单位实习了，做收银员，做营业员，我告诉自己：虽然我现在还没有赚到钱，但我一定会比他们赚得多。在我17岁时，我靠网站广告，每个月就可以获得几十万的收入，我觉得应该提升自己计算机以外方面的能力了。我在保留自己个人网站的前提下，加入了一家大网络公司，学习如何管理人才，如何与人打交道。加入时，我只管着我自己，半年后，我完成3级跳，管了公司信息部100多号人。在18岁时，我迷上了写IT专业的文章，想让自己的文章从网络上的文字变成印刷的铅字，于是给当时的《新潮电子》投稿，第一次被退回来了，第二次同样被退回来了，第三次发表了。18岁到今天，我已在全国各种杂志报刊上发表了文章1000多篇。在我19岁那年，我觉得应该是到了自己真正创业（全职创业而并非以前的兼职创业）的时候了，就把工作辞了，注册了第一家自己的公司。开公司不同于自己一个人打拼，开销很大，我就把公司暂时歇业了。在我20岁那年，想到了写书，想把自己做网站的经验告诉更多人，一个媒体朋友嘲笑我，说我写的文字顶多适合报纸杂志发表，绝对出不了书。我陆陆续续用了半年时间写了本书，找全国各家出版社，一一被退回不录用。因为他们不看好个人网站这个领域，直到碰壁87家出版社后，远东出版社出版了我的书，销量很好，后来我一口气，出了3本书。在我21岁那年，重新开始了公司的经营，并且开始多元化经营。同时做了很多生意——直销、商铺中介、北京路上开礼品店等，后来在有些生意上亏了很多钱，把其他生意都搞跨掉了，自己也受了很大的打击。在我23岁那年，学会了专注，这次只做电子商务网站，只关注互联网领域。在我25岁时，公司业务很好，我才敢开始多元化经营人才网站，交友网站等，但都围绕着互联网这一个领域。在我26岁，我希望能够做一件真正为社会大众服务的事情，为中国3000万，以及将来更多网上做生意的人服务的事情，似乎每年能赚多少钱我已经不是很在乎了。我在这27年中，碰到了很多次的失败和挫折，但正因为有了这些失败，所以我才会有今天的小小成绩和财富积累。同样，未来也许会有更多的失败和挫折面对着我。我从不避免碰上失败，因为我想获得美好的结果，我一定会有所付出，直到经验的积累，心智的提升，人脉的拓展，能够让我碰到的失败越来越少。同样的，我以前有很多的梦想，我一一实现了。我未来肯定会有更多的梦想，但这些梦想都是围绕着我从小的梦想展开的，并且梦想的格局是不断被放大的。"

创业故事

创一个网络品牌

1997年，王晨昀15岁岁末第一次听到了“INTERNET”这个神秘而又新鲜的名词。从来都听说机遇是留给有准备的人，这句话他现在终于有所领悟，他想如果不是因为当初要去考那张现在看来毫无用处的上海市INTERNET应用证书，王晨昀是不会上网的。7月4日，他和表哥在电信局申请完上海热线的账号后，拨入了8888的号码，连入上INTERNET。从此开始了改变王晨昀一生的网络事业。记得那时，用一只14.4KB的Modem配合Netscape（当时流行的网景公司浏览器）在网上没日没夜地“慢慢爬”，而除了感觉BBS的确很火外，好像国内网站不是很多，中文信息更是少得可怜。除了用VIP逛逛上海热线之外，似乎就不去其他地方了。既然上网总得起个网上的昵称吧，一想到国外有“网景”、国内有“网易”（当时网易已有些名气了），王晨昀就当机立断地想到起个“网星”也不错，既好听、又好记，于是“网星”就这么开始出现在INTERNET上。王晨昀知道很多人上网只是为了聊天、娱乐、休闲，或者把网络只当做一个工具。王晨昀自然也不例外，但今天他欣慰的说：那段日子他只维持了两三天。当上网2天后，当发现那些站点，尤其是个人主页，也不过做得平平无奇之时，他就萌发了自己做主页，自己提供信息平台的构想。当然当时的脑海里还不会想到“信息平台”这么专业的术语，只是想大部分人都是享受别人提供给自己的信息，而很少有人会去考虑自己做信息提供给别人。而王晨昀如果做后者的话，应该会有前途。不过当初做个人主页最主要的想法，还是想在网上多交几个朋友。而下定了决心就要干，这一直是王晨昀的优点，于是他的第一次“个人网站创业阶段”开始了。如果当你知道对网站结构毫无概念，又没有什么所见，即所得的网页制作工具可选择，且无多少资料书籍可供参考的[illegible]，要从头开始做网站，是多么累人的事。王晨昀花了15天时间，没日没夜的做（那时在放暑假），终于推出了他的第一个个人主页“网星聚义庄”（现在网星系列站的前身），也学会了当时认为高深莫测的HTML语言。和任何站长一样，站点推出后必然会出现各种各样事先无法料到的问题，而其中如何提高访问量应该是最迫切的（因为这毕竟是衡量一个网站优劣，站长能力最直观的标准）。在这个阶段，他曾发过唯一一次垃圾邮件（后来也曾遇到过有人假冒他的名义发垃圾邮件的事情），去各种留言簿、论坛发广告帖子，登陆各种搜索引擎，和无数网站做过友情链接，也参加当时各种广告交换联盟。应该说现在大家能想到的网上宣传手法，他当时几乎都做过。工夫不负有心人，在自己网站不断丰富特色内容的前提下再进行推广，终于使网站达到7000人次的日访问量。

那时王晨昀已经在网上认识了一大帮的网管，找几台稳定、快速、硬盘容量较大的服务器空间供网星使用已不是什么难事，这些网管和许多朋友们在技术上给了他极大的帮助。因为网站上开设的栏目很多，最多时有12个，每个栏目都要有一个相应的子站站长维护。王晨昀就在网站首页登出了征集子站站长的告示，没想到消息出来后，申请成为子站站长的来信纷至沓来。他只挑选了那些有责任心、认真负责的站长，而且他们制作的站点都有独到的特点。临安信息港的网管洪榕，不论自己的工作有多繁忙，只要有需要他都会帮王晨昀解决技术问题，调试服务器。一次为了帮他将子站站长的权限一一设置好，忙到半夜才离开，这件事让王晨昀感激不已。一位美术设计学校的学生牛哲卿说他想义务做网星的美工，不收任何报酬，只是想与王晨昀交朋友。30多天后，"网星资讯网"建成。开站的第二天，访问的IP就突破了3000大关，这其中当然少不了好友华军、追日、黄金书屋等在首页上的大力推荐。王晨昀想最主要的是他认真执著的事业追求。他的目标是建成一个独具特色的站点，王晨昀深知如果网民看到的是一个糟糕的站点，是不会再回头看的。其中"网星品网"和"奇软异件"两个栏目很快成为了网站的特色和主力。到1998年底，网站日访问量达到了5万以上，在网易易数统计榜上，网星曾冲到过第6名的位置，并且居高不下。而许多的网站都以能挂上"网星品网"的标志为荣。

网站除了遇到上述困难外，还碰上过诸如服务器被黑客攻击之类的意外事故。但最令王晨昀头疼的是网星没有赢利，只有付出。记得有一次家里来了2张网费单，每张都有400多元，气得父亲破口大骂还说要砸他的电脑，他只得躲进厨房里哭泣。但王晨昀坚信，他所做的事情是正确的！在艰苦熬过了一段没有收入的日子后，终于在1998年末、1999年初陆续有几家公司要在他的网站上做广告，当时虽然300元人民币，要在首页放3个月的广告条的钱实在少得可怜。原始积累过程一定是漫长而又无奈的，但必须走过这段路。事实也正如王晨昀所意料的那样，1999年中期陆续有几笔大额广告费到账，日子开始一天天好过了，真是苦尽甘来。现在的网星已经是拥有4大单独网站的系列站点群了，几年中已经有超过150多家平面媒体、30多家电视台、电台对之进行专题采访和报道。

做一个网络写手

在很多网民眼中，王晨昀是做网站出名的，但在更多业内人士眼中他还从事着撰稿人、职业经理人等多种职务，事实也的确如此。王晨昀在写文章和开公司方面的创业经历一点儿不比做网站来的轻松，同样具有典型意义。

因为王晨昀从小就喜欢写点儿什么，所以久而久之就喜欢上了写作，网络使这种写作与发表方式更为简便。他第一次给某IT杂志社投稿却遭到了拒绝，清晰地记得当时是写了一篇免费主页提供商比较的文章，当看着自己花了好几天时间精心撰写的稿件，被编辑一句话“对不起，您的稿件我们暂时不予采用，请转投他处，特告知”的EMAIL退回时，王晨昀心中甭提有多难过了。如果他遭到挫折就从此不再写稿件写文章的话，那么也不会有至今在各种媒体上发表数百篇文章的成绩。从开始自己写文章投稿到后来被编辑约稿，选题策划，接固定专栏，担任栏目特邀主持人；从IT网站、IT平面媒体、再到大众平面媒体、电视台的IT节目的主持人，可以不夸张地说一个网络作者经历过的一切王晨昀几乎都经历过，他们没经历过的，王晨昀可能也经历过。王晨昀到今天仍然同时担任13家传统媒体的固定专栏作者，回想起当初自己主动投稿而遭到婉拒，和现在做对比，他便会发出会心的笑声。创业阶段是艰难的，作为一个写手同样如此。但只要走过去，抬头又会是一片天。王晨昀要让自己的文字在各种媒体上留下足迹并出版几本能够给后人一些实际意义的书。

★★★★★ 财富密码

执 著

王晨昀想，他之所以能做成事，最主要的是认真执著。从15岁触网以来，执著于网络的王晨昀，从来没曾离开过互联网。

王晨昀受一些圈内朋友的启发，开始建设中国网商网。从名字上和阿飞的中国站长站遥相呼应，该网站目前界面上还是比较粗糙的，但相信随着时间的推移，美工忙完其他项目后，跟进网商网网站后，界面方面的问题将会解决。创办网商网的目的是希望该网站能够成为将来中国网商们的门户。王晨昀低调了几年时间，不再接受媒体记者的采访，以至于很多朋友觉得王晨昀从互联网上消失了，其实他一直在默默的运作几十个网站，直到2005年重新对外做电子商务辅导中心这个机构。因为电子商务咨询，网站策划/营销这块业务一直就是王晨昀喜欢做的，也是王晨昀觉得会有前途的，而这块业务也使得他无法低调下去。王晨昀一直在电子商务领域从事，往往发现目前别人提到网商这2个字，就被认为是在淘宝、易趣上开店的卖家，其实这种观点是受阿里巴巴的影响。他们一直希望在互联网上开店的朋友，去淘宝上开店，而且每次搞网商大会，大多是评选通过阿里巴巴或淘宝这2个平台取得成功的"网商"。这点从阿里巴巴的角度看，当然没有错，不趁机推广自己的平台，难道还推广别人的平台吗？但王晨昀深信，未来几年的网商，若干年后占国内网上购物份额主导地位的网商不会是那些在淘宝等C2C平台上开店的网商，而是拥有独立购物网站的网商。至于拥有独立购物网站的网商比那些通过别人平台开店卖东西的网商来说，拥有很多优势。所以，阿里巴巴很难站在中立的角度来做网商的门户网站，网商们获取的实用信息就难免会打折扣。譬如他们很难告诉你如何用Shopex、Ecshop来做独立网站，如何通过Seo角度来从搜索引擎优化你的网站/网店排名，又或者是使用除支付宝外的其他在线支付平台。

目前中国的众多网商们获取网商聚会、培训信息、网店推广、经营等方面的讯息都十分有限，这也萌发了王晨昀创办网商网的想法。真心诚意的希望能够为广大网商服务，哪怕这个网站前几年都亏钱在做运营推广。一个网站一定要有特色，要有自己原创的东西，这方面，王晨昀并不担心网商网的能力。

盈利模式

web2.0是省钱工具

Web2.0早已是炒得烂掉的名词，媒体也从对Web2.0概念的关注，到如今对Web2.0能否赢利的预测，似乎加了Web2.0标签的网站就比较难赢利。

事实上，王晨昀以为不必谈Web2.0能否赢利的问题，在他眼里，Web2.0的精髓在于让网站的网友/访客为网站贡献内容，最早的Web2.0当属BBS/论坛。在个人主页鼎盛、ASP语言还未流行的时期，互联网的网站上用得最多的并不是如今的ASP或PHP语言，而是CGI、Perl语言，为了让网站能够实现“自动更新”（也就是不需要站长维护，只要在网站上加入了一些交互程序的话，网友会自动添加内容，自动被网站发表），许多不懂得网站编程的站长到处找互动程序，找到一个功能比较强大的论坛就很高兴了。那个时候Web2.0已经存在。

凡是能够增加交互性，并由网站访客提供内容，网站审核发表的网站都应该属于Web2.0的范畴——交友网站、分类信息网站、C2C网站、纯粹的论坛社区等。Web2.0只是一种表现形式，一种网站的功能，Web2.0的网站可以比所谓的Web1.0网站更加方便地获取网友贡献的内容，为己所用，而不需要向以前那样网站上的绝大部分内容，要由网站招募的公司员工自己添加审查。

由此可见，如果一定要说赢利的话题，王晨昀认为Web2.0是一种省钱的工具，可以省去大量人工成本的工具，Web2.0网站是否能够聚集人气，在于网站的亲和力和口碑营销的手段。仅仅靠奖品奖励的机制让访客提供内容，是不够的，更重要的要给访客以精神上，荣誉上的奖励。无法粘住访客却又想以Web2.0形式做的网站，始终是无法走得长远的。Web2.0的赚钱形式，现在谈得最多的是广告，按王晨昀所说，Web2.0

与Web1.0没有什么特殊区别。Web2.0网站赢利的途径是方方面面的，既可以是广告，也可以是将网站内容集结出版，同样也可以是短信，可以是电子商务，任何可以在Web1.0网站可以实现的赢利途径，都可以在2.0网站实现。王晨昀分析了许多所谓现在只能靠广告赚钱的Web2.0网站后，发现没有一个2.0网站是只能靠广告这一种途径赚钱的。Web2.0与网站形式的结合，譬如Web2.0结合网上购物功能——“Web2.0时代的B2C”等。在这里，其实B2C是主要的，Web2.0是次要的。把B2C最好能够赚钱，而网站有了Web2.0的功能是锦上添花，能够增加网站与访客的黏性/亲和力，更容易的获取访问量和贡献的内容，千万不可本末倒置。

第十二章

“创意”茅侃侃：将电子游戏变成真人实景游戏

“只要一个机会来了，别管好坏，就冲上去通通抓住。”

“我的工作和游戏有关，我积累财富的过程和玩游戏也脱不了关系。”

“难道就没人意识到现在的年轻人、找不到工作的人或者拍脑袋想创业的人，或者实际上根本不知道自己想做什么的人，给他们讲故事只会毁了他们！”

“成为一个创意工业的领军人物，成为一个企业的创意灵魂。”

“核心技术掌握在自己手里，怎么做都不怕，而创意只是一层窗户纸。”

——茅侃侃创业寄语

小 传

茅侃侃 1983年生于北京，1998年高中辍学，1999年拿到雅思和思科认证，现任majoy首席架构师。外界传言其个人资产超亿元，目前工作状态是每天上班15小时。

坐在创业公司老板的位子上，茅侃侃最经常面临的质疑除了过于年轻的年龄，就是他只有初中文凭的学历。读高一那年，他地理会考不及格，补考又不及格，失去了考大学的资格。于是茅侃侃退学，花两个月把当年流行的微软和思科认证考了下来。当年亚洲只有两个18岁以下的人拿到了这两项认证，茅侃侃是其中之一。接着他又报了英语班，4个多月后揣着初中毕业证书找到了第一份工作——做网站，月工资3600元。按说这个不错，但茅侃侃实在“坐不住”，接下来的3年换了多份工作。直到2004年底，他碰到曾经合作过的航天集团的高层，讲起自己筹划了一年的真人实景游戏项目Majoy交流，没想到得到对方的高度认可。后来，Majoy正式落户石景山雕塑公园，项目总投资3亿元，茅侃侃占有20%的股份。“我们把网络游戏搬到线下、模仿其后台数据运行，在实景中由玩家亲自扮演角色。在技术上远远领先于市场上已有的真人CS，而且他们只是打枪，我们在游戏中融入了很多任务，可以得到更多乐趣。”MaJoy将从一个固定的对抗场所逐步发展到多个场所，并通过互联网让场地内外的玩家形成互动。

茅侃侃爱折腾、什么好玩儿的事都不想落下。“但是现在我的时间和责任不允许我这么做了。”创业不是简单的事情。茅侃侃的办公室是全公司唯一光线昏暗的地方，他习惯于终日开着台灯，通宵达旦的工作方式让他只有在黑暗中才能静下心来。“压力是自然的事情，人做事时间越长胆子就越小，实际上是因为压力越大。就像开车，老司机事故见得多了也自然就想得多了。就算我天天想，把事情安排得再缜密，也总会有一些意外事情发生。”

茅侃侃早早步入社会知晓了各种“道道”。 他说自己最大的特点就是喜欢尝试，根据兴趣发掘创造财富的路径。也曾因为经验不足吃尽了苦头，凭感觉去做项目，折腾多年才学会考虑商业模式、盈亏平衡点、销售环节、渠道等问题。“我确实阅历不够，有时候吃了亏爬起来，过一段儿还会犯同样的错误，到了某个年龄段，觉悟往往是一瞬间的事情。" 茅侃侃最庆幸的就是自己做的每个工作都是自己想干的事情。"在保证大兴趣的前提下肯定有一些不如意的地方，比如我要做公司，但最烦管人，但如果不管，大方向就实现不了，所以必须承受。"

"希望10年、20年以后，人们知道Majoy是中国的一个数字娱乐的知名品牌，而且影响着大家的生活。到那时已经按照我的想法形成了公司文化，有可以信任的人执行我的想法，我就可以像电影里一样在海边通过卫星电话和电视屏幕指挥公司的运作。"

● 创业故事

创意源于电影

茅侃侃的第一份工作是网管，之后他换了七八份工作，直到与一国企达成合作意向，开始涉足设计真人游戏领域。“通过玩，我一直在磨合，直到找到了属于我的发展发向。大家现在不是不想玩，而是不知道去玩什么。”茅侃侃说，他发现很多人一到周末就不知道该干什么了，如果能开发出一块市场，让大家知道如何利用周末的时间该多好。“有一天我看电影的时候想是不是可以模仿电影里的情节，例如通过我们的手机或笔记本电脑，接到某项任务，任务的核心是‘交友’，这就是实景游戏的雏形。”茅侃侃的这个创意，被一家国有企业负责人看好。

从玩麻将中发现商机

“事实上，只要细心观察，我们都能找到商机。”茅侃侃透露，“我发现重庆、成都的市民都特能消费，特别能玩，这种文化氛围非常适合推广游戏等娱乐方式。”茅侃侃说：“重庆有很多美女，重庆人打麻将喜欢打“血战到底”，也特别会消费，市民花钱多的地方就是能够挣钱的地方。”

商机变成财富，必须符合五个“合适”：合适的产品或服务，合适的客户，合适的价格，合适的场合，合适的渠道。商机无论大小，从经济意义上讲一定是能由此产生现金流、利润的机会。旧的商机错过后，新的商机又会产生。商机就在脚下，所有的成功者都是一步一个脚印扎扎实实地走好每一步。目前我们能认识的商机大致可归结为10种：

1.短缺商机

短缺是牟取利润的第一动因.空气不短缺，可在高原或在密封空间里，空气也会是商机。一切有用而短缺的东西都可以是商机，如稀土、资源、真品、真情等。

2.时间商机

远水解不了近渴。在需求表现为时间短缺时，时间就是商机。飞机比火车快，快餐能满足广大上班族的饮食需求，它们都有商机存在。

3.价格与成本商机

货往高价上卖。在需求上的满足上，能用更低成本满足时，低价替代物的出现也是商机。

4.便利性商机

花钱买个方便，所以“大超市”与“小店”并存。手机话费比电话费贵，可即时性好，手机是好商机。

5.普遍需求商机

人们的生存需求如吃、穿、住、行,每天生活都在继续，有人的地方，就有这种商机。

6.商机中的商机

人们总是急功近利，盯住终端。比如淘金者挖金矿时，不会计较“卖水的”水价，结果黄金没挖着，肥了“卖水的”。

7.战略商机

未来一段时间必然出现的重大趋势成为商机。

8.关联性商机

一荣俱荣，一损俱损。由需求的互补性、合作性、选择性决定，可以看到地区间、行业间、商品间的关联商机情况。

9.系统性商机

发源于某一价值链上的纵向商机，如电信繁荣，IT需求旺盛，IT厂商赢利，众多配套厂商、销售商增加，增值服务商出现，电信消费普及化等。

10.灾难性商机

由重大突发危机事件引起的商机，如华尔街金融危机后，对中国企业而言反而是抄底、购并一些企业的大好机会。

经常加班到早上4点

“很多人都认为我现在风光，事实上我经常在公司的地下室加班到早上4点，日子也很艰辛。”9岁时，家人为茅侃侃买了一台电脑；14岁他开始上网，经常熬到半夜才睡觉，通过互联网认识了很多年长的人。“玩不能傻玩，消费要和就业、创业结合起来。”茅侃侃透露，他17岁从北京某中学退学后，跑到四川绵阳读了一年的书。“后来我发现我学会了抽烟、喝酒，然后我觉得自己不能这样下去了，又回到北京，开始打工。”

★★★★★ 财富密码

创意

“玩是人的根本需求。关键在于如何玩的更有意思，很多想法往往不现实，不断的研究会让想法更贴近实际，考虑的问题会更多，比如消费习惯、操作习惯等。其实很多时候都有不同的想法，但不是所有想法都会可行，成功几率很小，所以观察生活很重要。”茅侃侃说他自己最大的特点就是喜欢尝试，根据兴趣发现创造财富的路径。

创意是什么？创意是传统的叛逆；是打破常规的哲学；是一种智能拓展；是一种闪光的震撼；是破旧立新的创造与毁灭的循环；是跳出庐山之外的思路，超越自我，超越常规的导引；是智能产业神奇组合的经济魔方；是投资未来，创造未来的过程。简而言之，创意就是具有新颖性和创造性的想法。也许，创意本身就是个怪结，没有人能把它解开，它也没有一个真正意义上的解释和定义。但可以肯定的是，创意绝不是一般意义上的模仿、重复、循规蹈矩、似曾相识，大多数人都能想到的绝不是好的创意，实际上这样根本就谈不上创意。好的创意必须是新奇的、惊人的、震撼的、实效的。

创意来无影，去无踪。也许是灵光乍现，也许是长期酝酿，提出创意的人也许被视为呆子、神经病，也许被推崇为一代宗师，亦有可能被誉为千古奇才。创意为一缕若有若无的轻烟，随时随地都会出现，能将其撷取，再将其深思熟虑后加以延伸。实有神来一笔的看法，可能是在公车上，可能是在浴室里，也有可能是在半梦半醒之间，但大部分是转瞬即逝。消逝后再用力的思考，即使抓破了脑袋却再也想不出刚才的念头！如能将创意常发生的时间、地点做好准备，则捕捉创意成功的机率就比别人高出许多。有些人在床边放了笔和纸以便随时记录在恍惚入睡前，或起床时半清醒状况所突然出现的创意。也许你可在自己的口袋，甚至浴室里准备一支笔纸，可能二、三个月都用不着，但一有机会用上了，带给你的效益功能也许会超过你的想象。

尝试改变既有模式，也可以说是另一种创意表现。若是我们因循着固定模式处理事情，以前没有创意，相信以后出现创意的机会也不多。

盈利模式

瞄准大学生与中高档消费者

对玩家而言，实景游戏由于有实际景观和真人的配合，将比目前盛行的网络游戏更为吸引人的眼球。茅侃侃说，他推出的实景游戏，实行的是3000元／包年政策，如果只玩单次，每场消费水平为70～80元／人。其瞄准的人群，主要是大学生、中高档消费者等。因为运营成本过高，茅侃侃不能依靠散客盈利，他的想法是："销售对象只对规模客户，一次销售如果能够说服公司决策者，意味着拿下数百个客户。"华为、德勤、普华永道等大公司是茅侃侃的座上客。

将电子游戏变成真人实景游戏

电子游戏变成真人秀，这几乎要颠覆电子游戏的概念。而对茅侃侃来说，这是一个可以让人梦想成真的巨大工程。

Majoy是真人实景游戏，意即"魔幻(Magic)"、"乐趣(Joy)"，旨在为大众提供建立于真实世界，由真人参与的角色扮演游戏。Majoy为用户提供了完整的游戏世界构架，用户能够在Majoy中体验对抗、寻宝、解迷等丰富多彩的游戏任务类型，并能够通过后台选择自己所喜爱的游戏任务包。

Majoy建立在真实的社会环境中，在未来你将有机会在就近城市的某个公园中体验Majoy City服务，为你提供了丰富多彩的游戏道具，而你将有机会与先进技术零距离接触，感受创新技术为真人实景数字化游戏所带来的无限精彩。

在Majoy中，掌握PDA应用，学会使用Majoy Easy Joy!嵌入式界面，学会使用数字化道具，学会使用MajoyCity.COM社区将为你的游戏体验带来更多的便捷和乐趣。在Majoy的游戏世界中，PDA的应用成为连接整个游戏过程的重要环节，Majoy为你提供多种培训方式，让你能够掌握这一技巧。

为了使你尽可能地融入到Majoy娱乐，Majoy Open-Structure技术将为你带来崭新的可扩展式任务供应平台，你将有机会制作丰富多彩的游戏任务包与其他伙伴一同分享。Majoy创新的Majoy Theme机制将为你提供完整的一站式体验主题计划，无限精彩的主题配合完整的道具解决方案，为你提供最具定制化的游戏任务体验。

在Majoy中，你将扮演重要的游戏角色，Majoy的游戏剧情设定为你提供了角色解决方案，按照游戏后台的设定，你将成为贯穿游戏剧情始终的重要角色，并在你的努力下，带领小队完成Majoy游戏的既定目标。

为了使你能够更好的体验娱乐并享受到Majoy服务，特别提供真人实景NPC（Non-Player Character），NPC专业的服务将帮助你更好地在实景中进行游戏操作，NPC同时会扮演游戏剧情中的某些角色来协助你完成游戏任务。

在Majoy中，用户采用会员制方式管理，旨在为你提供完善的一站式服务，确保你的娱乐利益。将尽可能多的收集每一个用户对于Majoy服务和游戏内容的建议，共同完善Majoy所提供的内容。

未来，Majoy将不断的完善技术和服务机制，并与战略合作伙伴紧密合作，提供更完善的游戏道具、技术支持，并努力将Majoy覆盖到你的生活和周边地区。

第十三章

“自立” 姚剑军：**做出特色吸引广告主**

“量力而为、舍大取小。一开始不要做大而全的网站，这样会很累，而且并不是那么容易发展。一个人的能力有限，过大过全的网站，无论在物质上还是精力上的投入都是巨大的，做站切记量力而行。”

“网站的内容是根本，扎扎实实将网站的内容做好才能吸引用户。做得比较成功的个人网站主题都比较单一，主题单一并不意味着内容单一。单一的主题，定位更明确，同时也更容易更深层地挖掘内容，让网站真正有血有肉，而不只是宽泛的皮毛。”

“做任何事情都要有明确的目标和详细可行的计划，还要有敢说敢做的性格，如果仅有目标和计划而不动手，那么目标和计划永远都是停留在笔记本上的，只有用双手实践才能让它完美。”

“你的网站为你的网站服务者提供了什么？给他们带来了什么样的价值？你能从中得到什么？”

——姚剑军创业寄语

小 传

姚剑军 网名阿飞，1982年生，福建人，中国站长站chinaz.com创始人，目前身价至少千万。阿飞做的中国站长站是一个服务于中国百万站长的网站，他给中国草根群体和个人站长带去了很大的帮助，无数人通过他的网站提供的信息和服务获得了成功。其公司现有包括中国站长站在内的多个网站，每年营收数额达到千万元。

姚剑军初中毕业的时候，他选择了去离家千里的重庆读中专。对于生长在福建泉州农村的姚剑军来说，重庆是一个很遥远的地方，而这可以让他增长很多见识。姚剑军所学的专业并不是计算机，而是机电工程，但他常混在学计算机专业的朋友之中。他很快发现，学校里学不到自己想要的东西。2001年6月，姚剑军弃学回家，专心于他的建网之路。泉州永春乡下，根本没有光纤，也没有ADSL这样的上网方式，只能拨号上网。拨号上网速度非常慢，但是价格却很贵，一小时6元钱，姚剑军一个月的上网费就要1千多元。对于没有固定收入的姚剑军而言，这是一笔巨大的花销。就在当年的7月，姚剑军收到了做个人网站的第一笔收入，他个人主页赚了8848和易趣300多元的广告费。他说："当邮局送来汇款单的时候，父母很诧异，不明白为什么自己每天在家不出门也能挣钱。"

姚剑军的出名是因为中国站长站，但是中国站长站只是姚剑军做的4个网站中的1个，也是目前唯一存活下来的网站。有很多个人网站站长并不是计算机专业的，很多东西要比专业人士花更多的时间。一个程序问题，专业人士可能只要一个小时就能解决，而站长们却要花上一个星期。但是姚剑军坚信，个人网站成为中国互联网发展的生力军，随着网络的发展，网民的数量不断增多，网民需求的多样化会越来越明显，从应用到生活，个人网站还有很大的发展空间。

创业故事

建站时买不起服务器

在做中国站长站之前，姚剑军做个人网站都是用免费空间来做，但免费空间的局限性很大，因此在做站时，他考虑自己买服务器，但是，对一直没有固定收入的他来说，2万多一台的服务器对自己来说是一个奢望。为了拥有自己的服务器，他将当时站上最火并且有收入的“我爱我网的江湖栏目”让两个人运营，收入也归他们，双方合作购买了一台服务器。但是，这样的状况在中国站长站建起来之后迅速得到了改变。在中国站长站开放一个多月后，就有一家厦门的主机商找上门要投放广告。中国站长站收到的第一笔广告是花费一个100元钱做的浮动广告。他说，网站的营利模式在创建之初就想好了，就是直接卖广告给这些卖虚拟主机的人。

中国站长站一路走来困难重重，有几次差一点关掉。2004年初，中国站长站的服务器被人连续攻击了半个月，原因是因为中国站长站不买他们的防火墙。这半个月的时间，他差不多没信心把网站开下去了，但最终还是在朋友的帮助下解决了问题，网站得以存活。

凌晨2点QQ聊友最多

“我原来的QQ签名是‘有事请晚上2点找我’，我的QQ好友中，晚上2点是最多的。”姚剑军说，同很多个人网站的站长们一样，都是这样彻夜工作，经常是为了修改一个程序，要彻夜加班工作。从16岁开始到现在，姚剑军基本上每天都是在凌晨四五点才休息。“在开始做网站的时候，采用拨号上网的方式，白天速度很慢，只有等到深夜，速度才会快起来，所以一般我到半夜才工作。”在寒冷的冬天，他自己的两个脚都被冻麻痹了。

习惯熬夜的人越来越多了，甚至有些人，尤其是IT业的人，熬夜已经成为一种生活方式，但的人是从健康的角度讲，熬夜是有害的。熬夜会对身体造成多种损害：身心疲劳，精神不振，人体的免疫力下降，自然的，感冒、胃肠感染、过敏源等自律神经失调症状都会找来。熬夜之后，最好的保护措施是“把失去的睡眠补回来”；如果做不到，午间的10分钟小睡也是有效的。此外，跑步、打乒乓球，多去户外走动，有助于身心愉快，也是摆脱熬夜后萎靡不振的好办法。休息的概念包括身体和心理适度的放松和调节两个方面，多做运动提升体能，是一种有效的改善之道。

专攻小领域

门户网站和大型商业网站可以整合各种资源，但个人网站做不到，只能专攻某一个领域，让访问你网站的人能够很清楚地知道去这个网站的目的。

主流观点认为：全面发展等于全面平庸；样样精通等于样样稀松。在一个小领域内做精做专已非常不容易，更别说多个领域。一个人不可能十全十美，但只要有一技之长，就会受到欢迎。术业有专攻，抓住一个自己有竞争优势的小领域，做的最好就是成功。比如，有人其他不行，就是跑得快，比如刘翔；比如，有人其他方面不行，就是唱得好，比如邓丽君；比如，有人其他方面不行，就是会编程，比如比尔·盖茨；比如，有人其他方面不行，就是会演小品，比如赵本山。好好选一下主攻方向，八年十载必出成绩。手伸得太长，什么都想搞，只会四不像。洗净浮华，修身养性，踏实下来专攻某个小领域，以求有所成就。

★★★★★ 财富密码

自立

姚剑军是这么认为的，K666应该是最早的一个站长论坛，里面聚集了很多个人网站的站长，彼此通过论坛、互相交流做站经验和做站心得，久而久之K666成了站长们的“网上酒吧”。

作为一个站长，姚剑军也常去K666，但老是觉得K666的站特别乱：网页设计太单调，内容太庞杂，而且论坛的气氛也不是很好，总之给姚剑军感觉就是特别不好，但是国内可以供站长们交流的比较大的网站也就只有它了。一天姚剑军突然有种冲动：做一个站点超越它，成为站长们的交流乐园。不怕竞争，自理自主，说做就做，他注册了域名，关掉了我爱我网，将全部的精力投入其中。不久中国站长站的雏形就出来了，它主要包含了：论坛、源代码下载和资讯及教程等内容。它的内容相对于“我爱我网”可谓瘦身了不少，但是简单的内容，使得网站的定位更准确，目标更明确，同时网站的内容也更专业。逐渐的，很多寻找建站帮助和建站源代码的站长们习惯到姚剑军的网站那里，因为在那里他们基本能找到他们想要的，即使找不到，只要他们提出，姚剑军也会帮他寻找。久而久之，中国站长站的访问量逐渐上升，“回头客”也逐渐多了起来。伴随着访客而来的，是一些从事建站服务的商家，比如域名注册商、虚拟主机商等。因为姚剑军的网站定位主要是个人网站的站长，所以这里也成为了这些商家展示自己的平台。目前姚剑军网站的广告位都是满的，有些位置甚至要提前1～2个月预定。现在中国站长站拥有 10多台服务器，每月的广告收入以万元来计算。

盈利模式

做出特色吸引广告主

在经历了60个没日没夜的煎熬后，2002年3月，中国站长站如新生婴儿一样呱呱落地，当时只有一个源码下载栏目。但一推出来的时候，网站就很火，在个人网站站长们中口口相传，很快就成为中国站长们聚集的地方。中国站长站是国内大部分个人网站站长每天必登的网站之一，提供建站必需最新最全的建站源码下载、域名交易平台、站长学院、站长交流信息平台等服务，深受站长们喜欢。很多网络上的知名个人站长，都曾从站长站走过。目前个人网站的盈利模式包括短信彩铃、会员收费和广告三种模式。姚剑军的盈利模式是通过做出特色来吸引广告主。

做网站，最重要的一点是以特色取胜，小网站做出特色是必需的生存招数。内容的品牌非常重要。其实各网站内容实力差不多，所以要看如何让用户感觉你的内容好。做出特色，做出亮点，使之形成品牌，并且做到有别于其他网站，这样才能得到广告客户的认可。只有把网站做得有特色，做别人没有做过的东西，想别人没有想到的事情，就会在众多的网站中脱颖而出，获得广告主的认同，获得成功。

第十四章

“态度”欧阳学君：**构建完整的销售网络**

“行动源于思想，态度决定一切！”

“态度比能力更重要！决定成败的关键最终就取决于态度！”

——欧阳学君创业寄语

小 传

欧阳学君 1981年生，广东梅州人，初中学历，美迪特集团CEO 。几年的时间里，美迪特集团以惊人的成长速度让业内称奇，目前产品主要销售市场分布于欧美、中亚、中东、非洲等55个国家，一共近1200家客户。个人财产有1亿人民币。成为国内”80后““自主创业”的典型代表。

1997～1998年，欧阳学君做商场推销员，送过煤气罐，在此实现了经商经验的原始积累；1998～1999年，欧阳学君在广州某皮革制品厂的生皮工序车间担任工人，离职前升职到皮革工艺车间担任技术员；2000年，欧阳学君只身来到珠海，在湾仔沙电脑城一家电脑公司担任网络硬件工程师，主要负责企业网络的软硬件维护；2001年，欧阳学君开始平生第一次创业，在珠海成立“网讯工作室”，主要从事企业网站建设业务，最终因整体效益受限制放弃继续经营；2002年，欧阳学君开始第二次创业，1380元成立了“深圳市君为科技有限公司”，主要从事企业的电脑组装和网络安装业务，最终实现人生的原始资金积累，后来由于PC市场的利润低迷，最终转让；2003年，欧阳学君把握对外贸易机遇，抓住国家出台优惠政策和深圳是世界加工厂的有利条件，整合资源渠道后成立“美迪特电子配件营业部”，主要从事产品的对外出口贸易，一年之内，业务迅速扩展到欧美，日韩等发达国家；2004年，随着国外市场的不断扩张，为实现全球化品牌经营战略目标，美迪特实业（香港）有限公司正式成立，主要从事国外品牌运营和高新技术研发，为美迪特的集团化发展奠定了良好基础；2005年，由于市场需求持续快速增长，数码消费类产品成为新一轮的消费热点，为了满足客户的OEM/ODM生产需求，集研发、生产、销售为一体的制造基地在深圳成立，年产值超过3800万美元；2007年，从贸易、代工，再到设计制造到创立自有品牌，美迪特在国外品牌战略经营的道路上，逐渐进入代工与品牌并行的高速成长模式；2008年，美迪特以全业务运营战略部署，垂直整合内外资源，全力打造“东莞美迪特科技园”，于2009年投入使用，意在完善的产品供求服务体系，为实现集团化发展战略第二阶段目标提供坚强保障；

2009年1月，欧阳学君的“美迪特（中国）有限公司”成立。

“80后”的欧阳学君以独资创业模式，通过多次创业完成了资本和经验的原始积累。由最初的创业动机渐渐地调整创业方式，拓展多元化产业经营，通过资金筹集改造实体经营架构，不断加强创新力度保证效益增长，最终使企业能够持续快速发展。欧阳学君以积极的人生态度面对失败的挫折，又重整旗鼓再创业。态度决定一切，态度决定成功的高度。从2001年的第一次创业到2009年美迪特集团的成立，欧阳学君从失败到成功再到成功。欧阳学君，一位极富传奇色彩的集团CEO，在经济的起伏浪潮中打造出自己的商业帝国。

● 创业故事

美迪特借助金融危机产业升级

美迪特CEO欧阳学君在进入深圳宝安第一年就先后有10多家类似的电子厂落户于此，经过3年发展，已经形成了完整的、与生产能力相匹配的产业链。“我们在周边地区的核心供应商就有200多家，确保了更低价格和更高效的供应。我们原材料主要是在珠三角取得，企业考虑的是成本、客户、原材料这些条件。”经过20多年发展的珠三角已经形成了完整的产业链、原材料采购链，众多配套体系的建立，为企业在深圳的发展带来了巨大的机会。2005年，美迪特(香港)公司在深圳宝安区成立了深圳美创奇电子公司，一直坚持走技术,走品牌化的道路，通过3年的研发与电子产品生产经验，成为深圳电子信息产业升级的新亮点，包括待机系统、完整的用户界面、功能软件、自主研发低功耗的电源，并且是国内外首个靠自主研发生产HDMI输出的硬盘播放器厂商。

美迪特借助进出口价格的变化，以及由于人民币升值引起的出口企业利润下降及沿海出口企业效益滑坡，调整产业与产品结构。在其他与中国竞争的发展中国家陷入经济危机的时候，中国传统产业的优化与转型，可以使中国在较短的时间内争取到转型与升级的机会。人民币的升值迫使企业进行产业升级，如果没有这场金融危机，中国企业的产业升级还要更长的时间。“从位于深圳宝安美创奇的工厂出发，不论是到香港，还是到广州，都只需花不到一个小时的时间，且其配套企业也几乎都分布在周边25分钟的交通圈以内，京九铁路、广深铁路加上四通八达的高速路网，对于我们这类外贸型的企业来说是十分有利的。”

内需的不断上升，为美迪特制造打造了一个庞大的市场。美迪特所在的珠三角本来就是一个庞大的市场。向内向外走都很容易，这样的贸易优势是其他地方很难取代的。深圳拥有先天的氛围和自有市场，是工厂与市场结合在一起的典型代表。从2007年开始延续的倒闭潮，到2008年金融危机，金融危机引发的经济危机使这种变化来得过于猛烈。深圳每年要淘汰一批企业，比如一些能源消耗高、技术落后、规模小、依靠劳动密集和从事简单加工等类型的企业。这样的企业在能源价格、劳动力成本增加、环保压力增大的情况下，选择主动关闭或破产，是自然现象，也是优胜劣汰和产业升级与结构调整的必然。美迪特借助这场金融危机悄然实现产业升级。

最大的优势是管理层

美迪特管理层，有80%是在公司发展中，从不同的岗位中提拔上来的，他们是潜力股。欧阳学君对这支"股"非常有信心的，包括美迪特在行业内的影响。

公司发展需要可靠的管理者，可靠的管理者有三个衡量的标准：一、具有敬业精神，对工作是否认真；二、具有献身精神，不能斤斤计较；三、具有责任心和使命感。这将决定管理者是否能完全接受企业文化，担负起企业发展的重担。

很多著名公司很早就形成了内部提拔、培养与任用的用人策略与机制。大量的事实表明，内部提拔是公司保持稳定发展、保持长期发展，从优秀到卓越的最重要条件之一。内部提拔管理者有五个优点：

1．内部提拔保证了企业核心价值观的一贯性

内部提拔与外部聘请最大的不同并不是人员素质的不同，而是人员的持续性、核心（理念、价值观、使命、目标、政策、制度等）的一贯性。只有拥有持续的干部培养、发展、继承规划与措施，才能保证公司这座时钟能够持续滴答作响。

2．内部提拔留住了高素质人才

内部提拔能够很好地为员工提供个人发展的机会，增加员工对公司的信任感，从而有利于激发员工的工作热情，提高员工的士气，有利于员工的职业生涯发展，有利于留住核心人才，最终有利于公司的现金流、利润。

3．内部提拔节省了人力资源成本

内部提拔可以为公司节约大量的费用，例如广告费、招聘人员与应聘人员的差旅费、招聘人员的机会成本、被录用人员的生活安置费、培训费，减少了因职位空缺而造成的间接损失等。内部提拔的员工，经过几年的公司内各部门或岗位的磨炼，一般都会具有新岗位所需要的新知识和新技能，通过有意识地培养与实践，大部分也会具备新的工作岗位所要求的技能，即使不具备技能，组织培训也比起招聘外人来得快捷、省力。

4．内部提拔提高了用人决策的成功率

公司高层花在制定用人决策的时间，比花在其他任何事情上要多得多。没有任何决策

比用人决策的影响更深远、风险更大，也没有任何决策像用人决策一样那么难以回避。由于对内部员工有较为充分的了解，再加上企业采取一系列长时间的选拔、培养、培训与考核措施，能够比较客观深入地考察评价，使得被内部提拔的人员更加可靠。

5．内部提拔提高了员工的忠诚度

由于公司采取了内部提拔的制度，使员工看到了公司对员工的忠诚度与责任感，从而也激发了他们对公司的忠诚度与责任感。对被选拔并任命为公司的管理层，他们也会有长远打算，在制定管理决策时，更能树立长远工作观念避免短期行为，做出长远的、有利于实现公司总体目标的规划与行动。

★★★★★ 财富密码

态 度

欧阳学君，从无到有，凭着初生牛犊不怕虎的勇气、积极的人生态度和敏锐的商业直觉，在经济的起伏浪潮中，打造出自己的高科技帝国。

欧阳学君的成功取决于什么？“态度！行动源于思想，态度决定一切！”曾经有位员工问欧阳学君：“将来我能管理员工吗？”欧阳学君回复他说：“你当然可以！”两年之后，他仍旧在原来的工作岗位。后来又有一位员工充满信心的向欧阳学君说：“将来我一定要干到副总经理的职位！”欧阳学君仍旧期待地对他说：“你一定能行的！”后来他成了采购部经理，当初他还是一位生产线上的操作员，今天的成就是他通过一步一个脚印踏踏实实走出来的。因此，态度比能力更重要！

成功取决于态度。事物本身并不影响人，人们只受对事物看法的影响。积极的态度可以帮助我们发掘潜能，提高工作质量和效率，走上成功的道路。

态度决定高度。每个人都在学习怎样成功，但是值得注意的是，许多人会抱怨他的客观条件，强调客观的问题，因而放弃追求成功。必须承认，令人失望的困境的确是生活的一种现状，但同样，某种成功的可能性构成了生活的另一种真相。因此，怎样理解自己的生活和客观条件，其实完全取决于自己的态度。所有的资源和力量都可以支持你去实现那种成功的可能性，你的态度越积极，你的决心就越大，你所能调动的资源和力量就越多，成功的概率也就会越大，态度决定了成功的最大概率，决定了成功全部学问。欧阳学君正是在人生的几次创业摔打中，以积极的人生态度面对失败，又东山再起，最终创立了自己的美迪特集团。

盈利模式

构建完整的销售网络

美迪特公司是一家专业从事家庭数字媒体中心、高清硬盘播放器、标清硬盘播放器及数码等产品的研发、生产、销售和技术服务的高科技企业。依托子公司美迪特（香港）公司、深圳美创奇电子公司、东莞美迪特公司等5家公司组成的美迪特集团，构建完善强大的产品设计、订单处理，生产销售、运输物流等环节，不仅在中国，还在欧美、中亚、中东构建了完整的销售网络，市场还分布在欧美、中亚、中东、非洲等35个国家和地区。经过外贸出口市场的打拼与磨砺，构建起了完善的国外营销网络，美迪特无论是制造规模、管理经营、营销网络，还是品牌提升上都有了质的飞跃，拥有防尘防静电生产车间达6000平方米，半成品仓库及成品仓库共2000平方米，拥有一套成熟的日本5S管理系统和IS09001认证生产体系。

其中与HP、SIEMENS、Sony Ericsson、HITACHI、GAMEPOWER等知名品牌企业及Wal-Mart(沃尔玛)、Carrefour(家乐福)等国际知名零售商场建立起了良好的合作关系，深圳美创奇公司还为国内外众多中高端电脑品牌商提供OEM、ODM生产。美迪特公司以前瞻性的产品定位及优越的设计能力，秉承"品质优良、服务完善、利益共享"的宗旨，始终如一地坚持客户乃朋友的经营理念，以用户的需求为导向，结合长期品牌经营策略及发挥自有技术优势，提供以"时尚"、"科技"、"生活"为产品设计理念以满足客户全方位的需求。

第十五章

“坚持”李晋吉：**先免费后收费**

“坚持，是影响一个创业者成功与否的决定性因素。”

“做IT就是要快，谁能棋先一招，谁就能抢先拥有市场份额。”

“成功绝不是靠运气得来的，成功是一种努力的必然结果。”

“创业要趁早，因为年轻人最有激情。”

“今后的经济有可能就是拇指经济，谁能让大家按动拇指，谁就是这个行业的领先者或者胜利者。”

“大学里最重要的永远不是你学了什么，而是你学会了怎样去学习。”

——李晋吉创业寄语

小 传

李晋吉 1980年生，无限新空（3G泡泡网）CEO。2004年，李晋吉创建北京无限新空，凭借旗下手机网站PP.CN的迅速崛起，2005年3G泡泡一举成为国内最大的手机站点。

1999年，李晋吉进入哈尔滨工业大学计算机系就读。这个顽皮的学生，在学习期间逃课频率很高，但是，逃课的李晋吉并没有疯狂得玩，而是把大多数精力都用在自学计算机软件等方面，他的专业课成绩相当好，当时还是哈工大微软俱乐部的第一批成员。李晋吉从大一开始，就整天到学校附近的一个数码城打工，专门攒机器，卖电脑，这不仅为他首次创业攒下几万元的资金，还让他磨炼出坚忍不拔的意志。大学二年级的时候，他开始和朋友创业，经营小灵通产品的软件，当时李晋吉觉得，他和团队的技术十分强，凭这一点他们一定能闯出名堂来，但现实恰巧相反，还没离开学校，李晋吉第一次创业就以失败告终。当时，他还没找到失败的原因，但他并没有放弃创业的梦想，于是，他决定先到一家大型网络公司工作，在工作中总结失败的原因，学习公司运营的经验。1年多的工作让李晋吉意识到，开公司凭的不是技术，不是精力。当年对市场调研不足，选择的项目空间小，加之不懂得企业经营、管理，这是失败的最主要因素。

俗话说，“失败是成功之母”，吸取了第一次创业失败的教训，李晋吉精心选择了一个新项目——手机娱乐业务。“这对国内来说是个全新的领域，虽然有一定风险，但我更看重它的前景。假如我原先所在行业空间的‘天花板’只有2米高，那么，我现在的‘天花板’有5米高，也就是说，我可以施展的空间更大了。”

凭借着创业的激情，李晋吉创立了国内最大的无线虚拟社区。李晋吉觉得，大学期间他学到了令自己终身受益的东西。大学里最重要的永远不是你学了什么，而是你学会了怎样去学习。

创业故事

看到手机蕴含的商机

大学毕业后，李晋吉应聘到TOM网工作，在TOM网他积累了日后创业所需的技术与人脉。在工作的时候，李晋吉看到了手机作为新媒体所蕴含的商机。他想做一个手机社区，在社区里可以看新闻，打游戏，聊天，炒股！李晋吉做事的速度非同寻常地快，从产生创业的念头到组建北京无限新空信息公司，李晋吉只用了一个月的时间。李晋吉说，做IT就是要快，谁能棋先一招，谁就能抢先拥有市场份额。2004年8月，李晋吉的“无限新空”成立了。刚开始创业时，李晋吉租了一套商住两用的房子作办公室，他把房间划分出20个座位，但李晋吉并不知道要用多长时间才能让这些座位坐满人。

随着技术的完善，用户认知的不断提高和运营模式的逐渐形成，手机必将成为成熟的媒体。虽然目前手机媒体并不成熟，但从长远来看，手机报纸、手机杂志、手机电视会逐渐走进大众的生活，手机媒体化必将带来一场应用的革命。手机高速普及，对于任何一个媒体来说，受众群体都是其生存发展的基础。在竞争激烈的当今社会，传统媒体为了争夺收视率和发行量往往费尽心思，而对于手机媒体化而言，最不用担心的就是用户资源，它甚至可以直接去提醒手机的主人，“强迫”用户阅读。手机比电脑更普及，比报纸更互动，比电视更便携，在电信网、计算机网、有线电视网三网融合的背景下，手机作为一种新兴媒体挑战传统媒体的前途大好。

实际上许多大网站也在进军手机媒体，许多人为李晋吉捏了把汗，但李晋吉很从容，他说：“在手机上，大网站与我们一样，都是从零开始。”果然，最终李晋吉凭着先发优势和雄厚的资金储备占据了领先位置。令他自豪的是，3G泡泡（pp.cn）还曾一度刷新了风险投资涉猎国内无线互联网业的记录。曾有一段时间，国内排名前10的风险投资商纷纷找上门来，对李晋吉来说，这是一个单向选择，“主动权掌握在我们手中”。在与华登国际公司合作前，李晋吉提了个条件：风险投资不介入公司的实际管理。李晋吉认为，“这是相互尊重与信任的问题。”充满激情和富有创新能力的团队、潜力巨大的市场空间和特色突出的产品让李晋吉有足够的底气。在经过3个月的考察和洽谈后，联创策源和华登国际2005年11月注资3000万元人民币进入无限新空。有了风险投资，李晋吉开始着手改造，他要将无限新空发展为一家架构明晰，岗位责任明确的公司。2006年，无限新空引入第二批投资资金700万元。

创业要趁早

在美国硅谷流传着一句名言：别给超过30岁的人投钱。一份统计中显示了全球著名的11家互联网公司创始人创业时的年龄列表，在这11家互联网公司的18位创始人中，有14位在创办自己的企业时还不到30岁。其中Facebook的创始人马克·扎克博格创业时年龄最小，只有19岁；微软的两位创始人比尔·盖茨和保罗·艾伦创建微软时分别只有20岁及22岁；Google的创始人谢尔盖·布林和拉里·佩奇创业时均只有25岁。

李晋吉说，“创业要趁早，因为年轻人最有激情。”人年轻时的成功与失败并不重要，那都只是一种经历，一份宝贵的财富。要学会怎样学习，怎样适应环境，怎样改变自己。“创业要趁早”的前面最好加一个前提：在你准备充分的情况下。“假如说你觉得之前还有很多不足，就一定要慎重。比如说一个刚毕业的大学生，学校中的积累其实还是不够的，哪怕只是开个小店，你首先要拿出几万或几十万的资金，然后需要组建一个team，找一些partner来做事情，同时对市场要有充分的了解，接下来做一个很详细的预算，它是不是能产生收入，收入预期、利润是多少，这些东西要心里有数。假如说你这些东西都准备得差不多的时候，基本就OK了。”选择之前，人们往往计算得失，而选择创业某种程度上也是在学会放弃，学会选择。在李晋吉看来，大部分人是否选择创业在于一个决心。“你是否能够放弃，放弃现在稳定、安逸的生活状态，然后投入到一个未知的、迷茫的，甚至说没有结果的、枯燥的、压力很大的环境中去，这个肯定对很多人来说是一个信心的问题。这个信心好多人准备不足，因为曾经有很多人无功而返，他们往往觉得成功的人是运气好，但是永远不要忘记，成功绝不是运气，成功是一种努力的必然结果。我觉得有可能一次不成，但你尝试下去，不断地尝试下去，有可能到第五次或者第十次的时候会做得很不错。”

李晋吉认为，创业过程中遇到的最棘手的问题不是在创业初期，而是在中期。“比如说一个经历过初创期的公司利润保持不错，这样的创业者或者创始人可能就觉得差不多了，基本的问题都满足了，没有一个更大的理想、梦想，接下来的目标如何奋斗，这种心态往往在很无聊、枯燥的机械运转中迷失。很多公司初期成长很快，一到中期就缓慢下来了。”

时刻跟进国际上最新的技术

进军无线互联网是需要勇气的，大环境不成熟，除了投入，就是等待。

日本是3G技术最发达的国家，飞日本成了李晋吉生活的一部分。很多次，他走在日本街头，看到青少年拿着手机尽情上网，心中就涌起一股劲。他曾想把日本的3G模式照搬到中国来，后来他发现，大多时候，这种经验在中国并不适用，运营商不开放端口，国家政策滞后，让市场无法形成充分的竞争，没有市场，一切都是虚的。日本一家上市公司与无限新空的业务模式基本一样，它已经做了5年多，每年盈利1亿多美元，公司虽然不大，但成长非常快。一旦中国3G开闸，无限新空就会小步快速发展，这是李晋吉坚持的动力。"就算五年，我也要等，我们做的就是长线的打算。我这个行业在短期之内有一个高增长的爆发潜力。原来头顶的天花板离你有2米，现在有5米，你可以施展的空间更大了。"

李晋吉明确了深度挖掘并满足用户的潜在需求是为产品的核心价值。实际上，不论采用什么样的商业模式，最后真正能吸引玩家，留住用户的，必须是和现实生活息息相关的业务，而这才是维系产品和用户关系，增加网站黏性的关键。因此，无限新空首先在国内推出了无线虚拟社区的概念，并第一个将虚拟形象、博客、网络游戏等因素引入中国手机无线互联网。同时，无限新空还为玩家提供了体验模拟真实纳斯达克股票和澳门博彩的机会，这种博彩往往和当时的热点结合。这种服务给用户提供了真实的参与感，受到了用户的欢迎。此外，由于手机无线互联网相比有线互联网具有很强的隐私性，每个手机都有自己单独而唯一的识别码，当用户开机后，系统可以通知用户有朋友上线。同样，如果用户上线，系统会根据你曾经在无线互联网上的行迹，提供更符合用户习惯且具有针对性的内容，而目前的电脑做不到这些，所以无线互联网的个性化可以非常充分的体现出来。保持新鲜感，不断创新对无限新空同样重要，为此，从无限新空诞生开始，李晋吉每天至少会花2小时去检测自己的产品，看竞争对手的产品和一些新的模式，或者访问一些日本美国新的网站，他要求自己要时刻跟进国际上每个最新的技术和模式，让国内玩家尽早体验到。

竞争有助于找到真正的商业模式

李晋吉认为，通过竞争最后留下来的第一名，一定是做到能够真正符合用户需求，并且在各方面最健康，或者最强壮的公司。市场是一个竞合的过程，要推出手机浏览器的大概有五六家，加上市场上已经有的大概10家以上。中国的手机领域要做浏览器还是很多的，之所以大家关注这块市场，实际上大家已经看到了这块市场上的价值，或者是大家觉得这块市场确实是一块必争的市场。通过更多的竞争才可能帮助这个产品做得越来越好，才可能帮助我们逐渐的找到真正的商业模式。李晋吉觉得没有竞争的话，这块产业很难真正的成熟起来。

实际上李晋吉做手机社区也是经历了两年惨烈的竞争。3G泡泡2004年成立，2005年推出业务，2006年、2007年市场上大概有二、三十家同样的社区出现，李晋吉也是在不断的努力、不断的改进，这两年他基本上没有收入一分钱。到2008年中开始，李晋吉大部分的竞争对手实际上已经不存在了，只有少部分的也跟李晋吉的差距已经很大了，比如说2倍到3倍以上的差距，李晋吉才开始尝试对用户小规模的收费，现在这一块表现还非常不错。李晋吉认为，我们的竞争有两方面，第一个有一些新兴的公司做3G的业务，来做这个市场，第二个有可能是行业内的公司，可能互联网模式做得更好，所以他们转型。实际上李晋吉对前两种并不是特别的担心，他欢迎更多的企业加入到这个行业来，因为只有这样才能够把行业做大。

“竞争战略之父”迈克尔·波特曾明确地说过：战略就是选择，选择做什么，选择不做什么。对于竞争战略来说在其本质上是选择不做什么。从竞争的出发点来说，竞争的出发点是抗竞争而不是竞争；从竞争战略的本质来说是选择不做哪些事情；从竞争活动的特性上看是创造生存空间，而竞争的关键是寻找新定位，在分析竞争的各个角度我们都可以明确，竞争的目的是远离竞争，这就是竞争的精髓。

拇指经济

李晋吉创建的3G泡泡网访问比重在国内相对来说是比较领先的，用户量非常多，同时产品有所突破。李晋吉觉得，3G时代到来的时候，最重要的是一个产品的突破，目前，从运营商也好，SP也好，遇到很大的问题，在现有的技术上没有创造革新。我们今天寻找一个革新点，寻找一个中国互联网的突破口，像互联网创造过的辉煌一样，没有人怀疑中国无线互联网的明天会更好。

无线互联网和有线互联网相比，有线互联网是解决人们空间的问题，它可以把整个世界变得非常小，而无线互联网解决了时间的问题，让人们随时、随身、随地的上网。以前是人跟着网络走，网络在哪里，哪里就有人，聚集网络的地方，就是人在的地方；现在网络追着人走，人到哪里网络到哪里，点击到哪里，眼球就到哪里。过去是眼球经济，而今后有可能就是拇指经济，谁能让大家按动拇指，谁就是这个行业的领先者或者胜利者。拇指经济是体验型的经济，流行与消费是其核心特征，这主要是从它满足社会需求的角度来说；如果从生产供给的环节来说，打造流行便是拇指经济行为的主体，在这种经济行为中，营销推广环节往往要比产品与服务的生产提供更加关键，因为，流行就是一种趋势，一种经由人为传播而带动的大众兴趣爆发点。如何将好的业务产品、优质的服务成功地介绍给手机用户，让他们在消费体验中感受流行，进而传播流行，这既是营销的哲学，也是传播的哲学。随着科学技术的不断发展，今后一定会有更多的像拇指经济类似的其他高科技的产业经济，而它们也必将更深刻地影响到我们每个人的生活。

★★★★★ 财富密码

坚 持

创业者的成功都是类似的，创业中遇到的困难却各不相同。人在冲动或盲目的情况下往往会做出错误的决定。李晋吉认为，遇到困难要坚持，可能你的自信受挫，身心疲惫，但还是要坚持。没有事情能一蹴而就，很多人在创业过程中败下阵来，都是因为自己放弃了。坚持下去，告诉自己未来永远更美好，既然选择了这条艰难的路，就永远不要放弃。在近年来因受移动运营商政策的限制而略显惨淡的手机无线互联网行业中，李晋吉凭借抢占先机和创意坚持到了今天。根据中国互联网络信息中心2008年公布的第21次《中国互联网络发展状况统计报告》，目前我国的4亿手机用户拥有5.3亿部手机，并且在2.1亿网民中，已经有24%选择使用手机接入互联网，于是，庞大的用户基础和发展空间成为李晋吉眼中希望的曙光。李晋吉办好公司没有产品，就一一尝试，最后才确定了现在的方向。坚持的结果是，活下来了，还发展得很好，这不是必然，但绝非偶然。

相信每个人身上都有属于自己的特质，成功的人只是将属于自己的东西坚持下来，并深层挖掘。其实每个人都是可以成功的，即使是自认为最失败的人，只是还没有找到属于自己的成功点。实现自我，对于年轻创业者的热情而言，是一个很大的推动力。

盈利模式

先免费后收费

“中国未来的互联网不是建立在电脑之上，而是建立在手机之上。”李晋吉这样说。这并不是痴人说梦，而是不可逆转之势。对于独立WAP站点而言，商业模式是一个永远没有标准答案的难题。经过反复思考，对比了12种商业模式，李晋吉将无限新空的主流业务锁定在手机资讯免费门户和手机虚拟社区(3G泡泡)两种模式。“之所以这样选择，由于在这种设计之下的3G泡泡，表现出粘度大、消费能力强、覆盖面广的特点。”

相对于互联网站，免费WAP站点内容重复较多，尤其是门户类网站，几乎是图片、铃声、软件下载等内容的罗列。为了摆脱原有SP的种种弊端，泡泡吧在发展思路上大力寻求内容上的突破。李晋吉觉得，要走出同质化阴霾，差异化竞争才是关键。在这种情况之下，李晋吉为3G泡泡设定了天气预报、电视预告、火车时刻以及手机归属地、手机位置等实用信息查询。李晋吉认为，“作为一个独立WAP，立足之本就是提供个性化的差异服务。”生存的不二法则就是成长，起步早晚不是成功与否的关键。谁能抓住网络发展的天赐良机，谁就能在市场中占据一席之地。李晋吉的期待没有落空，多年来，3G泡泡的免费路线走得不但快而且稳，并取得了不错的成果。如今，3G泡泡的用户规模超过200多万，虚拟社区同时在线人数超过65000人，每天流量超过2T，日点击量达9000多万次。作为国内新兴的免费WAP站点，3G泡泡的增长速度引人注目。3G泡泡还与常用的即时通讯工具实现了互联互通，泡泡吧里的信息可同时传达至MSN、QQ以及指定Email地址，而且不受通讯标准的限制，服务都是免费的。3G泡泡已与许多网站建立了合作关系，形成了良好的信息资源沟通渠道。李晋吉表示，“无论新浪还是运营商，3G泡泡希望彼此建立在非利益型的品牌推广之上。因为，目前3G泡泡所有服务都是免费的，收费不是目的，而且3G泡泡将在未来一两年内将继续免费下去。”3G泡泡现在的目标看起来也算不得多高：让玩家记住，这是3G泡泡要做到的，使3G泡泡成为手机上网的代名词。

李晋吉认为：在大用户量的基础上，有品牌的基础上，有完善的产业链、产业模式的情况下，企业能挣钱，无论是从广告里，还是从用户里，都能得到很高的利润。2008年中期开始，大部分的竞争对手实际上已经不存在了，只有少部分的也跟李晋吉的差距已经很大了，比如说2～3倍以上的差距，李晋吉才开始对用户小规模的尝试收费，现在这一块表现还非常不错，3G泡泡收入大部分来自收费业务。在早期考虑赚钱的话，风险投资人都不是为了前期赚钱，而是更希望5年、10年以后，手机游戏成为一个大的产业的时候，投资的公司能够盈利非常好。在手机移动互联网里面，做一个Wap站点也好或者Wap产品也好，想占有一定的市场份额，现在所需要的投入一定比几年之前到要好多倍了。李晋吉现在已经取得了一定的成绩，虽然没有钱，但还是很有价值的。李晋吉看到中国还没有一家手机广告公司上市，在日本，有五家上市公司，最小的一家只有12个人。如果中国有一家手机广告公司上市，那就是他了。

第十六章

“敢想敢做”戴跃锋：**线上经营路线**

“看准一个事情就去做，但是要考虑两点，最好的结果和最坏的结果，如果说你都能接受的话，哪怕你用一辈子去做也没问题，关键是能不能接受它最坏的一个结果。”

“我们要去的地方，不是我们要找的地方，而是我们要创造的地方。”

“只有当你只剩1块钱吃饭的时候，项目还能做起来，这个创业项目才是一个好项目。创业最重要的不是钱，是思维。人家投资你，只是促进公司发展的速度，而不能靠投资救命。”

“任何人获得的成就与物质，都不是个人的，是社会的。每一个人最终都将为社会进步付出了自己的生命，不管你是否同意，事实都将是这样。因为人死的时候，带不走任何东西，你创造的一切，都是社会的。”

“我的建议还是先上班三年，再考虑创业，创业真的不是件简单的事。”

——戴跃锋创业寄语

小传

戴跃峰 男，1982年出生在湖南农村。读小学五年级的时候，他发现隔壁村商店里有一种糖果，这个糖果在自己村里没有，他就把糖果买回来，让他弟弟去卖，可以赚一个5分钱的差价。从小学一直到高中，戴跃峰说他从来没有敢主动跟老师说过话，上课的时候害怕老师叫他回答问题。戴跃峰说："我就把头埋到书下面，生怕被喊到戴跃锋你来回答这个问题，很害怕的，一旦被老师喊到，几乎就全身发抖的那种。"有一次他却主动的与班主任说事了。戴跃峰说："初二的时候，学校发蛔虫药，学生吃了之后打蛔虫。因为我爸是赤脚医生，我就知道这种药比较贵，两块钱一粒，当时我们班有很多女孩子就不愿意吃这种药，发完了以后还剩了很多，我就偷偷摸摸找班主任，编了一个故事，我说我家里怎么怎么着，要用这个药，班主任就给了我六粒，我就拿回去给我爸，之后就赚了12块钱。当时我挣这12块钱，我自己没有受益，我只是说我看到这个东西，我觉得这个东西可以卖钱，很原始的那种想法。

戴跃峰在大学勤工俭学时，刚开始做家教，后来有人给他介绍另外一份家教时，介绍人收了50元，对此戴跃峰算了一笔账：做家教一小时15元，也有20元的，但是介绍人介绍一次就要收取50元，于是他决定做家教中介，还让朋友做了一个海报摆在书店门口宣传。戴跃峰说他做家教中介比较好的时候大概是一个小时就赚了一台手机。沉默寡言的戴跃峰从小到大就散发着生意人的精明。

2003年大学毕业后，他到学校做起行政方面的工作。度过了15个月低工资而又闲闷的日子后，戴跃锋辞职了。2005年7月，戴跃锋从学校辞职，开了个做咨询的小公司，他脑子里总想着赚钱的事。

戴跃锋现在的身份是御泥坊公司总经理，农村出生的他一直以农民自居。戴跃锋认为，他的企业属于生存型创业，因为生存走上了创业之路。他与合作伙伴——创业失败过三次的"三创"吴立君结识缘于淘宝网湖南淘友首届交流会上，他们在淘宝网湖南商盟开盟大会上看到湖南省隆回县滩头泥浴公司的"御泥坊"护肤产品，然后经过查阅有关资料，共同了解和分析，最后他们俩决定承包这个品牌产品的市场销售权，做起了代理商。2008年6月12日他们又并购了御泥坊品牌及加工基地。创业之初只投入了3万元，现在公司身价已经达到1500万元。

戴跃锋说，现在网上购物的主力军年龄是在23～37岁的女性，这个群体对护肤品的需求非常旺盛，而且她们也更愿意尝试新鲜的产品。创业需要机遇和资本以及缜密的思维，选择合适的创业项目，后边的运作就全靠自己的智慧和运气了。

● 创业故事

在淘宝上发现网络赚钱的门道

在湖南邵阳农村长大的戴跃锋喜欢自称农民，“农民小戴”是他喜欢的网名，他坚信农民也可成大业。“农民小戴”与电子商务的结缘，至今让他觉得不可思议。“那是我在淘宝上第一次卖东西——一部自己用了一年多的索尼爱立信手机。”

2004年的一天，“农民小戴”不经意地把自己用了一年多的索尼爱立信T68手机放到淘宝网上出售，并标出“680元”的高价。“没想到居然一下就卖掉了，而且买家竟然没有还价!”这种意外收获的刺激，让“农民小戴”意识到互联网是一个赚钱的门道。

2005年初，戴跃锋开始在网上倒腾二手笔记本电脑。生意很简单：备上一两台货，把相关图片放到淘宝的店铺上去，就行了，甚至“顾客看货之前先给我打电话，我临时到电脑城进货也来得及”。生意越来越好，慢慢地一个月能卖10～15台二手笔记本，一个月能赚几千元钱。2005年7月，戴跃锋从学校辞职出来自己给自己打工。但是，“毕竟是二手的东西，想进一步往大做，没有太大的发展前途。”2006年9月，淘宝网商大会在杭州召开。怀着许多的疑惑，又有些许梦想的戴跃锋第一次来到杭州。“在那样一个场所，听到了很多信息，看到有些拥有自己品牌的卖家，做得很不错，很是羡慕，也很心动。”

诚意换取网上代销权

“那是2006年10月，在一次湖南商盟淘宝卖家沟通会上，我第一次见到‘御泥坊’，就被她打动了。”戴跃锋说，“我之前从没有听说过湖南竟然有自己品牌的化妆品，这不正是我要找的商机吗!”担任淘宝湖南商盟盟主的戴跃锋是湖南商盟淘宝卖家沟通会的主持人，而由湖南隆回县滩头泥浴公司开发的“御泥坊”护肤产品，是作为会议赞助产品出现的。“我觉得这个产品不一般，回去专门搜索了相关资料，才知道她不仅曾作为贡品上贡给慈禧太后，还有文件记载在民国初期更远销欧美和日本，至今半成品每年仍出口到日本、韩国等国家。"

戴跃锋立即下决心要承包这个品牌的市场销售，做网上代销。起初，当时"御泥坊"的老板根本没热情接见他，只是一名市场经理出面礼节性地沟通一下，转机在"御泥坊"公司老总到长沙参会时出现了。"这位老总和镇党委书记住在一个酒店，我就争取去拜会。"当时，这位老总也不是太在意网络销售，戴跃锋又不能承诺一年做到几百万元的销量，谈判陷入僵局。此时，镇党委书记替戴跃锋说了话，他说："你自己网络销售反正没怎么做，让别人做，给别人一个机会的同时等于给自己一个机会。"就这样，生意谈成了，戴跃锋做起了"御泥坊"的网上总代销。2006年11月，戴跃锋正式代理了御泥坊的销售，最初只有3款产品——两款洗面奶和一款面霜。经过近4个月的筹备，戴跃锋的御泥坊淘宝网店于2007年3月8日正式开业。

成功找到品牌包装的关键

戴跃锋成功找到了品牌包装的关键——挖掘滩头御泥的文化内涵。御泥坊因曾作贡品上贡朝廷并深得慈禧太后喜爱，故此泥被称为"御泥"。而且，滩头矿物泥浆是世界独有的矿体，这类产品有不可复制性。戴跃锋还搜集到三个精彩的历史传说为御泥坊产品找到了三大卖点：功效的神奇性，历史的悠久性，独特的民族性。第一个故事是祭泥仪式，产品生产地在隋朝时建镇，有着1500年的历史，一直以来，这里都保存着一种奇特的祭泥仪式，每当开春时，村民们围着篝火载歌载舞，把滩头泥抹满全身，达到辟邪驱病的效果。这个故事充分说明了，滩头泥的历史文化内涵和对人们生活的影响，也可以证明中华民族是很早就利用泥石来防病、治病、美容的民族。第二个故事，是有关白蛇传的传说，白蛇传的故事也跟滩头泥扯上了关系，戴跃锋利用民间故事对产品赋予了传奇的文化色彩。 第三个故事，因为滩头泥的神奇功效，得到了慈禧太后的御封。

一次，淘宝商城组织一场化妆品团购活动，国际品牌、国内名牌等几十款化妆品同在一个页面进行团购促销，御泥坊试探性地用一款矿物面膜参加了这次活动。展示在御泥坊面膜旁边的是国际知名的品牌面膜——兰蔻面膜，两者价格相差不大，但销售结果让人感到惊讶！大名鼎鼎的兰蔻销量是26件，御泥坊这个初出茅庐的品牌，竟以261件的10倍销量让兰蔻失色。

正式开业3个月内，御泥坊的销售额突破了70万元。2008年底，御泥坊淘宝旗舰店的卖家信用升至双皇冠，这意味着不到两年时间，御泥坊的网上销量超过4万件。

“线上御泥坊”

2007年12月24日，“御泥坊”荣获2007年度淘宝网化妆品终评榜最佳面膜奖。2008年6月，戴跃锋并购了御泥坊品牌及位于湖南隆回的加工基地，原先的总经理情愿担任副总经理。2008年12月，“御泥坊”荣获淘宝网年度化妆品终评榜最佳控油面膜奖及最热卖单品TOP10。

戴跃锋尝试开发网络代理店铺，让代理御泥坊的商家共同发财致富。淘宝上代理御泥坊的全国卖家达到30家，一个“线上御泥坊”的销售渠道显露雏形。

2008年，先后有几家风险投资机构找过御泥坊，有机构愿意分三期注入资金，总投资1500万元，条件是占51%的股份。拒绝是戴跃锋的唯一态度。“与风投接触唯一的收获就是，我们清晰地认识了御泥坊的价值，了解了我们团队的价值，但我们会按自己的思路继续前行。”戴跃峰说：“当时，有很多风险投资找过我，最后给我们钱的不是风险投资，是我们当地的一个企业。”戴跃锋认为，自主品牌的美容护肤产品有着更光明的未来。“对那些‘90后’的人群，他们不相信权威，相信时尚、流行，相信网络，这对在网络成长起来的品牌，意味着广阔的前景!”

想做中国护肤品牌的“网上屈臣氏”

2006年与“御泥坊”的一次“偶遇”，让戴跃锋认定这是可以作为一生事业的创业机会。多年来，从不被当时“御泥坊”公司老总接待的青年人，到代理商、合作伙伴，最后竟通过成功并购，成为“御泥坊”的老板，戴跃锋的淘宝创业历程堪称一个传奇。“马云做的是电子商务平台，我的角色就是一个卖家，一个专业的网络品牌分销商。”

如今，原料取自湖南隆回县滩头矿物泥浆的“御泥坊”，在淘宝网上已成为排名第二的中国网络化妆品品牌，按照2008年几家风险投资机构的开价，戴跃锋持有的公司股份价值已经超过1000万元。戴跃锋的自主网络品牌分销梦想日渐清晰：“我想做中国护肤品牌的‘网上屈臣氏’。” 作为华人首富李嘉诚旗下产业，屈臣氏集团是全球最大的保健及美容产品零售商和全球最大的香水及化妆品零售商，销售自有及全球知名品牌的保健、美容、香水及化妆品。

★★★★★ 财富密码

敢想敢做

被评选为"2009年全球百强网商"的戴跃锋，凭借互联网的力量，凭借自己独具慧眼的判断力，在淘宝网开店，由小到大，由弱到强，由代理经营到自主经营，在网上做泥巴生意，使"御泥坊"这个鲜为人知的化妆品品牌成为网络上的知名品牌。普普通通的泥巴，在戴跃锋的手里，却成为了金泥巴。在戴跃锋身上，我们看到了网上电子商务的独特魅力，看到了我国互联网发展的无限商机，更看到了网商称雄的精彩案例。

对于戴跃峰来讲，第一，他本身就觉得自己的社会地位比较低，所以他能放下身价去做很多的事情。第二，他是一个行动派，他想到什么立刻就开始去做，比如看到邻村有卖的糖果自己村里没有，就买来去卖，赚取差价，想到剩余的蛔虫药可以赚钱；想到家教中介利润更好等等。第三个特点就是他的创造性，他的不服常规，他总是在创新，他做家教中介也要做海报宣传。创业者一定要有创新的精神，但是还有一个是最重要的是天生的对于财富和金钱的敏感性。

盈利模式

线上经营路线

淘宝大学校长刘博认为，戴跃峰是在淘宝网上发展成功的网商，很有代表性。他们是从线下品牌做起来的，通过线上发展成功，并吞并了原来的品牌。御泥坊在线下的知名度并不高，但网上人气很高，是网货品牌。戴跃峰很勤奋刻苦，并不断学习。

在戴跃锋看来，御泥坊产品本身独特的原料配方以及历史底蕴是它与其他产品区分开来的最好特质，尤其是在如今追求自然健康的大环境下，这个产品一定会大受欢迎。坚持这样的信念，戴跃锋充分发挥过去几年在网上经营的各种经验，逐渐琢磨出了一条被他自己称为“线上经营路线”的模式。“利用网络，不仅实现了信息发布，更重要的是客户能够将她们的使用体验直接反馈给我们。”戴跃锋谈起一次“大手笔”的免费赠送活动：“一次免费赠送9000份面膜，只要用户通过支付宝支付一分钱，我们就包平邮，如果支付6元钱，那我们就负责快递送货上门。”他说，“虽然这9000份面膜的成本再加上邮费，我们总共花费了几万元钱，但是网络这个平台让我们的产品直接送达到了真正的潜在消费者手中，如果我用这几万元钱去电视台做广告，几秒钟就没了，效果还不明显。”通过这次活动，御泥坊获得了很多用户的反馈，不少人直接成为了他们的顾客。此外，由于采取了一分钱试用支付宝，不少原本对网上购物的安全性有所担忧的用户也大胆地用了一次网上支付，这样一来，御泥坊也间接地培养了用户网上交易的习惯。

最大的开支是大规模的广告轰炸。戴跃锋说：“御泥坊2008年在淘宝网上投了150多万元硬性广告，还有20多万元的公关费。”如今，御泥坊产品已在网上打开了销路，坚持走“线上经营”的他们自然想到通过网络来选取代理商，由此来扩大销量。不过，想当他们的代理商并不容易，需要考试，淘宝店要三钻以上。“这个品牌我们已经付出了很多心血，因此我们对代理商的选择会很严格。”戴跃锋说：“这个考试是希望那些想成为御泥坊产品代理的店主能有一个清晰的经营思路，相互理解，这样大家才有共同合作下去的前提。”

第十七章

“平和”赵宁：网站的盈利主要靠硬件厂商的广告

“要保持好心态，无论做什么事情，心态都是首要的！”

“我的创业目标促进了我的学业。”

“能把网站发展成什么样，是要靠自己努力的。”

“一个网站的制作水平很重要。”

“想创业的网友把钱花在刀刃上是最重要的。”

——赵宁创业寄语

小 传

赵宁 男，生于1982年，毕业于北京联合大学电子商务专业，北京华宁远志网络公司CEO，2000年注册域名“中关村男孩”，2003年注册成立华宁志远公司，后将网站更名为“非常在线”。

赵宁从小是一个淘气的孩子，并不是一个好学生，他学习不是很好，小学就经常有蹲班的危险。初二赵宁开始上一个私立学校，那时候还是不认真学习。不过赵宁虽然从小很淘气，但是他一直认为自己将来一定有出息。那时候赵宁得知北京初中上高中的录取比例是1/5，也就是5个学生才能有一个上高中，而那时候规定只有高中学生才能考大学，得知这些消息后，赵宁就立志好好学习了。不过赵宁从小的学习成绩太差了，根本不可能一年初三就能考上高中，所以，赵宁在上初三前就给自己安排上两遍初三。第一年让理科达到优秀，第二年让文科达到优秀，这样，赵宁最后考上北京化工学院附中。赵宁从小有趣的事情很多，比如二年级就开始接家里220V的电源了。保险丝坏了，接个插座，这些活赵宁二年级就开始做了，而且，赵宁现在还很奇怪当时为什么家里人还都很放心。

赵宁上大学后就自己住了，那个房子厨房特脏，没有装修，赵宁就说要自己装修。去买瓷砖、水泥、903胶、橡皮锥，还借来冲击钻、陨石机。赵宁就用簪子把原来的旧墙砖和地砖给砸下来，然后用水泥贴瓷砖。本来在寒假中间开始的，最后开学了还没弄完。赵宁那时候在河北廊坊大学城住校，每周六周日回来的任务就是装修，别看厨房小，用了21箱磁砖，而且还要改电，改上水，改下水，改煤气管道。怎么干了这么长的时间呀？其实，主要就是赵宁一个人干的缘故，要是像装修公司那样2～3人一块干那效率要高很多，一个人干连搭把手的都没有。赵宁记得那时候，周五中午放学，做大巴从廊坊回来，然后回到家就是贴瓷砖，和水泥，泡瓷砖，有的瓷砖还要裁。厨房的墙还不平，所以水泥抹的特厚，还不好干。干了两天，应该周日晚上返校，赵宁就继续干到周一早上凌晨，然后周一早上5：30就出门，坐轻轨换乘地铁到北京站坐到大学城的BUS，到学校下车跑上教室8：30正好打铃，然后再用全是水泥的手戴隐形眼镜，戴上后眼睛总是红红的，最后厨房终于装修完了，看着自己劳动成果很高兴，周日很早就去学校了。可是第二天就是“非典”了，马上就放假回家了。

其实，赵宁是一个希望面对挑战的人，他不怕遇到任何苦难，遇到就要想办法克服。风风雨雨后，感到很有收获。有时候，赵宁跟别人说，在老板这个位置上，压力是很大的！困难是无穷的！但是赵宁要努力去克服，努力解决问题。所以，赵宁想对创业的大学生们说一说，一定要保持好一个良好的心态，不要急功近利，遇到苦难也不要逃避，顺利的时候也不要骄傲。比如吃饭，赵宁现在去地摊吃5毛的馅饼也行，去饭馆吃饭也行，去北京王府饭店吃饭也行，赵宁不会感到心态有很大的区别；赵宁骑车上班也行，坐BUS上班也行，开车上班也行。赵宁不会感到坐BUS上班就低人一等，也不会感到开车上班就牛。赵宁认为，要保持好心态，无论做什么事情，心态都是首要的！

创业故事

北京联合大学第一个因为创业而休学的人

赵宁本来打算上大学就开始对网站进行商业化运作，可是他所上的北京联合大学大一在廊坊大学城上学，没有时间做这个。无奈他只能在大一快结束时才开始了准备商业化，一边从网上招募人员，一边准备开公司。赵宁准备以10万元注册一个公司，总投资10多万元，然后召集一起创业的人员，每个人不给工资，只给一点饭费，等公司盈利后按照按劳所得的分配原则来分配收益，赵宁占51%，剩下的分给大家。刚开始召集了4个人一块去做，隔两天去趟中关村拍上几条行情。后来发现这样做不可以，现在网站竞争太激烈了，这样少的内容不会吸引别人来的。那时候赵宁就决定要休学创业了，否则一边上学一边工作肯定是不行的。

创业初期，因为赵宁的事情太多了，他的职务有站长，总编辑，网站制作与维护、服务器维护、行政事务、一些财会事务、跑业务、见客户等需要他来做。那时候网站还需要改版，换网站程序，虽然赵宁还没有学过什么网站技术，但自己也要硬着头皮做好。网站的程序有很多BUG，赵宁只学过一点C、C＋＋语言，但也得努力地熟悉ASP程序，修改程序的BUG。同时他还要去跑注册公司的事情，由于没有注册过公司的经验，还跑了不少弯路。跑了不少地方：北京市工商局、朝阳区工商局、宣武区工商局、朝阳区房产局（出房产证明）、北京市通讯局（办ICP证）、宣武区地税务局、宣武区国税局、中国银行（验资）、会计师事务所、建设银行（公司账号开户）等等。这些地方都不止去了一次，有的去了很多次。2003年10月30日，北京华宁远志网络公司正式成立。12月14日赵宁在学校申请的休学被学校批准了，赵宁是北京联合大学第一个因为创业休学的学生，学校的老师、校长还是非常支持他创业的。

创业资金

资金是制约青年人创业的最为重要的条件，没有资金，创业无从谈起。而一次家庭变故，却为赵宁留下了10万元的个人资产。尽管家庭比较富裕，但因种种原因，赵宁的少年生活过得并不如意，并不像许多富裕的家庭那样，享受着丰裕的物质生活。当一下子拥有10万元的个人资产时，赵宁并不为所动，表现出了一种同龄人所没有的成熟，将10万元置于脑后，并在以后的生活中又积累了4万元。当条件成熟时，赵宁便拿着这14万元成功创建了自己的网络公司。

创业有风险，创业需要冒险，对于资金匮乏者，资金不足怎样进行创业经营，要把握几条：

1.稳。要选择最稳当的项目，有发展前景又比较保险的行业，譬如衣、食、住、行这类循环消费较多的行业，中国十几亿人口，每天吃穿住行要花的钱可以说是犹如黄河之水滔滔不绝，先将项目锁定在这些范围内，然后进一步权衡利弊。客观来说，贸易型或创意型比较适合资金匮乏的创业者。

2.低。缺少资金千万别选择高档消费品来经营，否则后续追加的投资以及随之增加的经营成本、费用等会把你压得喘不过气来，步人恶性循环。中国还有相当一部分人没有富裕起来，瞄准这些人，经营廉价商品，薄利多销，成本低，对运营条件要求不高，是可以达到赚钱目的的。看看做小商品、便宜货，废品回收的，他们已经富得流油。

3.快。无论做什么生意，原材料或者货都要有一定的库存。进货不求多，要精，好销的适当多进，主流的货品走量，搭配的走利润，不要一味求价格低而盲目大量进货，否则，周转不灵，犹如背上包袱跑步。

从学校到中关村

赵宁天生就是个生意人，当儿时伙伴还做着“警察梦”，“科学家梦”时，他却说：“长大后，我要开公司当老板！”也许是机缘巧合，赵宁与网络结缘很早。初一时，家里的电脑升级为586，赵宁开始学上网，学着建个人主页。也就是从那时起，赵宁将自己的创业方向定在了互联网。

赵宁是那种典型的北京男孩，说话够爽快，他毫不隐瞒自己的不足：“我从小就淘气，初中的学习成绩也不太好，物理考试还得过20多分。”但突然有一天，这个让老师头疼的差生却开始努力学习了。问起缘故，赵宁的回答很实在：“我的创业目标促进了我的学业。”那段做个人主页的波折经历让他明白了一个道理，要想创业，没有知识是不行的。想通了，赵宁雷厉风行——他让爸爸买了一张汉语拼音表，贴在墙上天天看，他还将小学数学书、语文书统统买回了家。

2000年，高三生赵宁用“中关村男孩”的名字注册了域名，这是非常在线的前身。赵宁是个懂得珍惜的人。他至今还在用着一个神州行号码，那是他的第一个手机号码。他的MSN上至今还保留着“中关村男孩”的拼音缩写，那是他创业的起点。

2003年6月，一直用课余时间建设网站的赵宁有了个令人吃惊的想法——休学创业赚钱。“和我一块创业的有5个人，他们已经提前租好房子开始办公了，而我却还被‘关’在大学城里。如果因为做得不好而失败的话，我心服口服。但如果因为毫无发挥空间而失败的话，我不甘心。”

等待学校审批的过程很漫长，也正因如此，赵宁至今都记得接到学校批准通知的日期——2003年12月14日。第二天一早，赵宁骑车出了家门，但这次他的目的地不再是学校，而是中关村。从高中生到生意人，赵宁的角色转变只在一夕之间。

一周的时间拉来第一个客户

创业之前，不少亲友都在给赵宁泼冷水。“一件事能否成功跟其他人怎么说没有关系，能创业的毕竟是少数，如果大多数人的想法都和你一样，那大家就都成老板了。”赵宁有自己的判断标准。为积累人脉，赵宁在创业前专门跑了一年的新闻发布会，认识了不少圈子里的人，正是这些圈里人给了他宝贵的意见。

“我不在乎别人对我的看法。”赵宁有一份自由自在的心态，他信自己做自己，走自己的路。他可以在听到“非常在线做得不错”的评价时谦虚道谢，也可以在听到“非常在线毫无特色”的评价时欣然接受。

为了创业，赵宁将积攒下来的14万元钱全部投了进去。创业是艰苦的。为了省钱，在每月租金1660元的铁皮房里办公；为了省钱，将服务器放在成本较低的天津。创业之初，非常在线的内容很少，知名度很小，无法得到客户的赞同。“那时即使是免费给厂商做产品评测，都没有人愿意与我们合作。”

赵宁创业以来最高兴的事情是“用一周的时间为公司拉来第一个客户”。那是一个专做电视卡的客户，牌子不大，当时的广告费是每月400元。现在的业务不好做啊。网络平台那么多，谁能告诉客户哪个好，哪个不好？如此之多的网络平台要进行筛选，尤其是那些免费的。人都有惯性思维，按常规的理念他们会很有针对性的选择。比如这个人是做贸易的，他搜寻的产品范围很广，如果要找新产品不会有太多的人去找个别关键词，这个时候他们是

“逛街的”。所以他们会在网站上搜索，现在有的网站域名太难记，就算有人偶尔进去看看，也会因不容易记而被遗忘。再者要看网站的“人口数量”，无论是收费的还是免费的，人口多的地方就成了闹市。创意性产品是吸引“逛街的”眼光的一个标准。当他们能够瞟你一眼的时候，这个就是暗示你他们有需求或者是感兴趣，这个时候就是看怎么去拉客户了。拉客户不能盲目，许多“逛街的”都会说，把你所有产品的详细资料给我一份，这个时候怎么办？给，不知道该给哪个，该给多少？不给就很可能就失去机会。所以应该灵活一点，要针对重点还侧面推敲，重点是他需要什么，推敲是说是否能给他点意见或者建议，让他买产品。所以应该给他点有代表性的，款式新点的每款2～3个的详细报表！

万事开头难，但赵宁还是做到了：“我相信自己一定能挺过那段日子。想要创业，就要有不服输的精神。”

在模仿中创新

赵宁的创业比较早，从小就开始上网做个人网站。赵宁上初一的时候开始做的个人网站，跟现在的博客差不多。后来初二快结束的时候，网上出现很多硬件的网站，赵宁也挺喜欢看的。当时赵宁就想将来如果上大学创业，可以做这个，所以赵宁是从初三开始就做这个网站。最早网站的名字叫“中关村男孩”，后来到网站商业化的时候改名为“非常在线”。赵宁觉得目前非常在线有很多需要改进的地方，最主要的可能有两点：一个是模仿，一个是创新。模仿是说可能在他做非常在线之前这类的网站就有很多，它们有很多优点值得赵宁学习。创新就更难了，像赵宁做网络硬件很长时间了，大概有七八年了，这在互联网上可能算比较长的历史了，所以很多做得比较成熟。其实很多人跟赵宁说，你要去创新。刚开始创业的时候没有去创新，刚开始很难定位，因为毕竟是刚刚从大学校园出来直接休学没有任何工作经验，所以刚开始做网站主要是模仿，当然，模仿也是有着相当的“技术含量”，决非易事。如果真的动了巨头的奶酪，他们会举起大棒，高高地举过头顶恐吓你，而你也只好作罢或付出高额的专利费用。但聪明的模仿绝不是简单地照搬照抄，而是在原来好的基础上有所改进，有所提高。模仿贵在创新，非常在线发展到现在，也应该进行一定的创新。赵宁也在考虑非常在线将来的发展方向。

外界一直以来都批评中国互联网市场依靠着模仿西方互联网来谋求发展，但这种说法并不公平。毕竟要在这样一个规模巨大且非常特殊的市场中生存下去就必须要不断创新。互联网的创新已经不再是发达市场企业的专利。中国从互联网的繁荣中学到了知识和经验，中国的互联网市场已然非常拥挤，所以就不可避免地会催生新技术和新的商业模式。

逐个研究大厂商

为了网站的生存，赵宁琢磨必须找大厂商。大厂商看不上怎么办？他想通过免费测评的方式来吸引大厂商，和大厂商免费合作。

决定下达以后，公司的工作人员每天的工作就是打电话，不停地打电话。但是，效果并不明显，“我们的网站太差了，厂商大多看不起我们。”提供免费评测这一招不灵，但赵宁已经别无他法，只能强攻。赵宁一边和其他硬件网站交换友情链接，一边逐个研究大厂商的情况，当时整理出来的客户资料有几百个，他们继续挨个打电话。功夫不负有心人。终于有几家大公司接受了他们的请求，愿意做免费测评。三四个月以后，赵宁公司的电话频繁地响起，电话咨询的大厂商渐多起来，网友的反馈也逐渐增多，对网站评价越来越高。

大客户销售模式是重点销售模式，由于客户的需求变化，大客户销售模式也发生很大的变化。我们面临非常多的竞争和成本不断变化的压力，如何利用整合渠道的效率从而完善提高大客户模式的销售效率，如何进行销售规划的制定，如何进行大客户队伍的建设，都是比较实用的技巧。大客户关心的是能否提高生产力，能否提高办公效率，技术是否先进，花费是否物超所值，产品是否可靠（产品，个人及公司）。因此，协同大客户开展增值业务是合作的基石。

时机成熟，赵宁开始主动出击谈一些大单。2004年9月，公司实现了盈利。

定位准确

无论是在赵宁之前，还是在他之后进入硬件网站行业的，已经有不少人失败而归了。之所以自己还“活”着，赵宁将之归结为定位准确。他说，“这个行业讲究的就是排队，或者说是论资排辈，我的位置站得比较好，准确地站进了最后一梯队。”赵宁总结道：要了解自己在行业中的地位，做事不能盲目，不然，很快就会被其他人替代。

赵宁说，这个行业越来越不好做了。“冯军之所以叫‘冯五块’，就是因为他100块钱进的机箱加5块就卖，能保证立即结账。现在的运作不一样了，100块钱进的东西五十块钱卖，都可能拖着不给你钱。”

美格曾经是赵宁公司的一个客户，推出19英寸液晶电视，售价1199元。行内人都知道，这样的价格连成本都不够，卖一个赔一个，但还是得“赔本赚吆喝”，撑销量。有一次，赵宁去南方见一个显卡厂商，同样，产品成本100元，售价99元，就是为了占有市场，市场的混乱给网站选取真实信息增加了难度。

赵宁非常明白，按照原来的老路走，一定是死路一条。所谓老路，就是像“滚雪球”那样，慢慢积累客户资源。他一直在探索新的方向。有一次，一个厂家新出了一款电脑硬件产品，外面带有玻璃涂层，开始定位家用，销量一直不好。厂家找到赵宁，希望他能提一些好的建议。赵宁仔细研究了产品设计，发现问题出现在产品定位上，他建议改走网吧，效果果然不错。后来，这家厂商成了赵宁网站的广告客户。

对于公司目前所处的位置，赵宁心里非常清楚：“我是属于低级别的。”他说：他的竞争对手不是别人，而是自己。就像考级一样，考几级就是几级，别人考几级跟你没有多大关系。大家都凭实力发展，发展到哪个级别就是哪个级别。他一再强调：“能把网站发展成什么样，是要靠自己的，我的网站不会永远是小规模。”

不服输的精神

赵宁觉得创业性格很重要，首先要有不服输的精神，还要有坚强的意志，因为可能最初创业的时候是很困难的。“不服输”的精神实际是一种无形的力量，让人不断的进取，不断的进步。一个人“不服输”他会成为一个强者；一个团队“不服输”，这个团队会越来越强大。有人说，人生是苦涩的，从降生到死亡都是在为生活奔波；有人却说，人生是甜蜜的，可以把幻想变成现实。其实，人生跟人的态度有关，积极的人觉得世界永远是光明的，人生是充实而甜蜜的，并用心经营着自己的人生。消极的人，每天都在等待上天的赐予，只是按部就班过生活，不求上进、浑浑噩噩的过着永无目标的日子。不服输的性格成就了赵宁的选择。

有人问赵宁是不是觉得自己的处境很不好，因为刚开始创业的时候网站内容很少，访问量很少，知名度很小，客户不认可他们。甚至最早跟厂商做产品评测都是免费的，厂商都不愿意合作。刚开始肯定很难，但是赵宁觉得这些没有什么，可能从小经历的比较多。赵宁觉得他的性格不光是吃苦，也享过一些福，因为家里有一段时间经济状况好一点，有段时间差一点。好的生活、差生活都经历过，韧性已经比较强了。创业要有平和的心态，刚开始创业的时候用启动资金开始创业，最早的时候肯定是赔钱，付出很多成本。始2003年年底赵宁刚开的时候，一个月成本也要将近1万元左右，但是实际收入很少，可能也就几百块钱，换句话说每个月将近赔1万元，但是赵宁没有着急，就是一直坚持着做。赵宁有自信，他觉得钱赔光之前能够盈利，而且有这个意志带领团队坚持做这个事。赵宁没有全职的上过班，创业经验很少，所以刚开始创业的时候付出了很多成本，这也是一种学费，也是一种必然。因为赵宁没有工作经验，创业肯定要付学费的。

把钱花在刀刃上

赵宁认为，如果初期创业资金不是很多，成本是能省就省。他最早在中关村创业租了海淀桥那儿的房子，房租是1660元一个月，一年差不多2万元，这在中关村很便宜了，但是觉得不是很值，因为这种网站公司在哪儿不是最重要的。生存是第一位的，但是不是说所有钱不应该花，比如最早做网站的时候用虚拟主机，后来访问量超了，这个成本不能省，马上拿钱买服务器，这种该花的钱必须得花。最早创业的时候想的很简单，想着不用租什么房子，在家里办公偶尔在中关村看一下行情接触市场就可以了，后来发现这是错误的。因为所有的好的商业硬件网站都是有办公地点的，在家里成业余的了，所以这种成本也不可以省。赵宁觉得如果想创业的网友把钱花在刀刃上是最重要的。

在公司发展的每一步上，有限的资金必须得到充分的利用。

并不是每个花钱的人都“会花钱”。“会花钱”是花了10元钱，得到了12元甚至更高价值的商品；更有些深谙花钱学问的聪明人，花了1元却挣了100元。为你的开销做预算，每一个人都承载着他们的能力所无法满足的诸多欲望，你只能满足其中的很少一部分。只要仔细研究、分析你的生活习惯，你就会发现，有一些你曾经认为必不可少的开销，其实恰恰可以免除或减少。把钱花在刀刃上，把你花钱的效率提高到100%。该花的钱不花，那叫缺位；不该花的钱乱花，那叫越位；把钱花在刀刃上，那才叫责任。在日常生活中，人们都在力求做到勤俭持家。公司经营要想取得更多的利润，节约每一分钱，实行最低成本原则是非常必要的。著名企业都非常注意降低成本，节省每一分不必要的开支。

我们可以发现，那些知名的企业是怎么从省钱的过程中赚钱的。勤俭经营，严格控制成本，节约每一分钱，把钱花在刀刃上，这是对每个创业者的基本要求，做到这些，就不用担心利润了。

出现Web3.0不稀奇

赵宁觉得Web2.0相对于Web1.0让用户更加的主动化。他觉得Web2.0出来丰富了网络观看的方式，是一个很好的技术。Web1.0和Web2.0都不是最终的结果，还在发展。网络最早的Web1.0是有什么内容让用户看什么，Web2.0更多的是互动，网摘、博客、其他的订阅等等，都是让更多的网友交流。将来可能还有Web3.0、Web4.0，随着时间的推移只能说是一个循序渐进的过程。越往后发展，越让网友觉得很容易接触到互联网，使更多的人参与到互联网中，增加了网络的交际面和广度。

Web 3.0一词包含多层含义：用来概括互联网发展过程中可能出现的各种不同的方向和特征，包括将互联网本身转化为一个泛型数据库；跨浏览器、超浏览器的内容投递和请求机制；人工智能技术的运用；语义网；地理映射网；运用3D技术搭建的网站甚至虚拟世界或网络公国等。Web 3.0是针对Web 2.0提出的，当可缩放矢量图形在Web 2.0的基础上，大面积使用——所有东西都起波纹，被折叠并且看起来没有棱角——以及一整张语义网涵盖着大量的数据，网民就可以访问实用又好用的数据资源。Web 3.0是一个真正的公共载体，专业、半专业和消费者的界限越来越模糊，创造出一种商业和应用程序的网络效应。

创业中遇到的困难

赵宁刚开始创业遇到很多的困难和问题，但是这不要紧，赵宁的原则就是发现问题就马上解决。

1.在中关村没有办公地点

在刚开始的问题就是大家都是兼职在做，在中关村也没有办公地点，这样肯定不行。所以赵宁2003年12月就决定要租个办公室。赵宁的同事路鑫去中关村找房子，都很贵的，最后终于找到在硅谷旁边的一个很老的三层简易楼的一间15平方米的写字间。就这样房子也要1660元每个月，一年2万的房租，电费还是1元一度。但是没办法，这基本上已经是在中关村最便宜的了，只有租下。冬天暖气不热，屋子里像冰窖，我们在顶层；夏天就像桑拿。就在这样小的办公室最多的时候10个人在上班！

2.网站空间不稳定

最初，赵宁用的是虚拟主机，而且从1000多元一年的，升级到3000多一年的还是不行。最后决定马上去租用独立服务器，否则影响下一步发展。赵宁最后选择了一个P41.6志强*2、1G ECC内存、36G SCSI、1000M网卡的2U服务器，带宽为100M共享的，速度应该还是比较满意的。一个月的租用费是1300多元。

3.没有客户资源

赵宁他们是一群没有任何背景，没有客户资源的大学生创业者。在最早开会的时候，赵宁跟大家说："咱们硬件网站主要收入靠广告，可是咱们都不知道厂商谁负责广告？厂商的市场部的联系方式都是什么？"当时也没办法，就想出很土很慢的方法，就找报刊、杂志、网站上有广告的厂商，然后打电话问。直接问不好，就用免费评测这个借口来联系人家，刚开始没经验，每天打了很多的电话，才联系到一点点厂商资源。那时候网站太差了，厂商很多都看不起赵宁，连免费评测的机会都不给，遭到的白眼赵宁都习惯了。最后通过了半年的努力，才把所有大厂商的情况弄清楚，整理出来的客户资料有几百个公司，当然现在整理的就更全了，而且随时保持着更新，基本上所有能叫出名来的厂商现在都有联系了，只是有的联系深刻一些，有的肤浅一些。

4.没有行业经验

一个网络媒体的成功，一定需要一定量的访问量作为基础的，需要很大的知名度。可是当时赵宁并没有什么网站推广经验，宣传方面看来做得很不够。当时赵宁为了推广就做了这些：在所有大的搜索引擎登陆“非常在线”网站，跟很多硬件网站交换友情链接，跟平面媒体合作，印上网址（跟《电脑迷》《电脑爱好者》《电脑报》都有合作），见到人就推荐网站），在《电脑报》还做过三次广告，跟门户网站签订转载协议，转载文章。刚开始感觉这些就足够了，但是事实证明这还差的很多，这只是最基本的。刚开始赵宁做网站3个月了，还不认识一个同类媒体的人，后来通过QQ等途径，认识了一些别的网站的人，慢慢媒体的朋友认识多了，人家才知道赵宁。做好硬件网站，首先要提高在圈内的知名度，才能让外面的网友知道。

5.网站制作水平不行

网站基本上是由赵宁一个人来做的，其他的人负责文章内容。一个网站的制作水平是很重要的。因为赵宁没有学过美术和网站设计，这些东西都是从小玩出来的，所以刚开始的网站就像个人网站。而且赵宁也没有能力编写后台程序，后台程序都是低价格买来的。赵宁一个人做，非常耗时间，尤其第二版的后台程序BUG特别多。那时候赵宁一天睡不了几个小时，早上8点起床，一直工作到凌晨4点。中间除了去楼下买几个烧饼吃，还有去了几趟厕所，就一直在全力地工作，一干就是一个月。

6.市场竞争非常激烈

赵宁之所以在大二就选择休学创业，是因为他意识到这个市场已经开始成熟，给新硬件网络媒体留下的空间越来越小，如果不马上去占领，恐怕就没有这个机会了。北京的硬件媒体尤其如此，北京有几十家硬件网络媒体，做得好的，发展好的是少数的。刚开始做困难比较多，别人的公司的实力比赵宁强，人比赵宁公司的多几倍，本来竞争就不在一个起跑线上。赵宁只有自己拼命努力。

★★★★★ 财富密码

平和

赵宁说自己是20岁的年龄40岁的心态。赵宁的脸上有一种冷静，有一种憨厚，有一种诚实，还有一种稚气，但言语之间，赵宁确实流露出一种同龄人少有的少年老成。这种比同龄人更为成熟的心态，来自于他不同寻常的少年生活。从小因为赵宁父母忙于工作，很少管他，培养了赵宁独立的能力。这种独立的能力让他在创业之中遇到问题时，不是首先想到去找父母求助而是自己想怎样解决，这也使他看清了市场的残酷。他说，市场讲实力，不讲人情。创业做事要符合市场规律，要保持好的心态，无论做什么事情，心态都是首要的！

成熟的人适合创业，但不是自己想成熟就能够成熟的，是经历让人成熟的。赵宁认为大学生创业需要有一种平和的心态。平和是待人处事的一种态度，也是创业的美德。平和的人，有包容的胸襟，厚德载物，能屈能伸，处事方圆得体，待人宽严得宜；平和的人，有冷静平和的内涵，其玄机在一个"静"字，"猝然临之而不惊，无故加之而不怒"，冷静处人，理智处事，身放闲处，心在静中；平和的人，乐观世事。表面平凡，实则内聚，心中有坚石般的意志，胸中有经世济邦之策。平和的人，执著热情而不做作，忠诚而不虚伪。内不见已、外不见人，施恩于人出于真诚，而非沽名钓誉，信奉"君子坦荡荡，小人长戚戚"，光明磊落，诚心示人。平和既是一种修养，又是做人做事方法。平和的人，从不被忙碌所萦绕，闲时吃紧，忙里偷闲。宽严得宜，分寸得体。

有些创业者过于自信或自负，过于故步自封，听不进去别人的话，不能学习别的企业的经验，他们的企业和模式就不会成长。创业者的心态非常重要。成功都是偶然的，都有运气的成分在里面。成功是熬出来的，成功最重要的因素是时间。一个新创企业走向成功并不是一帆风顺的，会走很多弯路，越过很多陷阱。创业者对未来发展要有一个平和的心态，不要把公司的目标都定为要融资，要上市，要发财。

成功学大师拿破仑·希尔说过这样一段话："人与人之间只有很小的差异，但是这种很小的差异却造成了巨大的差异！很小的差异就是所具备的心态是积极的还是消极的，巨大的差异就是成功和失败。"对于一个创业团队而言，经过艰难困苦，产品进入市场，但是三个月没有开张，公司的"开门七件事"却一样不少。随着企业现金流量减少，人员开始出现不稳和流失，创业的核心团队心态降至低潮。出现这样的情况很不幸，需要立即调整心态。一旦出现问题，应该冷静面对，认真分析，逐项解决，决不能由于某个环节上出现问题后产生浮躁情绪而怨天尤人，或者只找客观原因，忽视主观检讨。心态调整的结果就是对待每一件事都从容不迫、专心致志，避免急躁消沉。

对于一个创业者，需要拥有好的心态：

1.归零的心态：归零的心态就是重新开始，不管原来做的多好。

2.学习的心态：需要虚心向先行者学习，避免了盲目的摸索时间。

3.付出的心态：付出与收获是一种因果关系，只有付出才能收获 。

4.合作的心态：合作是一种境界，每个人互有长短，包容不狭隘，缓缓不急躁，不能因噎废食。

5.坚持的心态：没有人能够随便成功，多次的挫败正是成功路上的指路牌。

6.平和的心态：所带来的回报会不期而至，真正做到赚钱不喜，不以物喜，赔钱不悲，不以己悲。

盈利模式

网站的盈利主要靠硬件厂商的广告

赵宁投入全部精力运营起自己的硬件网站。硬件网站是专门介绍硬件行情、价格变化等信息，并发表一些有关硬件技术的文章，网站的盈利主要靠硬件厂商投放的广告。

所有在网站上的广告都是要付钱的。很多网站没有集中的访问人群，这就会影响广告的效果，所以也就没有很多广告。网站都要从专门针对一部分人群的小网站做起，世界上现在知名的门户网站都是由二、三个人从一个特定领域慢慢发展起来的。此类网站特点是内容丰富，站长们希望通过内容来吸引游客从而增加流量，主要靠广告收入。站长们要做的主要是如何使自己的内容更有趣更丰富，更能吸引游客。往往站长会添加一些热门话题，添加互动社区等吸引游客，留住游客。

一个网站要实现流量增加，或者持续保持高流量，除了必要的推广和炒作处，还要不断更新完善，推出新项目，以此规避发展困境！

第十八章

“成熟”邵晨：项目一定要有商务上的利用价值

“我建议大家每天早晨照镜子，不是看自己长得帅不帅，漂亮不漂亮，而是看比昨天成熟了一点没有，能否具备承载金钱和大任的能力。”

“‘80后’的人一定要有社会责任感，做的事情也要诚信踏实。”

“我希望我们能利用新技术新工具开发出对社会有价值的产品平台。”

“我坚持踏踏实实做项目，不要仅仅为了人气。项目一定要有用，有生活、商务上的利用价值。”

“把工作再做扎实一些，做出更稳定的收入模式，稳步扩张。”

——邵晨创业寄语

小传

邵晨 男，1981年出生于四川成都，在网络圈里号称“西南王”。他做过的13个网络项目，大多成功，且在西南市场占有率很高。19岁，创办中国第一家空调门户网站；22岁，在杭州“套”回48万元人民币，在张朝阳的期许中将眼光放远；25岁，他推出网络社交平台“密密麻麻圈网”，创办中国首家融互联网、传统媒体和DM杂志为一体的互动消费平台，为城市居民提供吃喝玩乐全方位、全折扣的快速消费通道。

邵晨的中学时光是在成都市青白江区大弯中学度过的。那时，他整天跟一些有钱的孩子泡在一起，泡吧、抽烟、喝酒，肆无忌惮地消耗青春时光。一天夜里，一起玩的同学提议吸K粉，那一瞬间，邵晨突然感到害怕！他悄悄地溜出了夜场，拦了一辆出租车直奔青白江。呼啸的风，宁静的夜，邵晨怔怔望着江边一片黑压压的树林，泪水竟然流了出来。第二天中午，邵晨下课，走到食堂附近，那群同学冲了过来，不由分说扯住他的头发，狠劲厮打。夜店他的不辞而别，显然意味着一种背离，是这个小团伙所不能容忍的。周围的同学都胆怯地跑开了，唯独一个柔弱的女生没有避开，大声叫门口的保安，他们才匆匆散去。邵晨又疼又羞，泪水满面。女孩递给他一沓纸巾，鼓励他说：“你是男子汉，别这么没出息！”邵晨至今不知道这个女孩的名字，但是，她的那沓纸巾和离去时的身影，让他下定决心，一定重新开始自己的生活。那几年，他疯狂地爱上体育运动，高中毕业时以田径特长生的身份，被四川大学特招。

2003年暑假，邵晨正读大二，他被精彩的网络世界所吸引，并且很快得到一试身手的机会。当时邵晨的父亲是某空调公司西南区市场经理，正与某公司商谈合作建立一个空调制冷网站的方案，但在价钱上双方没有谈拢，对方坚持建设一个动态网站需要2万元费用。回到家里，看到父亲愁眉不展，邵晨问明原因后，居然轻松一笑，说：“爸，这人黑你呢，价格太高了！干脆我来给你们做网站！”父亲眼睛一瞪：“你会做？你学汉语语言的，跟网络科技风马牛不相及！”邵晨说：“咱们赌一把，您给我1.5万元，我保证搞定。相信我！”父亲半信半疑，但是协议顺利达成。接下来的时间，邵晨全身心地投入到网络世界，策划制作动态网站。为了测试宣传效果，他将策划好的公司系列产品图片和说明，发到阿里巴巴、中国制冷之窗等网站，并在网页上留下父亲所在公司市场部的联系方式。没过几天，父亲的业务电话量大大增加，邵晨也大受鼓舞：看来行业网站大有前途！

创业故事

中国第一个空调行业门户网站

邵晨找到好友——四川电子科大的网络高手龚强和杨毫，又诚心诚意邀请到空调制冷专家王良伟教授，同时加盟的还有成都的设计师郑叶良，共同搭建起中国第一个空调行业门户网站——中国制冷在线。

然而，天有不测风云。两个月后，网站运营不善，资金链断裂，邵晨拿着精心设计的企划书四处奔波筹钱，凭创意打动了四川制冷协会和四川建筑设计院。两家机构共同注入了28万元资金，让网站转危为安。邵晨将内容编辑团队设在四川大学，技术团队设在四川电子科大，市场分析团队设在成都理工大学，队伍扩大到20个人，将中国制冷在线热热闹闹地运转起来。

一年后的夏天，作为中国制冷在线的创始人，邵晨再次陷入了深深的烦恼之中。为了将网站发展起来，他邀请某大学一位副院长担任网站的CEO，并雇佣了一位媒体人为内容总监。邵晨和他们在经营思路上发生分歧，他们希望更多依靠自身的社会资源圈钱，而邵晨更想创建一整套市场机制，持续地赚钱。无奈之下，邵晨决定退出。退出那天，他提着笔记本电脑走出办公室，心情如同丢了孩子的母亲一样，失魂落魄。

意外发现浙江都市网

无奈退出中国制冷在线后，邵晨决定去趟杭州，那里有他最崇拜的马云和阿里巴巴。那里也许能给他低落的心境带来转机。不久，邵晨就来到阿里巴巴的杭州总部，大厅里刻着醒目的一行字："让公司有一片蓝蓝的天，扎扎实实的地。"这句话让邵晨眼前一亮：自己不也希望能够打造这样的公司吗？他再次肯定了自己过去的选择。虽然邵晨没有见到马云本人，但认识了阿里巴巴的不少员工，一个个年轻朝气，充满激情，做事高效简洁。

邵晨学习归来后，决定重新创业。他在网上寻找商机，意外地发现浙江都市网，这是一家专门提供吃喝玩乐服务的网站，是浙江的第一门户网站!邵晨大感兴趣，开始认真研究其盈利模式：网站主要以提供大量生活信息获得高点击率，利润来自会员费和广告费。通过网上搜索，邵晨得知西部还没有任何一家雷同的网站，如果把这个模式复制到成都，市场潜力巨大！他马上开始预算启动资金，心头又冷了——启动资金至少需要40万元。自己有一颗勇敢的心，迎难而上！邵晨再度赶往杭州寻求资金。遭遇了一连串的拒绝之后，邵晨还是找到了杭州一家公司，并以中国制冷在线前任CEO的身份求见公司老板李总。“李总，您知道浙江都市网吗？” 对方回答：“当然知道，都市网是我们浙江的网络第一品牌。”邵晨笑着说：“您说在成都建立一个同样性质的网站，是不是大有市场呢？”接下来，他详细阐述了自己的想法，滔滔不绝，热诚无比。李总终于开口了：“需要多少启动资金？”“前期投入48万，后期视经营情况而定。肯定能赢！” 邵晨的语气很自信。李总拍拍邵晨的右肩：“好！你把网站的详细策划书拿出来，我们再进一步谈合作！”一个月后，投资到位，顺利进入正在筹办的“成都都市网”的账号。不出所料，网站一经开创，很快吸引了3000多名商户和数万网民加入折扣服务体系，其中最多的是娱乐夜场和美食两大板块。为了活跃网络人气，邵晨还操办起了“成都粉子”(成都美女)评选活动。他已经意识到，成都与美女、生活质量、时尚的紧密联系，正是都市网蓬勃发展的基础。2005年初，成都都市网开始赢利，并且跻身全国都市网前四强。对此，邵晨用一句话总结：“做网络有一句话很流行：不赚钱的网站是可耻的！”

不久，搜狐总裁张朝阳来到成都，专程来到“成都都市网”。一个在校大学生，手下却拥有着几十位成熟的IT销售行业的精英，这让他有些感慨：“我刚开始创办sohu的时候，都没有这阵势，后生可畏！”张朝阳的欣赏，给了年轻的邵晨很大动力。他紧紧握住张朝阳伸过来的手说：“但愿我有一天能赶上你！”

推出“密密麻麻圈网”

传统的网络已经足够强大：提供内容资讯的，无人可跟新浪、搜狐等大网站相比；从事电子商务的，也无法跟阿里巴巴等网站相比。但这些网站都是以网站为中心，而不是以人为中心，属于被动接受式。

2005年3月，邵晨又有了新想法：成都都市网的地域限制太明显了，缺乏向外拓展性。他花了很长时间研究其他网站的成功经验，探讨新形势下的商业模式。邵晨想：自己能否将网络与人的关系，变成人与人的关系呢？不如创建一种全新的互联网模式，将人的口碑融入消费信息，再将消费信息融于口碑，将不同的消费者织成一个密密麻麻的网！后来，邵晨正式在成都推出新型网络社交平台“密密麻麻圈网”。短短数月即吸引了一万多成都网民，建立了“成都粉子”、“同城约会”、“食字军”、“夜成都派对”等100多个圈子。各个圈子的会员定期聚会，消费指向性强，活动结束，网站又开设专区让会员进行聚会服务点评，扩大了商家的口碑效应，这种模式让很多成都商家兴趣大增。同时结合网站，邵晨创办了《我的生活搜索》DM杂志，并与一些平面媒体和立体媒体合作，全面跟消费者和商家互动起来。

传统网络是接受式，而WEB2.0更加互动。实际上我们的生活已经开始全面互动化了。“密密麻麻圈网”做的就是把生活互动内容落到实处。“密密麻麻圈网”提供的消费信息已覆盖20多个领域，配合DM杂志的开拓，建立消费俱乐部等，已成为最受成都年轻人欢迎的网站之一。通过合资运作，“密密麻麻圈网”相继落地重庆、广州、杭州，全国会员数量已增长到30万，其营收规模和扩张速度在中国同类网站中居前列，并在四川web2.0概念网站中首批实现大规模盈利。

★★★★★ 财富密码

成熟

邵晨曾建议自己的员工、同事：“我建议大家每天早晨照镜子，不是看自己长得帅不帅，漂亮不漂亮，而是看比昨天成熟了一点没有，能否具备承载金钱和大任的能力。”

成熟似乎是一件十分残酷的事情，它代表了青春的流失。但是，走向成熟是人生的方向，况且，一种平和的人生属于成熟人生。成熟不是市侩和庸俗，成熟也不是偏执。一个人走向成熟是艰难的，成熟总是和人生的挫折联系在一起的，需要时间与代价的付出。通往成熟的道路，没有终点，只有过程。成熟是相对的，成熟不是不犯错误，而是能不能真正从错误中吸取到教训。成熟需要一个健康的自由的社会环境，需要个人独立的判断能力与适时的自我反省。成熟并不排斥纯真，真正的成熟是理性、智慧、纯真与道德的统一。一个人的言行举止，甚至通过一件小事往往都反映着一个人的心态与修养。

适度的否定自己是一种成熟。学会适度的否定自己，是走向成熟的必要条件，也是成熟的一个标志。认识自己并不简单，否定自己同样困难，人最容易自以为是和固执己见。有句话说的好，我们最需要改变的可能是我们最坚持的东西。可是，人们往往认为自己总是对的，把傲慢当作成熟，把固执当作个性，最后只能是后悔。

学会宽容是一种成熟。宽容不仅象征成熟，宽容更是一种境界。狭隘的心从来不会宽容，他们偏激、暴怒、盲目行动、疾恶如仇，而且自己却屡犯不可“宽容”的错误，他们追求完美，却并不明白自身所存在的缺憾。生活的阅历、生命的体悟，人生的缺陷，构成了宽容的基础。宽容别人，也是宽容自己，这体现了对人性缺陷的包容和理解。因此，宽容不仅是一种成熟，也是智慧。

重视简单是一种成熟。从思维的角度讲，成熟的标志就是对“简单”有了新的认识和理解，不再把简单看作简单。真理是简单的，而这简单的真理就是在日常生活当中。离你最近的地方，路程最远。最简单的技术，需要最艰苦的练习来掌握。

成熟，意味着一个人真正踏上了人生的正轨。成熟，需要失去一些，得到一些，还要保留一些。你生活着，你创业着，或许烦恼，或许快乐。成熟后，你会发现，原来生活是不简单的。

面对困难，接受挑战，这才是真正的成熟。

盈利模式

项目一定要有商务上的利用价值

所谓商业模式，也叫赢利模式，是回答企业靠什么样的运作方式去获利，就是解决钱从哪里来，到哪里去的问题。邵晨算了一笔账："圈网"在一个城市的活跃会员若达到1万人，每人的吃喝玩乐若有3000元/年，按10%的返还佣金计算，网站就有300万元/年的进账，10个城市就是3000万元/年。"目前已有几家风险投资公司对此颇感兴趣，眼前最重要的是尽快把现金流规模做起来。"

所有的商业本质都是一样的，从年销售额几百亿美元的跨国企业，到街头的水果小摊，在经营活动的本质上都会涉及到商业的本质因素——现金流。所谓现金流，指一定时期内流入企业的资金与流出企业的资金之间的差额，所有的企业都需要一个正向的现金流。现金流与其他几个元素：利润率、周转速度、资产回报和业务增长等，是所有企业赚钱的基本因素，构成了一切商业活动的躯干。经营现金流是所有财务报表中最重要的指标之一，它记录了企业在销售商品、提供劳务、购买商品、接受劳务、支付税收等活动的现金流动情况，也就是反映了主营业务的现金收支状况。经营现金流记录了企业的经营现金收入，反映了企业自身的造血功能。经营现金流在短期内容易出现波动，比如在快速增长时期，经营现金流为负数是预料之中的事。对多数企业而言，经营现金流一般应为正数，并在较长的时间跨度上呈逐渐增长的趋势。如果经营现金流连续几年为负数，则企业的生存能力就有问题。现金流的稳定和快速，决定了资金的利用率和最终的回报。它放大了资金的杠杆效应，资金流的快速运转，使公司可以比同等资金规模的公司做更大的业务。

第十九章

“坚忍不拔”杨健：**寻找赢利区**

“把自己的优势找出来，找出社会上有需求的东西，但别人做不出来而你能做出来的东西，这就是你创业的高起点。”

“如果一直都是一帆风顺，很可能会被突然到来的困难所击倒。”

“大学生创业真的很难，但一旦选择就要坚持，要义无返顾地做下去。”

“产业处于起步期，实际上就是机会，你在产业萌芽状态，处于起步期的时候进入这个行业，你就会有一个跨越式或者爆炸式的增长。”

“自己对未来是否有规划，也就是你将来想做什么，现在该做什么，每一个阶段都是需要努力的。”

——杨健创业寄语

小 传

杨健 男，1982年出生，“大学生创业之星”。杨健是大连海事大学的法学研究生，同时也是身家超百万的公司老板。他在创业刚有起色时，选择到西部支教；他在公司濒临破产时，选择了坚持。他一度“摔得头破血流”，当再次站稳创业的脚跟时，他告诫年轻创业者：创业是条坎坷路，做出选择时一定要慎重考虑。

杨健从小到大都是学校的优等生，参加高考，保送研究生，再到考取博士，一直名列第一名，很多人觉得杨健走上创业之路也会一帆风顺。但和大多数开始创业的年轻人一样，杨健也经历过刻骨铭心的失败。念大二时，杨健和同学合伙开办一家校园网站，做着凭借互联网一夜成名的美梦。“那时候看互联网看丁磊做起来了，张朝阳做起来了，甚至最近大连理工大学有个海天网，海天网也拿到了几十万的投资，但实际上做了这么多年，创业过程中梦想最大的是网站，这几个创业项目中亏本最厉害的也是网站。”

2005年3月，杨健多方筹资百万元创立了大连思洲公司，然而由于没有广告收入，网站运营追加投资巨大，公司刚起步的3个月就亏损了40多万元。最难的时候，连工资都发不出来了，但是有个信念就是一定能成功。此时的杨健面临两个选择：回头干专业本行，或者冒着血本无归的风险继续开公司。杨健选择了后者，并开始重新审视自己的创业定位。

2008年下半年，杨健将原大连思洲公司的互联网业务、文化传媒相关业务与大连奥远集团进行股权置换、重组，并购了几家公司，将这些公司整合成为大连奥远集团文化传媒事业部，并担任总经理职务。不久，杨健又在山东烟台注册成立了一家专门从事动画制作的公司。

创业故事

"第一桶金" 2万元

杨健不仅通晓海商法，还掌握了计算机网络知识。大二时，杨健到一家律师事务所实习，很多同学在实习证明上盖完大红章后便转身离开，而他却主动留在事务所里实习了半年。杨健协助律师打赢了一场价值5万余元的官司，赚到了2万元的律师费，他利用这2万元开办了大连海事大学首个学生学习网站——"启航网"。大三时，杨健创立了"星期八"网站，并陆续将自己赚到的钱投资在网站上，一时间，"星期八"网站日访问量达到了20多万次。

就在事业蒸蒸日上之时，杨健做出了令人不可思议的选择——到青海当志愿者。"当时的想法就是，用一年的时间，做一件终生难忘的事情。"

盲目转型无钱支付租金

2005年3月，正在读研一的杨健通过政府提供的少量贷款以及从朋友处获得的融资，用100万元注册了大连思洲信息科技公司。在公司起步的3个月内，公司亏损了40多万元。谈起这次挫折，杨健说，那时的自己"太狂，太浮躁"，"买个老板台能花1万多元，还没产生营业收入呢，先去讲排场了。"

无奈之下，杨健开始代售电脑，在网上出售珠宝首饰，代售景点门票。"贪多嚼不烂"，这一转型不但没有扭亏，反而使"星期八"网站人气下降，并一度导致网站资源丢失。在公司创建半年后，杨健租用的写字楼到期，而他手头的钱根本无法支付下半年的租金，公司濒临倒闭。

仅保留核心业务

"啥都搞，啥都搞不好，最终弄得焦头烂额。"在困难面前，杨健义无返顾地选择了坚持，他迅速将各种边缘业务从公司剥离，收回被套住的资金，仅保留互联网和软件方面的核心业务。“在律所的同学和我说，我们律所手上的案子多了，动不动就忘案子或者哪个流程忘了，你能不能给我琢磨一个日程提醒，或者整个办案流程的小软件。”杨健和伙伴用了半个月的时间，开发出了首套“律所信息管理办公自动化系统”软件，并申请了国家专利。很快，公司以每周2万元的订单迅速崛起，之后，他们又陆续开发出专门面向高校的教务教学MIS系统、OA办公自动化系统，研发出“教育网内资源搜索引擎”，并承接对日外包业务。不久后，公司渐渐恢复了元气。

正如一件产品有生命周期，公司的核心业务，随着外部环境的变化，也需要及时跟进转换。但是，什么时候该对核心业务进行彻底变革？又怎样选择新核心业务？许多公司未能开发现有核心业务的潜力，便匆匆抛弃手中的核心业务，竞相追逐一些热点或诱人的新想法，结果非但未能在新方向上取得进展，反而把原先的竞争优势也断送了。

公司为何需要业务变革？想一想那些百年企业普遍经历的发展周期：一开始，它们坚持不懈地专注于自己擅长的领域；然后，在这一核心业务的基础上进行扩张，以谋求发展；再接着，当现有核心业务失去发展意义时，重新制定公司战略并开始专一于新的核心优势。很显然，几十年来这种专注→扩张→重建的发展周期在不断提速。跟过去相比，如今的公司从一个阶段发展到另一个阶段的时间更短了。新技术降低了成本，也缩短了产品生命周期。全球范围内，资本、创新和管理人才的流动更加自由、快速。所有这一切产生了广泛的影响。

核心业务的成功再造有章可循，最稳妥的方法不是抛开现有的核心业务去投机冒险，而是在现有业务周边发掘出新的价值。如果你的核心业务已接近枯竭，那么你可能面临的一个巨大诱惑就是，冒险彻底放弃这一业务，然后通过一起重大收购进入一个蓬勃发展的新行业。但是，公司变革的历史表明，在自己的后院寻找变革机会，胜算会更大。“照亮”公司的各个“黑暗角落”，找出那些可能形成新核心业务的资产，接着对这些资产进行评估。它们有没有可能给你带来明确的、可衡量的差异化，使你不同于竞争对手？它们能否给你的客户增加实际价值？它们能否帮助你获得一个稳定的利润区？你能否获得其他必要的能力，以成功实施业务再造？对公司老板来说，学会评估无形资产，并满怀信心地逐步建立新的核心业务，正日益成为工作的重点。

投资动画片《鼠氏三国》

杨健投资的《鼠氏三国》在韩国KBS电视台播放，它是杨健的动漫团队为国外制作的第一部动画片。涉足动漫这个新兴产业，源于2007年杨健为长春电影制片厂制作网站，他对国内动画片制作和市场需求之间的反差感受非常深。“中国动画片年产量大约是十几万分钟，一年的需求可能达到四五十万甚至五六十万分钟以上，就是说市场提供的量和需求量完全不成比例的。”尽管自己所学的专业和动漫并没有直接关系，杨健还是毅然决定投资百万元在烟台开办一家动漫公司，起初他也和其他众多动漫公司一样，以分包订单为生计。后来，杨健想方设法找到发包方，并以免费制作样片等方式获得了对方的信任。杨健原先做分包有利润，现在他能拿到3倍于从前的利润。

动漫产业是以创意为核心，以动画、漫画为表现形式，包含图书、报刊、影视音像制品、舞台剧等产品开发、生产、发行以及与动漫形象有关的服装、玩具、电子游戏等衍生产品生产和经营的产业。因为有着广泛的发展前景，动漫产业被称为“新兴的朝阳产业”。动漫产品本身有巨大的市场空间，而动漫产品的衍生产品市场空间更大。中国目前每年儿童食品销售额为人民币350亿元左右，玩具每年的销售额为人民币200亿元左右，儿童服装每年的销售额达900亿元以上，儿童音像制品和各类儿童出版物每年的销售额达人民币100亿元。在某种程度上，这些行业今后的发展与行销都有赖于动漫这一新兴产业的带动作用。以此类推，中国动漫产业将拥有超千亿元产值的巨大发展空间。虽然我国动漫产业近年来发展迅猛，但依然存在着产业链条不完整，商业模式不清晰等制约产业发展的问题。

★★★★★ 财富密码

坚忍不拔

创业者从无到有，从小到大，一路走来肯定是充满了曲折艰辛。这里头包含的种种挫折和失败，跌倒后再爬起。创业从来都不是悠闲的，也无法一劳永逸，甚至处处有迷雾和陷阱。创业是一个不断解决困难、闯过一个个阻碍的过程。创业是能力和机遇碰撞的结果。创业遇到困难，不能怨天尤人，不能迷失方向，需要用坚忍不拔的精神，坚持到底。需要学习成功者的经验，听取智者的建议，不断完善和调整创业的方法，走好每一段路。很多企业是在通过很长的时间才能够慢慢熬成一个比较让客户接受的产品，或者达到一定的销售规模。这个过程当中可能会碰到很多挫折，没有一个企业在成长过程当中不经历一点风浪，但是很重要的就是要坚持。企业发生停滞，或者遇到很大客户口味的改变造成产品不能够被市场接受，这个时候当然有巨大的考验在创业者身上，要不要改变你的方向，或者做业务上大的调整，但是最重要的是要坚持下来。几乎所有的成功者回过头来，都会对曾经的苦难发出感叹，对磨炼出的坚韧精神由衷感谢！

追求是创造的动力。青年人应始终保持创业激情，不断追求更高目标，不断探索未知世界，不断获得创新成果。历练是成长的阶梯。青年人敢于在社会大舞台上闯荡历练，以坚忍不拔的创业精神，来适应这个适宜创业的时代。

盈利模式

寻找利润区

当今商业领域中的首要问题就是赢利问题。在你所处的行业里，哪里能让你赚钱？当今的利润区何在？明天的利润区又将转移到何处？为何有的公司能逐年创造持久、高额的利润？为何他们总能先于竞争对手发现该行业不断变动的利润区？为何其他公司因为固守传统经营之道进入非利润区而受挫？公司的核心要义是产生利润，在利润区之内，持续和高额的利润将为公司带来巨大的价值。

寻找利润区，必须具有“以客户为中心”的思维。“以客户为中心”，更确切地说是“以价值客户为中心”。

任何一个经过长期发展的企业都不可避免地经历着这样一个从以产品为中心到以客户为中心的经营模式的转变。传统经营模式是以产品为竞争基础。企业关心更多的是企业内部运作效率和产品质量的提高，以此提高企业的竞争力。随着全球经济一体化和竞争的加剧，产品同质化的趋势越来越严重，产品的价格和质量的差别不再是企业获利的主要手段。企业认识到满足客户的个性化需求的重要性，甚至能超越客户的需要和期望。以客户为中心，倾听客户呼声和需求，对不断变化的客户期望迅速做出反映的能力成为企业成功的关键。因此，企业的生产运作开始转到完全围绕以“客户”为中心进行，从而满足客户的个性化需求。

第二十章

“个性”沈子凯：**特许加盟**

“只有发挥自己的优势，创业才易成功；只要发挥自己的优势，坚持下去，创业就能成功。”

“创业者最需要拥有破釜沉舟的决心。”

“火柴在城市有市场空间，缺的是艺术性和品质感。”

“创业初期是艰辛的，实施起来困难重重，想成功必须有承担挫折和失败的勇气。”

“我们最大的资本就是年轻，因为年轻，才有更多可能。”

“创业中有困难、痛苦，但也充满快乐，快乐大于痛苦。趁着年轻去体验和享受这种痛苦与快乐，在这个过程中寻找自我价值和实现自己的理想，我们就不会后悔。”

——沈子凯创业寄语

小 传

沈子凯，出生于浙江杭州的一个普通家庭，父亲在机械厂上班，母亲在家里开着小三轮做点运输生意，家里还有个弟弟在浙江大学读书。沈子凯2004年因为一个品牌的梦想，开始了3次创业。第一次做产品，以失败告终；再做广告公司，小有成功；2007年还是因为梦想，毅然把亲手创立的公司交给别人，开始了纯真年代的创业历程。经过2年的努力，在全国主要景区和城市开设了30家专卖店，并且在全国拥有了300多家的经销商，创造了一个目前市场规模达5000万以上，远期规模达1个亿的全新市场空间，为社会提供了近800个就业岗位。

2007年6月，朋友送给他一盒漂亮的火柴，一盒黑色上面用特殊工艺印着花纹的漂亮火柴，做工精细，完全打破了沈子凯对传统火柴的印象。火柴具有很好的收藏性，是世界上第二大平面收藏品，现在城市里已经买不到火柴了，火柴有它的特有的价值，它隐藏了人们对那个纯真年代的美好回忆，同时它也应该是很好的礼品，因为送火柴就是送"财"。2007年7月，沈子凯正式注册了纯真年代艺术火柴商标。加盟店和经销商网络的铺开，为沈子凯带来了更多的生意。许多无意中走进艺术火柴专卖店或在精品店购买了产品的顾客，转身变成了新的加盟者。

创业故事

三次创业

沈子凯是一个对美有极致追求的人。“我们这些生在20世纪80年代的人，看了大批国外的漫画。小时候看多了，手痒，就想着自己画画看。也是在这时候，发现自己对美的东西似乎有种特别的触觉，再加上我是学设计的，对美的创造和鉴赏能力是我的优势。我认为：只有发挥自己的优势，创业才易成功；只要发挥自己的优势，坚持下去，创业就能成功。”从2004年算起，沈子凯有3次创业经历。

第一个创业项目是沈子凯和同学一起想设计开发一个日用杂货为主的品牌，他们在一个陈旧的二层小楼里开始了创业的梦想。“那里很安静，墙面的灰都脱落了，门窗还是老式木质的，屋顶盖着青瓦，下雨的时候可以听到叮咚叮咚的雨声，天气放晴就会有大片阳光洒进来，迷人极了。”那段时间，他们不眠不休地讨论，做创意，画图纸，文具、服饰、日用杂货……都是他们试验的对象。“我们通过再设计的做法，给普通的东西赋予新的内涵和概念。当时对于这种再创造，国内还没有非常成功的例子，这么大的一块市场被我们看到了，我感觉世界就属于我们！”想法是好的，但都是在电脑上，想要变成实物，根本办不到。面对庞大的资金需求和推广、销售经验的缺乏，最终没能成功。但这不到半年的创业过程，却教给沈子凯很多。“产品定位是关键，目标消费人群在初期应有个大致定位。前期的市场考察，产品如何生产，生产出来如何销售，都是创业前该做的准备，最起码要想清楚。”

第二次创业时，沈子凯跟朋友合伙开了一家广告公司，主营房地产策划和相关平面业务。“我的合伙人在管理上很有一套，我只管设计和策划。”“我是个内向的人，不善言谈。现在能跟顾客顺畅沟通，主要得益于那段时间的锻炼。”

“纯真年代”艺术火柴是沈子凯的第三次创业项目，能取得商业上的成功，他觉得跟前两次创业经历积累的经验密不可分。“年轻是我们最大的资本，趁着年轻，就要尽最大的努力实现自己的梦想。创业路上难免遇到磕磕绊绊，失败并不可怕，关键是你从中能得到什么。”

取名“纯真年代”

为给火柴取一个好名，沈子凯想到了安徒生写的《卖火柴的小女孩》，想到了童年，想到了那个年代，于是“纯真年代”诞生了，并马上设计了卖火柴的小女孩这个商标，进行了商标注册。那时自己手上的资金不足10万元，从注册，租办公室到装修，已经没剩多少了，但是产品却一个都没生产出来。天天熬夜开发产品，总算产品都已经在电脑里了，怎么生产又成了最大的问题。目前国内火柴厂已经所剩无几，并且都是民用火柴或宾馆用火柴，根本没法做出沈子凯想要的那种品质的火柴。沈子凯没有打算进原料自己做，把盒子粘起现有的包装，机械是可以自粘盒的，但是由于火柴盒实在太小，所有的机器都没法粘，所以只能自己动手粘。刚开始沈子凯他们都是一个一个粘的，非常费事占地方，而且胶水全部都是涂在外面和手上，然后盒子和盒子就全部粘在一起了，根本没法用。必须得一个一个自己粘才行，但这显然没办法进行规模化生产。沈子凯找到了一位老师傅，在他的帮助下，学到了粘火柴盒的新技术，生产效率一下子提高了10倍。

产品做出来，接下去就是推广和销售。那时所剩的资金非常有限，沈子凯用自己所掌握的技能做了纯真年代的品牌网站，撰写了一些有关火柴文化、品牌概念的宣传文字，慢慢有客户打电话进来咨询了。

网络营销

在创业初期，网络营销对于个性创意产品来说是适合的销售手段，它有成本低、传播快的特点，而且极易被从事创意产品经销的商户发现，艺术火柴的目标客户也多是网民。由于资金有限，沈子凯选择利用网络这个平台来销售。

2007年10月，“纯真年代”正式在网上开店。同月，沈子凯迎来了自己的第一个客户：一张不足600元的订单。沈子凯说：“订单数虽不大，意义却很大，这标志着我们的产品真正进入了市场。”有了销售收入，沈子凯开始完善企业的营销网络。

在浙江绍兴步行街上，沈子凯开设了第一家直营店——“火柴故事”。红色打底商铺内的各色标语是吸引人们眼球的关键，这类有意思的标语同时也出现在店内销售的“纯真年代”艺术火柴盒上。

如今，“纯真年代”的一部分经销商、代理商来自网络，“纯真年代”网站的点击率平均每日能破千。沈子凯及其销售团队通过QQ聊天的形式来管理其客户群，确定发货时间和数量等。一切都在网上完成，大大提升了效率，节约了成本。

跳河救火柴

2008年1月，北京有了代理商，首次拿货1万元，沈子凯日夜赶工把货给赶出来。当时发货为了省钱，都是找三轮摩托车拉的。沈子凯的邻居家停着辆三轮摩托车是平板的，刚好放下所有货物，在摩托车后面用根绳把三轮车的车把绑住，然后用摩托车来拉，沈子凯的助手小吴在三轮车上把方向，沈子凯则在前面骑摩托车。到发货的地方需要经过一座小桥，桥坡有些坑坑洼洼。上桥的时候摩托车速度快点冲上去，因为三轮车装满了货，车子的重心往后移，车把手已经难以控制方向，加上桥面坑洼，车子就失去了控制，冲出了桥面，连车带货带人都下去了。幸好桥下堆满了垃圾。大多数货都被甩到了河里，有些还在岸边上东倒西歪的堆着，马上把还在岸上的货给搬到了路面，看着一箱箱的货都慢慢飘到河中央去了，就拿根竹竿去挑。几十千克重的箱子根本动不了，沈子凯马上把鞋子和外套脱了，身上的棉袄还没来得及脱就纵身跳到河里。那时是冬天最冷的时候，平均气温在零下5度以下，一些靠河岸的箱子还好弄，但有些已经飘出河边10米远了，手上的竹竿一点用都没有，只能慢慢淌过去。越是往外淌，水越是深，到后来，水已经没到脖子了，那时就感觉呼吸异常困难，浸湿的棉袄让身体变得非常沉重，沈子凯只能大口呼着气。总算最后一箱货被沈子凯够到，并慢慢推到岸边。到了岸上，把箱子里面的水都排出来，产品外面都是有防潮塑封膜的，所以有些稍微打湿点的产品，水并没有渗到里面去，这时有一个开车的朋友正好经过，沈子凯就让他马上把这些浸湿的货送到厂里去。厂里帮沈子凯生产火柴的员工和他老婆看到好不容易赶出来的货变样了，都忍不住哭了，沈子凯也心酸的只想掉眼泪。沈子凯马上组织大家把货都拆开来，好的和坏的都区分开来，该晒的马上晒，幸好那几天天气干燥而且还有很好的太阳。最后核算了一下，因为抢救及时，才损失了不到1/4。沈子凯马上跟客户讲了发生的事故，也没敢说掉到水里了，就说车子出了车祸，发货要延迟2天，客户也表示理解，最后把货安全地交到了客户的手里。

★★★★★ 财富密码

个 性

沈子凯创造了怀旧艺术品牌“纯真年代”，以复兴中国火柴文化为发展理念，以不断创新和个性化的创意为核心价值，用高品质和有趣的产品点亮生活，用火柴点燃了新商机，开拓了新市场。

“纯真年代”主要销售的是20世纪七八十年代的怀旧文化，迎合现代社会消费者普遍存在的空虚、孤独和在网络时代人与人之间的冷漠感。沈子凯为他们提供一种独特的氛围，一种文化，一个产品，他们可以找到属于自己的纯真年代的回忆，找到温暖，找到生活的乐趣。

在城市生活里，你已经很难再买到火柴，而沈子凯则提供了这样一个选择：你要玩酷，玩时尚，除了买ZIOPP，还可以选择使用沈子凯的火柴，享受点燃火柴时的那份优雅与时尚。

作为礼品，沈子凯的火柴有很强的送礼价值，火柴的“柴”与发财的“财”谐音，符合中国人的传统祝福风俗。送火柴就是送财，火柴燃烧的时候又有红红火火的印象，给人以积极向上、蓬勃发展的感觉。送礼时，与香烟名酒搭配更能体现送礼者不俗的品位，往往能给收礼者带来惊喜，解决了现在送礼缺乏个性，没有新意，甚至送了礼都让收礼者记不起礼是谁送的尴尬。火柴定位于小礼品，并且有喜闻乐见的特点，即使你不抽烟，收到火柴自己玩玩也是蛮有趣的一件事情。

火花是世界上仅次于邮票的第二大平面收藏品，具有近200年的历史，是收藏家非常喜欢的一种收藏品。火柴封面的设计基本上可以反应一个时代的特征，打开一部火柴史，基本上是一部动人的历史画卷。虽然火药是中国人发明的，但火柴发源于西方，所以传到中国后，被称为“洋火”。早期的火花反映了在帝国主义侵掠下的中国的苦难。1949年建国以后，国内火柴工业蓬勃发展，出现了百家争鸣，各地分据的局面，很是热闹，但是随着打火机的出现，火柴开始消失了，目前残存的火柴厂寥寥无几，完全失去了当时的盛况。以至于现在火花收藏的没落，因为人们找不到火柴了。沈子凯为热爱火花收藏的人提供了非常好的收藏途径，精美的印刷工艺和设计水平，内容包含了新时代、网络文化、时尚潮流背景下的新的内容，是可以代表多元文化下的文化延续和再生。具有非常好的收藏价值。

艺术火柴的市场主要在两类：一个是旅游市场，另一个是城市市场。旅游市场主要客户群体是游客，理由是游客来旅游本身就是来消费的，而且对于一些有特色的产品特别感兴趣，而沈子凯的产品是符合旅游商品特点的。城市市场主要是一二级城市和旅游城市的核心地段，特点是城市文化休闲程度高，消费能力强，城市建设完善，有较好的消费和商业氛围，是全国人口的聚集地。

盈利模式

特许加盟

沈子凯的产品定价都不高，一般以10～20元的区间为主，从价位来看是大众化的。但从火柴、杯子这些日常用品来讲这个价位又是高档次的，所以这样的价格定位无疑需要沈子凯走品牌化、小众化的路线。沈子凯对合作伙伴，承诺普通经销商不少于100%，专卖店不少于150%，代理商不少于200%的盈利空间。加盟店和经销商网络的铺开，为沈子凯带来了更多的生意。

特许加盟（连锁）恐怕是当今商业界最流行的经营方式了。开展特许加盟业务的公司也遍布各个行业和各个角落。特许加盟是特许人与受许人之间的一种契约关系，根据契约，特许人向受许人提供一种独特的商业经营特许权，并给予人员训练、组织结构、经营管理、商品采购等方面的指导和帮助，受许人向特许人支付相应的费用。

特许经营是特许方拓展业务、销售商品和服务的一种营业模式。特许加盟是利用自己的品牌、专有技术、经营管理模式等与他人的资本相结合来扩大经营规模的一种商业模式。特许加盟对特许人来说，是技术和品牌价值的扩张，经营模式的克隆而不是资本的扩张。特许加盟是一种双赢的商业模式，只有使特许人获得比他独自直营更有效率的发展，让受许人获得比独自经营更多的利益，特许加盟才能进行下去。特许加盟是一种智能型的商业组织形式，特许加盟使特许经营人能够最充分地组合，利用自身的优势，并最大限度地吸纳广泛的社会资源，受许人则降低了创业风险和时间、资金等创业成本。

第二十一章

“人脉”董思阳：**人脉就是财脉**

“建立超强的人脉支持系统。”

“把握好坚持与转换的尺度。”

“只要你能想到的，并且相信的，终将可以成为现实。”

“创业是梦想家＋实干家的冒险游戏。”

“创业者要具备领导力和拥有一颗包容心。”

“你要想创业，团队很重要，创业绝对不是一个人的事情，所以你要找到适合的团队。团队是否有互补性，团队是否有共同的价值观，这非常重要。”

“要找到你的一到两点特专的，这是你的员工、合伙人没有的，你有。比如有些人什么都懂，但是金融就专；比如什么都懂，行销就是专。这就是你应该具备的通才里的专才。”

“我一直认为当一个正义的人、好的人就一定会很正向地吸引很多东西。”

——董思阳创业寄语

小 传

董思阳，女，美国民族大学MBA管理学硕士，香港凤博国际集团董事长，经营的项目有：房地产、酒店业、健康有机食品业。2005年7月被新加坡中华总商会评为“亚太最具有潜力的女企业家”；2006年11月被中国《海外赤子》杂志评为“中国最年轻的女企业家”；2007年1月23日在人民大会堂被中华工商时报评选为“中国最有潜力的优秀企业家奖”。

1985年8月2日，董思阳出生于山西省太原市的一个医式家庭。她的爷爷、奶奶、爸爸、妈妈、伯父、伯母甚至堂哥、堂姐都是医生。她2岁时随父母到台湾定居，因为外公外婆在台湾。在13岁时，父母为了培养她独立生活的能力，决定让她到国外留学。父亲本来打算让她到澳洲去，但母亲坚决不同意，说那里离家太远，而且都是白种人，语言不通，一个13岁的从未离开家又有些娇生惯养的小女孩，实在不能令人放心。父母考虑来考虑去，最后决定让董思阳去新加坡。原因有四点：第一，那里是世界上出了名的最安全的国家；第二，那里离台湾比较近；第三，那里华人居多，应该可以很快适应；第四，那里采取英联邦的教育体制，一样可以接受国外式的教育。就这样，13岁时，董思阳独自一人来到新加坡求学。最初的三个月里，语言不通，新加坡全部是英语授课。董思阳在课堂上跟听天书一样，而且又离开父母，她真的伤心极了，看到别的小朋友和爸爸妈妈在一起，董思阳每次都会流眼泪。她想爸爸妈妈为什么这么狠心，为什么不亲她呢？但是倔强的性格又使董思阳下决心一定要适应在新加坡的生活。她开始苦攻英语，每天都学到凌晨两三点并特意到教堂去唱诗以练习英语。终于，三个月以后董思阳攻克了英语难关，能够听懂老师讲的内容了，并且她开始成为学校里最优秀的学生之一。新加坡学校是半天授课制，而且学校鼓励学生积极参加社会实践。于是董思阳跟大多数同学一样上午上课，下午给别人做工，以赚些零花钱。

董思阳的第一份工作是做保险推销员，只做了3个月，但她学到很多东西。从一个非常腼腆的女孩变得越来越爱交际。后来董思阳又到花市卖过花，做过舞蹈教师、行销员、私人助理等等。后来，董思阳参加了成功学的课程，在课堂上老师说，要想成为企业家，必须要有自己的生意，必须要自己去创业。

于是，董思阳开始尝试做些小生意，从在校园里两平方米的饰品店做起。学习到销售、会计、做账等许多知识，后来又做了海南鸡饭的物流配送。直到做了橘树生意，赚到第一桶金大约50万新币。之后，董思阳和朋友注册了贸易公司，有了自己真正的企业。当时贸易公司只有3个员工，到如今香港凤博集团，董思阳已经拥有1000多名员工了，其间经历了无数风风雨雨以及投资失误。这些挫折使董思阳成熟，也使她越来越坚定自己的目标，就是一定要成为非常优秀的企业家，为社会做出贡献。董思阳希望自己在30岁时可以成立董事基金，去帮助更多老人、残疾儿童等等以回馈社会。董思阳致力于发展有机餐饮连锁事业，有机食品行业是一个利国利民的朝阳行业。有机食品和无机食品是相对的概念。有机食品是集无农药、无防腐剂、无污染、不破坏土壤环境等优点于一身的健康食品，它不仅对我们人类的健康有很大的好处，而且有助于生态环境的改造。

就健康有机食品的市场推广情况而言，20世纪90年代后期世界有机食品的年贸易量已达110亿美元。近年来，世界有机食品消费量都在以20%～25%的幅度增长，一些欧美国家有机食品产量占到食品总量的60%，其中美国有机食品年贸易量已经超过90亿美元。尽管中国有机食品占有率在食品市场不足0.2%，但发展速度非常快。据专家预测，未来10年，世界有机食品消费总量将达到1000亿美元，届时中国有机食品出口量将达到10亿～20亿美元，占世界有机食品消费量1%～2%，国内市场份额也将达到食品消费总额的3%～5%。而且随着人们生活水平的提高，有机食品意识、健康环保意识的增强，有机食品消费总量还会不断增长，有机食品生产也将展现出无限的商机。所以，董思阳对于自己的事业充满了信心。

董思阳觉得一个企业家未必要是全。她之前给人做工以及做小本生意的时候，所积累的经验是宝贵的，它们为董思阳组建团队，建立并管理自己的企业打下了坚实的基础。

● 创业故事

卖花姑娘

由于年龄很小，董思阳找工作时屡屡碰壁。那一天，在又一次被拒之门外之后，董思阳拖着沉重的步伐，游荡在街上。猛然间，一阵花香袭来，充满了阳光的味道，唤醒了董思阳兴奋的情绪，她抬眼望去，一盆盆兰花赫然出现在眼前。

走进新加坡最大的花卉市场，一个念头突然出现在董思阳的脑海里：不如在这里找个工作试试？正在思考时，一家花店的老板抛来一句："小姑娘，想买花啊？"董思阳随即应声道："您好，我不是来买花的，请问您这里需要卖花员吗？"老板说："孩子，你年纪还小，这份工作很辛苦的，我怕你做不来。"此时的董思阳顾不了许多，几乎喊了起来："我做得了！求求您让我试试吧，我不怕苦不怕累，绝对可以胜任这份工作！我太需要它了。"老板笑了，或许是董思阳急不可待的表情把他逗乐了，"那好吧，明天你放学后可以过来试试，如果你真的能够胜任，我就聘用你。"

第二天，董思阳放学后顾不上吃饭，就赶到了花店。卖花之前，还有一项"浩大的工程"在等着她：花店中几百种花的名称和价格，需要全部记住。这实在不算简单，好在董思阳的记忆力超群，一个下午过去已经熟记于心。在这段卖花的经历中，董思阳深刻地感受到了生活不易，她上午上课，下午卖花，晚上看书，每天只睡6个小时，而卖花的收入只有业绩的3%。但董思阳过得很快乐，因为她体验到生活是一个过程。

在卖花的过程中，她了解到沟通的重要性，不能把自己的意愿强加于顾客，而要顺应顾客的需求；她了解到维护老客户的关系的重要性，这是长久的生意。耐心卖花让董思阳有了8000元的营业额，她也赚到了240元新币，这是她靠自己的能力获得的一笔钱。

2平方米饰品店的小老板

2002年，董思阳考上了南洋理工大学，那年她17岁。

《亚洲华人企业家传奇》中的一句话吸引住了她：“拥有自己独立的生意是创业的第一步，也是成为企业家的开端。”这句话点醒了董思阳：为什么我不去创造自己的事业呢？经过一段时间的调研，董思阳决定在南洋理工的大学校园里开个饰品小店：第一，南洋理工有1万多名女生，潜在的客户量足够大；第二，南洋理工距离市区非常远，买东西极其不方便，要是能把饰品店开在“门口”，一定非常受欢迎。创意有了，选址又成了问题。最终董思阳选择在宿舍与教学楼的交叉点——这个学生每天的必经之处——租下了一个只有2平方米的货架。之后，董思阳坐了3个多小时的长途汽车，到一个小商品批发市场进货，花了800多新币，足足进了两大包。在后来进货的过程中，董思阳受过骗，赔过钱，货物还被偷过，这些让她更加明白了人性的复杂。

货源问题解决了，一切准备就绪，2平方米大的小饰品店宣告正式开张。但是，问题也一个个接踵而来。第一个星期货卖得还不错，同学们在好奇心的驱使下纷纷过来选购。但渐渐的，光顾的人数开始下降，愿意出钱购买的学生也越来越少，董思阳开始找原因。创业就是这样，不断地逼迫一个人去突破曾经不敢突破的底线，不断地逼迫一个人去思考，去创造。经过细致的反思，董思阳觉得问题或许出现在饰品的种类上，董思阳购进的大多是卡通类的饰品，外形虽然讨喜，却略显幼稚，这与大学生的身份极为不符，于是，董思阳在下一轮的进货中，改变了品种，购进了许多外形更为成熟、抢眼、庄重的饰品，果然收到奇效。当时南大1万多的女生，至少有5000人购买了董思阳的饰品，她进的饰品在校园内随处可见。一个月过去，店内的现金流出现了问题，于是董思阳自学了财务方面的知识，开始试着做流水账、日报表、月报表，还有成本核算，度过了这段短暂的危机。6个星期过后，从前的热闹已经褪去，店里又开始冷清了起来。怎么会这样呢？原来，大家普遍觉得，董思阳店里的饰品和外面价钱差不多，但种类却太少，大家宁愿到外面有更多种类的店去买。饰品店再一次面临危机，此时的董思阳已经习惯了危机的到来，变得更加从容、自信。她向学校请了5天的假，孤身一人前往浙江义乌小商品市场，希望在义乌找到新的突破。结果不出所料，义务的小商品不仅种类繁多，外形新颖，价格更是出奇的便宜，董思阳把买进的饰品装了大袋。返校后，第一天、第二天、第三天，董思阳店中的饰品不到一个小时就被闻讯而来的同学们抢购一空，很多人一次就买了十几件，有些人更是把店中所有类型的饰品买了个遍。最终，店里的生意又一次趋于冷清，因为学校的购买力已经达到饱和。董思阳只好重新选择新的生意。

人生第一次的改变

董思阳是一个被梦想怀抱的女孩子，敢想敢梦是她从小的天性，而且她也充满了无限的正义感，喜欢挑战别人不敢做的事情。从15岁开始接触社会，开始有一些实践活动，由于国外的教育是半天制，上午读书，下午就可以打工赚一些零用钱，当时由于年龄小，打工的直接目的就是赚零用钱，所以她的第一份工作就是在一个很大的装饰品卖场做推销员。

那时给了董思阳人生第一次的改变，年幼的她从一个不大会说话的女孩子，变成了一个交际高手，从不了解顾客的心理到与顾客初步交谈就大致了解顾客的需求。慢慢的董思阳发现原来这些社会实践的知识是如此的重要，而这些恰恰是在学校学习理论知识所学不到的。于是董思阳从只是为了赚零用钱的想法慢慢的变成她想在这个社会大课堂里学点经验的想法。从15岁开始就过着半工半读的生活，做过推销员、行销员、办公室助理等等，学习了生意场上最基本但也是最重要的本领，如销售、行销、管理、公众演说、推广等等。但是每学期的年终考试成绩却异常的好，原来有了实践的经验，理论的理解也相对更加容易了。

人生第二次的改变

董思阳17岁的一天，到书店随手拿到的一本书是她人生的第二次改变，当时虽然是无意拿到的这本书却完全是她人生订立目标的启蒙书，它就是《亚洲华人企业家传奇》。她记得这本书非常的厚，里面介绍了100位优秀的企业家故事，而且这本厚书的价格却是普通书的两倍，当时她也不知哪里来的这股激情，没有犹豫，马上买下了这本书。还记得当天晚上她读到了清晨3点多，第一个读的传奇故事就是当时董思阳最敬佩的李嘉诚的创业史，那天她哭了，不止一次。那本书董思阳每一页都做了笔记，几乎每一页都沾满了她感动的泪水。从17岁起董思阳终于找到自己宏伟又明确的目标了，就是成为华人史上最成功的女企业家。从17岁开始自己的想法升华，立志做一个有益于社会的企业家，并立志一定要帮助更多的人。

李嘉诚，广东潮安人，1928年7月出生于广东潮州市一个贫穷家庭。李嘉诚童年过着艰苦的生活。14岁那年，正逢战乱，他随父母避难，逃往香港，投靠家境富裕的舅父庄静庵，可惜不久父亲因病去世。身为长子的李嘉诚，为了养家糊口，决定辍学。先在一家钟表公司打工，之后又到一塑胶厂当推销员。由于勤奋上进，业绩彪炳，只两年时间便被老板赏识，升为总经理，那时，他只有18岁。1950年夏天，李嘉诚立志创业，向亲友借了5万港元，加上自己全部积蓄的7000港元，在筲箕湾租了厂房，正式创办“长江塑胶厂”。有一天，他翻阅英文版《塑胶》杂志，看到一则不太引人注意的小消息，说意大利某家塑胶公司设计出一种塑胶花，即将投放欧美市场。李嘉诚立刻意识到，战后经济复苏时期，人们对物质生活将有更高的要求，而塑胶花价格低廉，美观大方，正合时宜，于是决意投产。他的塑胶花产品很快打入香港和东南亚市场。同年年底，欧美市场对塑胶花的需求愈来愈大，"长江"的订单以倍数增长。直到1964年，前后7年时间，李嘉诚已赚得数千万港元的利润，而"长江"更成为世界上最大塑胶花生产基地，李嘉诚也得了"塑胶花大王"的美誉。不过，李嘉诚预料塑胶花生意不会永远看好，他更相信物极必反。于是急流勇退，转投生产塑胶玩具。果然，两年后塑胶花产品严重滞销，而"长江"却已在国际玩具市场大显身手，年产品出口额达1000万美元，为香港塑胶玩具出口业之冠。1963年，李嘉诚与表妹庄月明成婚，第二年生下长子李泽钜，次子李泽楷则在1966年出世。1965年2月，香港发生了严重的银行信用危机，人心惶惶，投资者及市民纷纷抛售房产，离港远走。香港房地产价格暴跌，地产公司纷纷倒闭。1967年，香港发生反英暴动，进一步使房地产市场陷于死寂。不过，李嘉诚却看好香港工商业的前景，认为香港这个商机十足的殖民地不会久乱。他反行其道，在人们贱价抛售房产的时候，却大量购入地皮和旧楼。不出3年，风暴平息，香港社会恢复正常，经济复苏，大批当年离港的商家纷纷回流，房产价格随即暴涨。李嘉诚趁机将廉价收购来的房产，高价抛售获利，并转购具有发展潜力的楼宇及地皮。20世纪70年代初，他已拥有楼宇面积600万平方米。1971年6月，李嘉诚正式创办长江置业有限公司，第二年改组为长江实业(集团)有限公司，正式在地产事业上大展拳脚，并在后来多次石油危机和经济萧条的时期，趁楼价下滑，运用人退我进、人弃我取的战略入货，结果在楼市大升时获得巨利，使手上的资金暴增。20世纪80年代以后，李嘉诚的版图再进行一系列的扩张。除了房地产外，还经营航运服务、电力供应、货柜码头以及零售等，形成一个坚不可摧，在香港举足轻重的大型综合性财团。

人生的第三次改变

董思阳人生的第三次改变是一个奇特的蝴蝶效应。那天学校刚好放假，董思阳一大早就被电话铃声吵醒了，原来是她最好的朋友出车祸了。董思阳赶紧赶到医院，见到了不小心撞到朋友的司机，司机的态度非常好，朋友也没什么大碍，她们当天就出院了，但也交到了那位司机朋友，原来他是成功学大师陈安之的弟子，司机向她们推荐了陈安之即将开办的课程，但价位对她一个正在读书的学生来说确是非常贵，3天2夜3000新币，也就是人民币15000元，当时的她当场就拒绝了，还想着去书店里买陈安之的书读也能学到知识。但这位弟子却非常的执著，接连3天不停的打电话给董思阳，并劝她要想成功就必须打开格局，而最快的方式就是参加这种国际课程，投资脖子以上的部位，进入一个循环学习的环境和系统。最后，董思阳问自己到底有多想成功？董思阳的心坚定的回答，一定要成功。于是，董思阳把那个月所有的钱报了名。从报名交了钱开始，董思阳就开始后悔了，心里其他的声音在作怪，“这个月的钱都交了学费，该怎么过呢？这三天这么短，真能改变一个人吗？”等等诸如这些奇怪的悔言。直到董思阳走进了这个课堂，走进了这个充满生机的大环境，看到了一个个优秀的企业家们，董思阳开始笑了，了解到这就是她要的环境，这真是她最正确的抉择！

经过了那次陈安之激情的演说教导，使董思阳更加坚定自己的梦想，更加坚定自己一定要成功的信念！也就是从17岁开始，董思阳爱上了学习的环境，爱上了能和众多非常优秀的企业家交流的平台，爱上了能让她不断挑战自我的机会。之后，非常优秀的国际讲师，陈安之、林伟贤等讲师的课堂上都会出现一个全场最年轻的学生那就是董思阳。通过参加一系列的国际课程，不断挑战自己的董思阳，充满了无限的活力，订立了更高的目标，成为众多企业家中最突出的一个学员。

人生的第一桶金

董思阳人生的第一桶金是通过做贸易赚来的。那年她19岁，经常参加一些企业峰会、企业论坛、贸易洽谈会等，有一些做生意的机会大家都可以交流。在一次企业贸易洽谈会上，董思阳认识了一位马来西亚的园林商，当时正是12月初农历新年马上就要来临的时候，在新加坡的华人为了讨个吉祥，几乎每家每户都买一两株橘子树，但是来自热带的新加坡橘子树非常少，每逢这时很多花园店老板就会跟周边的一些国家谈进口橘子树的事情。董思阳当时马上感觉这是一个赚钱的好机会，于是就跟马来西亚的园林商一商量，他以最低价8新币一株卖给董思阳，而董思阳又以15新币转卖给新加坡的华人，好多花园的老板看中了她那从马来西亚进口来的橘树，都向董思阳进货，就这样董思阳从刚开始的只运20株橘树到后来旺季一次运100株，短短一两个月的时间董思阳就赚了20多万人民币，那年她只有19岁。

赚得了自己第一桶金后，董思阳和朋友正式注册了公司，以做贸易为主，如进出口小型电脑装备、软件等，从中国内地到中国香港再到东南亚到北美洲等地。2005年底，董思阳的公司还做物流和人力资源调配等业务，每年的盈利额属同行最领先的。现在董思阳的企业不仅做贸易和物流，还把触角伸向房地产和酒店业，已经进军国内国际市场。

来自美国的启示

在美国一位营养师的课堂上，董思阳初次接触到有机食品知识，并认识到食用纯天然的有机食品对健康的重要性，改善人们身体健康状况的根源就在于健康饮食。在欧美等发达国家，着力倡导有机生活、普及自然医学、崇尚自然疗法、向大众群体宣传自我保健的新观念已经成为一种时尚，无机食品含纤量高、致癌等弊端也越来越为大众所认识。近年来，世界有机食品消费量都保持在30%的增长率，一些欧美国家有机食品产量占到食品总量的60%，其中美国有机食品年贸易量已经超过90亿美元。尽管中国有机食品占有率在食品市场不足0.2%，但发展速度非常快。

于是，率先在国内推出有机餐饮新理念，倡导有机生活新方式，成为董思阳努力奋斗的创举。"我要把健康带给每一个中国人"，董思阳说："这是我的初衷，正是这种强烈的使命感在支撑着我全力以赴投人有机食品产业。"在中国，有机食品产业才刚刚起步，人们只是在电视里看到过一些有机食品基地的培养开发和在一些专业的副食品商场、大型超市看到过有机食品的标签，人们对有机食品还处在一种似信非信的朦胧状态，而做专业的有机餐厅，董思阳是国内第一家，无意中也成为第一个吃螃蟹的人。

作为国内有机食品餐饮行业领头羊和开拓者，机遇与挑战是并存的。董思阳坦言，自己不是一个跟风的人，创新与挑战一直是她成长的基石。何况，对于一个拥有如此强烈使命感的产业，足以让她倾注一生。董思阳坚信，强烈的使命感才是基业长青的法宝。

人生中的一次大失误是在2005年

只有行动才能导向成功，身体力行永远胜过空谈空想。除非你开始行动，否则你到不了任何地方。机会永远是在行动中被创造出来的，坐以待毙永远没有机会！你要想比别人取得更大的成就，就一定要比别人付出更多的努力。做贸易的人永远有机会。市场上到处是资源，都在等待交易，重要的是看你的眼光和你的决断力。

有一次，董思阳参加青岛在香港举办的招商会，发现新加坡很需要护士，而山东可以组织很多的护士到新加坡务工。于是她和青岛市副市长谈，与青岛的医院和卫生学校谈。不久之后，第一批青岛的护士便乘船到了新加坡。

当然，创业中董思阳也出现过失误。"我人生中的一次大的失误是在2005年。那个时候印尼巴旦岛要开发一个工业园，希望日本、新加坡等国的房地产商进驻。他们将工业园划分为四个区：A区划给印尼当地人；B 、C区为东南亚；D区为欧美。2005年，印尼政局非常不稳，银行利率下降，本来印尼当地的银行是答应把这笔钱贷款给我们，但是印尼发生了严重的洪涝灾害，于是决定把钱抽走，给本国人用。因此，我们的投资失败了。这次失败给了我很大教训。反思自己：一方面我对房地产还是外行，了解不够；另一方面我缺乏足够的风险防范意识，只是凭自己的一腔热血和冲动就贸然进入。”

“我将来还是要回归房地产，从哪里来到哪里去。一批金融家正在为我策划上市，我希望通过这种方式得到更大的社会认同。有机餐厅直营加盟达到一定程度，我还是要回到房地产业。”

女人如何当老板

“女人如何做老板？”这是身边的朋友最常问董思阳的一个问题。说实话，她对这个问题本身有些抵触心理，董思阳并不太赞同这种社会眼光的看法，老板就是老板，不应该什么事情都牵扯到性别上来。董思阳觉得，“老板”绝不是男人的专利，女人也同样可以做好老板。那么，女人究竟如何才能做好老板呢？

1.突破性别的局限

这是女人做老板要突破的第一关，要突破这一点不算容易。“男尊女卑”的观念已经在中国这块土地上存活了上千年，根深蒂固，不易根除。虽然进入现代社会后，在男人们心中，“男女平等”的意识已经越来越强烈，但女人本身是否能够打破这一局限，反倒成了问题的关键。在“男女平等”的呼声日益高涨的今天，一种物极必反的现象开始出现，那就是社会对于女人过度的让步和呵护，让女人从狂风骤雨中的弱者再次成为了温室中的弱者。渐渐的，女人们已经习惯了自己可以轻轻松松、毫无作为地走完一生，男人们在外打拼，自己逛街购物，仿佛这才是一种尊贵的体现。有太多的女人，被安逸磨掉了棱角，被懒惰侵蚀了梦想。“男女平等”不只是男人的问题，更是女人的问题，如果思想不转变，平等几乎不可能实现。因此，在创业开始前，女人先要甩掉这个思想上的包袱，不要让自己的偏见把自己先限制住。当你自信、光彩照人地走在人前时，你会发现，原来一切并没有想像中的那么难，你对自己的态度，决定了别人对你的态度。

2.天生的领导性格

女人天生的三个性格特点，恰好是一名出色领导需要具备的。在董思阳看来，一个成功的领导者需要具备最起码的三种素质是执著、宽容和时时地反思。先说执著，如果我说女人比男人更执著，我想不会有人反对，不说别的，单看女人对于爱情的态度，就能清楚地看到，女人更为专一，更为坚定，一旦认准就轻易不会改变，这一点用在事业上就是执著，就是对于认定的事业的忠诚。再说宽容，这一点更好解释，一般的男性，在略有成就后总会不自觉地陷入一种自我膨胀中，更有甚者则会发展成唯我独尊、刚愎自用，听不进别人的话。而女人在这一点又有着优势，在这个社会中，女人是相对的弱者，而弱者会有一种近乎天生的谦卑，她不会轻易的认为自己比别人有什么了不起，而且在取得了一定成就之后，她也会格外珍惜这份来之不易的尊重，这让女人有能力成为一个谦逊的倾听者、宽容的领导者。最后说反思，其实道理和“宽容”是一样的，成功男人的自负会让他失去反思的能力，从而在一个错误中越陷越深，而女人则会耐心的聆听、反思，善于调整与修正，在创业路上，比较的不一定是做了多少对的事情，而是看谁少犯错，细致的女性在这点上也有很大优势。所以董思阳认为，女性同样可以成为非常优秀的领导者，并且这种可能性一点也不比男人低。

3.不断充实自己的头脑

这是很多女人都非常欠缺的一点，不善于投资脖子以上的部分。任何一个人的成功，都需要具备两种素质，一个是“术”，一个是“道”，缺一不可。“术”指的是一些基本技能，比如计算机操作，各类技能，沟通能力，执行力等；而“道”则是一种不可言说的素质，它是一种价值观，是一种看待世界，处理世事的方法，是一种源自意识的眼光与境界。“术”容易得到，而“道”则需要长时间的积累与领悟。那么“道”来自哪里？就来自那些被人类称为经典的书籍中，就来自那些智慧先师的讲述中；而通往“道”的过程，则需要你具备超常的领悟力，“道”来自书本，更来自于你心中的顿悟，此所谓“悟道”。如果你有着非常出色的“术”，那么你或许能够成为一个非常好的工程师或技术总监，如果你有“术”更有“道”，那么你绝对会成为一个优秀的领导者、企业家，这是毋庸置疑的。但“悟道难，难于上青天”，它需要你博览群书，需要你遍访名人，需要你思考不止，需要你求问不息。“路漫漫其修远兮，吾将上下而求索。”一个人不能只专注于“术”，那会让一个人变得世故而善于钻营或者迂腐而失掉本性；而“道”则会帮你把持住一股真气，回到心中那个本来的面目，坦荡一生，聪慧一世。女人做老板并不比男人做老板更难，当然也不会更容易。我们都不过是上帝面前的学徒，走在各自奋斗的路上，梦想着通往永恒。但不管怎样，只要你我仍在路上，希望的火焰就不会熄灭。

如何管理“80后”员工

对于“80后”，你可以不理解他们，却不可以视而不见；你可以不欣赏他们，却不可以回避！因为，当今“80后”一代新型员工敢于挑战权威和传统理念，许多管理规则被他们打破。当今“80后”一代新型员工涌入企业，他们具有鲜明的群体特征，新思维和新观念正在挑战传统的管理模式，如何应对“80后”员工的挑战？这是企业管理中不得不面对和思考的新问题。“80后”是伴着物质充裕成长起来的，经济处境的变化，自然影响到“80后”一线员工对工作的看法和价值观，他们以自我为中心、崇尚自由。他们又具有可塑性强、 容易被激发， 兴趣广泛， 学习能力强， 自信和创新这些特质。不断打破常规，给予他们激励，平等，尊重，创新管理，才能打造真正高绩效的团队。

在董思阳的公司，800名员工中有40%以上是“80后”的员工。“70后”的员工比较理智，有经验，管理他们用制度，公司的原则就可以；但“80后”的员工，仅仅用制度去约束是不行。还要告诉他们这样做事的原因，激发起他们对于这份事业的梦想，免得他们对于制度心服口不服，造成潜在的危机。但他们的优点是敢于创新。对于他们要懂得放权，董思阳相信只有能离开总裁后还能运转良好的企业才是真正好的企业。

从焦虑到自信

董思阳觉得自信是一个人最重要的精神品质，你可以一无所有，但你绝对不能没有自信。不管是事业还是爱情，缺乏自信的人，总是会面临很多挑战。生命中的绝大部分困扰都是因不自信而引起的。其实，曾经的董思阳也和大家一样，面临相同的问题，但现在的她，可以说已经脱胎换骨，是非常自信的人了。一个人是否自信和所受的教育有关。如果我们的家长、老师，周围的亲戚朋友一直在用负面的语言教育我们，不断给我们催眠，告诉我们这里不如别人，那里做得很差，那我们的自信用不了多久就都会被打击一空。我们也比较容易形成负面的思考模式，总会盯住自己的缺点不放，总是会自觉或不自觉地拿自己的缺点去与别人的优点相比。这样的思考模式无疑会使我们陷入巨大的沮丧情绪之中。而沮丧情绪是人生中最大的破坏力量，它使我们做不好事情，这样我们就更加沮丧，周而复始，陷入恶性循环之中，我们如何能够自信得起来呢？

董思阳曾经得过焦虑症。那时候她刚刚创业，刚刚接触到上流社会的人与事，作为一名普通的大学生，在那样的场合中，她被深深的自卑和焦虑的情绪所控制。而她改变命运，实现脱胎换骨转变的方法就是：常常给自己正面的、积极的鼓励与暗示，把关注点放在自己的优点上面。很多人对别人不吝溢美之词，但对自己的聪明才智总会轻描淡写。谦虚是一种美德，但它一定要建立在对自己正确评价的基础上。世界上没有绝对完美的人，成功就是忽略自己的缺点，把自己的优点放大到极致。世界上也没有完全相同的两个人，你的特质是独一无二、绝无仅有、举世无双的。所以相信自己是最特别的，用张扬的个性去展示自己的魅力，不要在乎别人的评价。仔细观察你会发现，所有的成功者都有张扬的个性，一个人的魅力与他个性的张扬程度与他如何看待自己有很大关系。成功者，都无一例外地相信自己身价非同一般，并在站立、行走、说话、动作和眼神中展示出这一信念。

你把自己想像成什么，你就会成为什么，你对自己的态度人人都看得到。如果你持有一种自认身价很高的态度，那其他人就会重视你。其实自信并不需要任何理由，也不需多做解释，关键看你把你的自信用在哪里，你是坚定地相信自己是不自信的，还是坚定地相信自己是自信的。让我们每个人都对自己自信吧！

★★★★★ 财富密码

人 脉

董思阳坦言，成功中最重要的因素便是人脉。她提到，据美国《华尔街日报》调查，成功的十大因素依次为配偶、贵人、合伙人、地理环境、实践能力等等。而排在前三的要素全与"人"有关。董思阳说，一个人成功的速度取决于所交往的广泛度。身边人的言行会影响到自己的思维、判断、个性和行为。她因为有幸能与很多优秀企业家成为朋友，才能有今天这样的商业业绩。同时，董思阳也希望青年人能交到一些"长辈朋友"，他们有阅历有经验，能带给青年人很大的帮助。

董思阳17岁那年，在一次成功学论坛上，有幸结识了海良，并在他的引荐下加入了新加坡中华总商会。新加坡中华总商会是新加坡历史上最悠久的商业团体，是华商华社的最高领导机构，拥有众多的会员，其中包括来自各行各业的跨国公司、政联机构、大型金融与商业组织和中小型企业。总商会为会员们提供多种交流平台和服务，让他们彼此分享丰富的资源与商机。可以说，董思阳是幸运的，但这种幸运并非是没来由的，幸运永远会降临在那个最渴望成功的人身上。

在头几次名流富商的聚会上，董思阳强烈地感受到了跻身于这个圈子中所面临的巨大压力和困惑。她会为穿什么衣服而烦恼，会为自己的身份和地位而感到卑怯，会为餐巾摆放的位置不妥而涨红了脸，会为其他企业家的问题而不知所措。在最初的三个月中，董思阳虽然机缘巧合的误打误撞进了这个名流圈，却始终无法真正融入到其中，只能远远得观看、欣赏，根本无缘体味身临其境的优越感。高尔夫球、赛马、潜水……一个个"高品位"的话题摆在董思阳面前，让她无从回应，没玩过、没看过、没去过，怎么办？聪明的董思阳还是找到了这个圈子的突破点，并一下子钻了进去，那就是：在这样的场合中，你做没做过或者去没去过都不要紧，只要你会说就可以。于是她一口气买了几十本书，有介绍潜水的、赛马的、服饰搭配的……全部都在介绍“企业家阶层”的竞技和应该懂的礼节。终于，功夫不负有心人，董思阳顺利地融入了“上流社会”，成为了在这种场合极为常见的一个身影。她大谈世界各国的地理、历史、政治、文化；她大谈股票市场，并一度被“企业家阶层”的许多朋友奉为“股神”；她大谈房地产业，成为了一个身家几十亿的房地产商的私人顾问……

在董思阳的意识中，要想成为交际场上最耀眼的明星，其实并不难。首先，从外表上你一定要吸引人；其次，你的一言一行、一举一动一定要符合“企业家阶层”的行为规范；最后，在这种场合，要敢做一般人不敢做的事情。就这样，年轻的董思阳迅速成为了“上流社会”的一员。

盈利模式

人脉就是财脉

人脉就是财脉，人脉就是命脉。对于创业者来说，事业的合纵连横、取长补短、峰回路转，在很大程度上都取决于人脉。用心累积你的人脉存折，才能在关键时刻达到"振臂一挥、应者云集"的至高境界，从而拥有大成的人生。

任何一个成功的企业家，都一定是一个成功的交际家，他们会跟社会上各个阶层的人打交道，会协调和处理与社会不同层次的人之间的关系。在意识到这一点后，董思阳开始着力锻炼与提升自己的交际能力。从18岁起，她为自己设定了向八大圈进军的交际目标：企业界、文坛、娱乐圈、政界、广告圈、影视圈、时尚圈和京师圈。在不断地达到目标与夯实自己的人脉网络的过程中，董思阳发现，交际并不仅仅是一种简单的社会行为，而是一个人思想、品格、智慧、情操等综合素质的体现。会交际的人往往能获得他人的尊重与赏识，会交际的人也更容易获得成功。同时，交际能力是可以通过不断地修炼得到提升的。关于怎样建立人脉支持系统，是一门很深的艺术和学问，这涉及个人素质、心态、心胸等诸多方面，交到好朋友需要用心和真诚，但凡事都强求不得。董思阳的经验是：主观决定客观。无论你想取得任何成就，达成任何目标，都需要在自己的内在用功。你对了，你的世界就对了。经常出没于社交场合的董思阳，为我们总结了她的交际哲学：

第一，我之所以可以和一些大人物交往，首先一定是因为我本身的思想层面、阅历等已经达到了可以和他们沟通的水平，只有如此才能够获得这样的机会。

第二，你要结识大人物，你就必须进入他们的环境，如：招商会、企业峰会、论坛等。

第三，跟企业家、成功者交往，你一定要有非凡的勇气和自信。自信是人生成败、幸福与否的关键。要想建立非凡的自信，最关键的一点就是要时刻着眼于自己的长处，要敢于拿自己的长处比别人的短处，在企业家面前做到不卑不亢。

第四，跟大人物交往，一定要学会察言观色，要非常的小心。

第五，一定要谦虚，有礼貌。

第六，要学会真心的赞美对方。赞美的时候要用眼神看着对方，因为眼睛是心灵的窗口。要真诚的发现对方的优点，然后给予适当的赞美。

第七，要从礼仪、礼节等方面对自己进行规范。

第八，要学会倾听。任何人都喜欢去讲述自己的事情，当你用一颗善良的心去倾听别人的时候，别人会感到非常幸福；当别人感到幸福的时候，你也会感到非常幸福。

第九，要学会宽容对方。越是成功的企业家，就越是非常好相处的人。

第十，要学会付出。当你去付出的时候你不要去想回报，因为该是你的你就一定会得到。

第十一，人脉在于长久的维护。

一个人若想成功，就要想办法让自己身处成功者的环境，使自己的人脉之树枝繁叶茂，开出绚烂的花朵，结出丰硕的果实。

第二十二章

“聚合”韩华：**打折信息汇聚消费者**

“选择互联网的原因是从市场需求出发的。”

“我觉得自己也不是一个很笨的人，即使犯了错误也能够吸取教训，而且我没有什么输不起的东西。”

“少听外面的风声，多埋头干自己的事情，这需要一种类似精神病的执著。”

“只有坚持才能走到最后，只要坚持总会有办法。”

——韩华创业寄语

小 传

韩华，女，1980年生于陕西咸阳，管理学硕士，我爱打折55bbs创始人。

2008年6月，cnet宣布收购55bbs，价格为5500万元人民币，且全部以现金的方式分两次支付，正负误差不会超过200万元。对于55bbs价值的判断，一个女性白领和一个程序员会相差数10倍。一方面55bbs团队本身异常低调，另一方面业内在女性领域从来就缺乏深入的了解与专业的研究。作为一个年收入过千万的网站，55bbs的超强盈利能力和在女性用户中无与伦比的影响力真正的体现出了社区作为媒体的价值，也为网站怎样生存发展指明了一条大道。55bbs公司结构比较简单，韩华处于控股状态，由此推算韩华个人现金持有应该在3000万元左右。

回忆往昔，韩华刚刚20出头，就开始在北京创业，经历坎坷无数。但是，在韩华的字典里，却找不到“困难”两个字。“我生性比较乐观，所以从来都是看见困难但不会认为是困难，也不会过多地去记忆与困难有关的事情。所以当很多人问我在创业过程中是不是遇到了很多困难时，我都不知该怎么回答。或许大家认为创业是一件很艰难的事情，但我真的没有感觉到艰难。我一直都觉得‘困难’是一个很复杂，也很模糊的概念，谁能给我解释清楚什么样的事情算是困难？如果说困难是难办的事情，那么我天天都在与困难交手。”

韩华毕业于北京交通大学，学习工商管理专业。就在其他同学到外面勤工俭学，刷盘子、刷碗时，她就开始了第一次创业。在大学二年级，一个偶然的机会，她发现很多计算机媒体很注重大学生群体，于是联合几所高校向这类报纸要活动、要赞助。如和《计算机报》合作，给高校赞助了很多年报，然后再以优惠的价格把报纸订给学生。“在你这订几十元，同学也高兴，报纸也开心，几年下来效益还是不错的，我也有了自己的收入。”通过订报纸，她总结出了生意场上的一个规律：有蛋糕大家一起分享，一定要各方都受益，这样才可以把生意做好、做大。

毕业以后，凭借大学里积累的“生意经”，她很快得到了一个好工作。但不安分的她，在2004年辞掉工作、拿着东拼西凑起来的钱，开始了创业生涯。品味着创业的艰难，但她也享受着创业的快乐。这种快乐不是创业成功的喜悦，而是因为创业、所以自由的感悟。韩华是一个不愿意束缚自己的人，她希望自己像风一样自由，想来就来，想走就走，完全随心。

创业故事

BBS 的形式分享消费信息

韩华对创业有一个心得："价值"，"价值"是指要真正找到自己的市场需求，要为客户提供所需要的价值；要透过现象看本质，找到客户想要什么。"创意是从2003年开始的，当时国内经济保持了多年高速发展，人民生活水平变得越来越高，每个人的零花钱越来越多了，可以用来'吃喝玩乐'，用来享受生活了。但这时市场上消费信息并不多，这些开始富裕起来的人却不知道该如何享受生活。"

韩华不仅仅嗅到了消费信息所具有的市场价值，学习工商管理的她也从商家的角度分析了消费信息的另一方市场。"另一方面，很多人看好消费领域这一块市场，餐馆、酒吧、运动娱乐场所，当时韩华社区运营的独特观点都很多，并且都迫切需要宣传，而传统媒体的广告费用很高，这个时候机会就来了。"看准了消费者和商家之间对消费信息双向的需求，直有着创业冲动的韩华如何还能忍耐？在没有资金和经验的条件下，互联网行业成了提供信息和创业的首选。就这样，一个丝毫不懂技术的女人开始克服重重困难，采用戴志康开发的Discuz!免费系统搭建起国内第一个专注于消费信息分享的论坛。"55打折网简直是为我量身订造的。"在她看来，如果有着超常消费嗅觉的自己都不能做好这块，那别人就更难了。结果她成功了，仅用了3年的时间，55打折网就从一个纯粹的个人网站发展成一家公司，并实现了盈利。在中国用BBS的形式分享消费信息，韩华可以说是一个探路者，这同样意味着缺乏前人的经验可以借鉴，这令她从创业之初就受到种种质疑，面对杂乱的消费从业人员，买家的评价不一致缺乏参考性，商托儿的虚假信息等。很多人并不看好她的创意，但韩华仍坚持认为：如果能形成一个量的积累，一种趋势，就能形成一面旗帜，聚集起不同的消费者和商家，从而获得成功。

打击最大的一次

2005年，韩华创业的“我爱打折网”遇到了创业以来最大的困难——资金瓶颈。当时她和朋友凑起来的30万元已经花完，而且还欠50万元的网站服务费。“从网站上线以来，这次应该算是打击最大的一次，各方各面的不利因素都集中爆发了，要不要坚持下去，成了一个反复思考的问题。因为坚持确实是太困难了，没有办法支撑下去，没有经济来源，正所谓‘巧妇难为无米之炊’。”韩华对当时的窘境至今记忆犹新。这时，有一个韩国老板找上门来，要以20万美元的价格买下韩华所创立的“我爱打折网”。韩华面临艰难的选择。卖掉，就可以马上拿到真金白银，但自己一手创办的公司将归属他人；不卖，资金的压力该如何解决？……最后她忍痛拒绝了那个韩国人。为了缓解资金压力，韩华和同事 “软磨硬泡”地跟服务器的运营商谈。最终，对方被这两个年轻人所打动了，同意把服务器年费改为半年一交，先交25万元。随后，两个人又从亲戚朋友那里到处拼凑了25万元，终于交上了服务器的费用，网站终于活了下来。

先稳定会员后接受广告

“随着网站步入正轨，对服务器的要求就越来越高，每次到了给服务器的运营商续费的时候，就成了我最难熬的日子。”在初创阶段，韩华没有回过一次家。“当时父母一直以为我还在做项目经理，在家乡很为我自豪，为了不让他们担心，而且也没有钱回家，我瞒了他们一年，说太忙回不去了。后来直到收支平衡了才告诉他们，他们虽然吃惊但并不意外。”

网站上线一年，寒酸的状况仍旧没有改变，当韩华正在为资金问题而一筹莫展时，有商家找上门来要求投放广告。显然，广告带来的资金必然会解决迫在眉睫的经济问题，但是却违背了韩华一年半以上会员建设的初衷。“会员还没有稳定，过早进入广告就会造成信息的不对等，眼前的问题是解决了，但网站一定做不长久。”在反复挣扎之后，韩华拒绝了广告，“我是打算把这个网站做大的，时尚生活消费的垂直门户，不能因为眼前的困难毁掉整个辉煌的未来。”2005年10月，我爱打折网开始有广告收入，增长在200%，并于2007年初实现盈利。

★★★★★ 财富密码

聚合

“互联网是一个信息爆炸的平台，非常适合我们提供经验分享的初衷，同时网络的低门槛给了我平台，至少失败了也是我能承受得起的结果。”互联网真正吸引韩华的原因却源自于一个“新”字，“我觉得做事情能占先机就成功了一半，尽管已经有不少前辈在互联网里沉浮打拼，但这仍旧是一个新生事物，那么从这里着手就一定能找到机会。”在2003年的互联网行业里，社区互动的发展也还处于萌芽阶段，韩华想，既然大家都不熟悉这个领域，不如就此入手，或许就抓住了机会。不是某一件事情促使了韩华的创业决心，而应将其形容为一个量变到质变的过程，“每一次购物和消费，这种想法就会越来越深。”如果一定要找一个突破点的话，几年前京城各大商场返券促销的火暴场面，或许可以算作韩华下定决心辞职创业的契机。

“做网站三年多，我体会最深的是聚合的力量。按照消费者和大众的喜好，聚合所有人的力量，可以事半功倍。做网站，最有难度的是市场工作。市场千变万化，要不断学习其他网站的经验。那时加拿大有一个网站，也是个女孩创办的，在做消费信息，就有朋友问我‘你是不是学她’？朋友这一问提醒了我，我就努力去研究她的网站，学到了很多好经验。”

盈利模式

打折信息来源是强项

随着生活消费水平的不断提高，人们对生活消费品的需求越来越旺盛，而提供商品的店铺、商处、超市越来越多。但是消费者和商家的信息经常出现非常不对称的局面，需要一个平台来嫁接消费者和商家的这种需求，达成一个消费者和商家共赢的局面，生活消费信息网站便成为嫁接两者的重要平台。我爱打折网是以提供打折信息、分享消费经验为核心的生活消费类网站。从市场发展的阶段来看，生活消费类网站仍处于起步阶段，要在该领域取得成功，关键是要：一方面，建立良好的有特定文化的社区氛围，不能出现任何骂人信息、黄色信息、非法广告等有损社区氛围的信息，做到文明、互助、友好以及和谐，从而增强用户对网站的忠诚；另一方面，形成用户自主原创内容的机制，从而使得消费者愿意将在第一线消费的信息、体验、经验在网站上跟大家分享。

55BBS做过调查，现在网站的会员来自各行各业，大部分是白领，这可以根据上班的数值和在线的峰段算出来。对韩华来讲，55BBS网站的信息来源是强项，这是靠长期对帖子耕耘的结果。“有的地方有折扣，但只有去了才知道，我那时每天就是采集员，几乎把所有的商场都跑了一遍，当时创业的人集体都去做采集员，采回来的信息发在论坛里，看了都很有感染力，如驻京办事处的美味等等。同时，消费者也把消费体验发在55上，这样信息内容带动了整个信息的良性循环。”目前集中于北京的27万名注册用户频繁讨论北京哪里在打折，哪家餐厅的饭菜更好吃，以及哪些产品适于购买。不可否认，对于大量年轻人，这是一个强需求的高黏性产品，而它的功能也决定了它能够顺畅对接广告客户。虽然我爱打折没有开展任何销售活动，但是已经有近百名客户主动在其网站上投放广告，如一家位于北京南城某写字楼四层的自助海鲜餐馆，因为恰当的广告推广，我爱打折网的用户占到其总体食客流量的1/3。

打折信息汇聚消费者

“我爱打折55BBS，不是卖东西，也不只是打折信息，这个“打折”是一个非常广泛的概念，是城市消费信息的汇聚——吃喝玩乐住行，只要是和消费有关的信息都在上面。

“55BBS还会开发新的稳定收入，都是消费者期待的东西。计划是要深度开发用户体验，促使55BBS从社区向门户转变。55BBS从论坛起步到社区的领先，2007年从社区向门户转型，在首页中可链进BBS论坛。但一部分年轻人不上BBS，不喜欢论坛的形式，他们可以通过门户获取信息，这是55BBS客户深度挖掘的过程。”韩华对公司的发展有着清晰的思路：那就是深度挖掘消费者的体验价值，挖掘商家的实用价值，随着合作的深入取得更多商家的认可，而商家需要持久综合的立体打包服务。因此广告业务也越来越多，更多的商家开始找韩华的团队进行促销和招商策划等深度服务，使55BBS网站有了新的利润增长点。

目前，55BBS的盈利模式主要靠广告和给商家的策划来实现。因为熟悉消费者的需求，55可以给商家提供策划案，对企业进行包装推广，这已经成为55稳定的收入来源之一。

第二十三章

“雷厉风行”达贝妮：**视频搜索关键词**

“创业一定要持之以恒地坚持下去，只有笑到最后的人才可能笑得最好。”

“创业是一个个人选择的问题，而不是所有人的选择。”

“我是对自己‘希特勒’式的人，有点极端，对自己要求很高，设定的目标一定得完成，不允许任何借口和理由。”

“我很喜欢赚钱的感觉，因为那是一个人的价值的证明。”

——达贝妮创业寄语

小 传

达贝妮(Benny Da) 1981年出生。达贝妮4岁时开始跳芭蕾，上海电视台小荧星艺术团的领舞。1998年，达贝妮签约陈逸飞的公司，拍了两本Catalogue（宣传单片）。2003年，达贝妮参加达芙妮杯上海小姐选美大赛，还曾参加过上海小姐选美大赛、上海旅游形象小姐大赛GUESS＆ELLE国际模特大赛等。2004年在澳大利亚五大律师事务所之一的安德慎律师事务所工作。2005年，投资并组建了Pcpie视频搜索引擎，担任CEO。在创建Pcpie前，曾独立发行并运作国内第一本消费娱乐DM杂志。

达贝妮，20出头、大学刚毕业即拥有数百万元资产。一个在浮躁世界中充满争议的“80后”创业女性，她究竟有着怎样的创业人生？自小结缘芭蕾舞的达贝妮，曾经在高雅舞台上留下了自己的靓影；但当踮起的芭蕾舞步就要登上舞台的高峰时，她却将自己的人生航船转向创业的轨道——一个注定充满艰辛与曲折的道路。今天的视频搜索引擎门户——Pcpie.com，一个在百度与谷歌都吃不准的IT新领域的第一个吃螃蟹者。许多创业者往往都是从始至终地坚守着自己的创业方向，被称之为“线性创业”，而看达贝妮的创业历程，却发现是“非线性创业”，如同她的性格，只要是自己喜欢的就义无返顾去做。在很多熟悉她的人眼里，这个还略显稚嫩的女孩，在经商上的确有独到的眼光和过人的胆识。

学人文学的她对传媒有着别样的敏感。大二时，她开始创办国内第一份以吃喝玩乐为内容的都市DM杂志，专门介绍上海城市的好玩、好吃、好喝的地方，与各消费场所签订协议，并向读者推出会员卡，所有会员可以在所有的签约店铺享受折扣。达贝妮没有感到创业的压力，却更多地享受到了做自己喜欢的事情的满心喜悦。在上海交通大学的最后时光，在全力以赴的考研备战中悄悄过去，达贝妮如愿以偿地考入了中国政法大学，攻读法学硕士。其实她的创业或许更应该准确的说是校园创业，自始至终她都是在边学习中进行着自己的事业，即便现在自己投资并运作Pcpie视频搜索引擎，她依然在攻读互联网博士学位。

在安德慎律师事务所工作期间，达贝妮让自己知道怎样成为一个好员工，也知道该如何要求自己的员工。“一个好员工，必须做到上司让你完成一件事情，但你要向两件甚至三件事情上去努力，给上司提供更多的参考；同时不管上司的命令对与否，作为下属首要做的就是服从、执行。”回国后的达贝妮，开始筹备自己的视频搜索网站Pcpie.com，从2005年运作至今，她将这份工作变成了生命的全部。“工作的确很辛苦，而休息放松永远成了下一周的事情，但我却不感到厌烦，只有激情，因为这是我喜欢做的。”如今让她感到欣慰的是，从Pcpie上线公测开始，目前的每天浏览量已经超过了70万人次，而公司也早就开始赢利。

创业故事

"淘宝传奇"

2005年，24岁的达贝妮没想到，她成了中国网络拍卖平台捧出的第一颗明星。2005年3月31日注册，4月4日开店，顶级名牌、奔驰、豪宅、美腿酥胸照再加上痛彻心肺的爱情故事，这家店被称作淘宝上"最牛的店铺"。

这不是达贝妮第一次在淘宝注册，一年多前，她也在卖自己的闲置品，后来拍了东西没买，账户被冻结。"这次重来，只是配了心情故事和音乐，就发生了化学效应，就像原子弹爆炸一瞬间释放出巨大的能量。早知道有现在这种效果，就不会叫这么俗的名字。"达贝妮说。"香港米兰站"，2001年创立的香港二手名牌市场，被誉为香港零售业奇迹。淘宝网公关经理用"古怪"形容第一次去网络"香港米兰站"的感觉。2005年6月底，一个女孩给的链接，达贝妮正在拍卖撞烂的奔驰，底价8万元。"香港米兰站"有支持者3500多。jack_jack花370元拍下了达贝妮从日本带回来的Rykiel Homme香水，原价7000日币，喷过2次。从来不涂防晒霜不打伞的欣蕊花700元拍下了达贝妮从米兰Fashion Show上带回来的超大号太阳镜；Wongyaya只在达贝妮这里买奢侈品，因为只有这让她相信绝对是真货，她还每天三次来看达贝妮的心情故事而且逐条察看留言和回复，想知道达贝妮的心情好不好。Fans中多数人没见过达贝妮，但在"信用评价"中全部给了好评，没有一个中评和差评，常有人说款未付货已到。

达贝妮在自己的小店中留言，声明房子都是自己的，车是从4S专卖店买的，所有手续齐全，并且是上海私牌，号码极好。这些商品总价值有几百万元之多．一个网名叫"香港米兰站"的神秘美女，在短短3个半月内成了淘宝、各大BBS以及不少私人博客关注的焦点。她在淘宝的店铺名字叫"爱的天国"———没有米兰，没有奢华，没有我，只有信仰。据淘宝网负责人保守估计，她的店铺点击高达15万人次，创下淘宝网上的纪录，达贝妮因此被誉为"淘宝的传奇"。达贝妮的店铺分为"奢华"、"米兰"、"时尚"、"高贵"、"昂贵"、"高档"、"超低价"以及"诱惑"等栏目，而最让网友们吃惊的则是，她抛售的商品中，还包括上海的世茂滨江、东方曼哈顿二期房产，以及重庆的一处江景房以及凌志IS200。这些商品总价值有几百万元之多。除此之外，达贝妮还在她的每种抛售商品的介绍中写上一段自己的心情故事。

竞争力最重要

"每天在我的Email里面，我会收到很多人给我发过来的计划书，还有包括一些大学生，他们都有很多主意。特别是有一个大学生，我记得是南开大学的，他一个月发给我一个项目书，我从来没有回复过。最后他就问为什么我有那么多好的创意，你就不愿意来投资我。我说每一个人其实每天都有很多想法，现在想法不是我们这个社会的稀缺资源，到底什么是我们的稀缺资源？我们看到在资本市场上其实我们已经不缺少这种概念的创新，而是缺少模式的创新。但是我们怎么样把这些模式的创新真正实现，真正成为一个强有力的执行力，就取决于你有没有一个坚持不懈的能力。如果你每天都有不同的想法，那你就要做很多事情，你每天都围着整个世界转。我唯一投资过的一个项目，他自始至终，连着两个月都不断跟我在强化他的一个项目的构想。为什么最后我投了他，一开始我是被他打动了，因为他这两个月不断地在调整。他的项目书在调整始终是围绕一个项目，但是他的一些执行的方式还有一些构想不断地在成熟。"

什么样的项目就取决于商业模式上是不是能够建立起非常好的竞争力，这是最重要的。如果光有好的模式，没有很好的团队，或者没有行业竞争地位保护，还是会被别人复制掉。达贝妮还看团队，如果你是单枪匹马，那她觉得就应该融入一个精兵强将里面去。如果你只是一个人，但是你能够吸引一批精兵强将追随你，这就是一个企业家应该具有的素质。达贝妮在自己的员工面前是怎样要求自己的呢？"首先能力经验要比他们强，智商要比他们高，方向要比他们把握的准，做事效率要比他们高，也就是在这所有的一切中，你都是一个榜样的标准。"

★★★★★ 财富密码

雷厉风行

“关于强悍，怎么说，可能是指在作风上，因为我还是比较倾向于男孩子的脾气，比较雷厉风行。但是我觉得每个人有每个人的性格，不管你的性格是很雷厉风行的也好，还是很果断的也好，还是优柔寡断的，只要自己给自己找到一个正确的定位，就能选择走出最合适自己的一条人生。”

执行力是每个人最重要的能力。立即行动是建功立业的秘诀之一。许多人都有拖延的习惯。由于这种习惯，他们可能出门误车，上班迟到，或者更重要的——失去可能更好地改变他们整个生活进程的良机。

无论一个企业是大是小，决定它成败的因素往往是执行力，因为只有执行力才是真正直接对结果产生作用的力量。决策者的执行力将决定一个组织的执行力，个人的执行力则是个人成败的关键。只有依靠执行力，成功的企业才能更好地得到良性的发展，失败的企业才能重获生机；只有强化执行力，一个公司的战略才能得到实施。真正优秀的企业，一定是执行彻底的企业！没有执行力，就没有竞争力！

任何一个组织在发展的过程中，都会面临各种各样的问题，但最重要也是急需解决的问题仍然是执行不力的问题，其主要表现为：

1.执行过程敷衍了事，或是中途放弃；

2.不能将成熟的计划落实于具体时间表上，导致计划形成一纸空文；

3.安排工作不到位，执行任务能拖就拖。

执行力低下是企业管理中最大的黑洞，再好的策略也只有成功执行后才能显示出其巨大的价值。一个组织的执行力差，就会直接导致在贯彻经营理念、实现经营目标等各个方面大打折扣，而且还会影响企业的健康发展。

执行力是决定一个企业成败的重要力量，也是区分一个企业平庸与卓越的标志。执行力来自于企业的文化。企业文化渗透在企业的每个角落，影响着员工的思考、行动和语言的方式，影响着企业的整体运行。在企业的执行力文化建设中，虽然需要企业的全体员工共同努力，但管理者起着带头的作用。管理者对企业文化建设的认识程度与对文化建设内容的选择直接决定着执行力文化的形成。一个执行力强的管理者可以引导形成强有力的执行文化，反之，管理者执行不力，也会影响员工的士气，从而导致执行失败。

盈利模式

视频搜索关键词

Pcpie从创立至今，基本全靠达贝妮一人投入1亿多的资金，后来才接受国内一家风投的资金。达贝妮选择把大半身家都投入Pcpie进行创业。"网站创办至今一直都还是盈利的状态。但这并不能说明什么，只是在合理的成本控制内保持不亏损。Pcpie的投入多半是在技术上，主要是我们在美国、日本和中国的技术团队开发新的视频技术上。我们没有在网站推广中大规模地往里面砸钱,主要是在视频这条产业链上寻求与其他品牌的良好双赢的合作关系。""我很慎重地选择Pcpie是因为我认同网络视频搜索这个模式本身，或许到它真正爆发出价值的那天还很远，但是我相信只要我们坚持一天，努力一天，就离那天又近了一步。每个成功的事业都会有坐冷板凳的阶段。""当互联网上存在的视频数到达一定规模的时候，谁都知道量变最终会达到质变，视频搜索引擎自然就会形成很大的用户黏性和依赖。下一个搜索时代就是视频搜索，这和当初的百度、当初的摄像手机一样，是时代所趋，你可以不认同，但没有人可以阻止它的到来。"

达贝妮认为：搜索引擎是处于网络用户与视频内容提供商、广告商的中间核心环节，它给用户带来的是想要寻找的视频内容，而给视频网站和广告商提供的是他们自己网站的浏览量和宣传效果。目前它的盈利模式主要还是传统搜索引擎的模式，例如购买关键词等精准广告，但今后视频行业成熟之后，它的潜力会超过传统的图文搜索引擎。

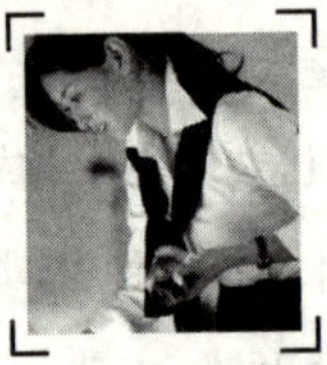

第二十四章

“自主”李玟阳：**特许加盟扩张餐饮**

“要独立干事业，必须要有知识，有眼光，能吃苦，还要能放下架子。”

“固定一个主业，坚持做下去。”

——李玟阳创业寄语

小 传

李玟阳，女，1981年出生于成都。李玟阳是家里的独生女，2岁多就开始接触手风琴和版画；4岁那年，她所画的一幅版画在日本举办的一个艺术展上获得了第三名。她在体育方面也很有天赋。小学时，成都一位知名教练曾建议她打羽毛球，向职业运动员方向发展，但父母还是希望她继续读书。李玟阳学习成绩好，曾经连续跳了两级，不到15岁就考上了四川省内一家重点大学的金融系，当时她也是这个系年龄最小的学生。

1999年，李玟阳大学毕业，父母奖励她一辆宝马车，当时这款车的售价近80万元人民币。毕业后，她没有选择继续读书，而是进了中国建设银行，仅仅在建行上了3天班，她的工作情绪就倦怠起来。后来，父亲又推荐她进了一家楼盘销售公司给总经理当助手，负责日常的会议记录、文件整理等事务。不久，性格外向的李玟阳申请去搞行销。在公司里，她努力工作，半年多时间便成为部门主管，并在成都楼盘销售圈小有名气。正是这段经历，使李玟阳的行销策划能力得到了极大提升。

后来，喜欢自由自在的李玟阳自己开始创业。2005年接手一家酒楼后，即为其赋予了难以复制的古文化色彩，短期内就在成都餐饮行业确立了自己的特点。除了这家酒楼外，李玟阳还有两家水泥厂，一家拍卖公司等。目前，她的身家上亿。自然，她出身富裕，但她始终坚持，创业要靠自己。

● 创业故事

人生的第一笔投资

2000年，李玟阳瞒着父母做了人生的第一笔投资——在成都盐市口地段开了一家服装店。与大多数女孩子一样，开家时尚个性的服装店是李玟阳的一个梦想。"由于当时来这边的主要消费人群还是年轻人，我准备做一家品牌形象店，卖时尚的服装。"她还经常飞到香港、广州去淘服装。半年后，直到生意已经很好了，她父母才从别人那里听到了她开店的消息。李玟阳开服装店的资金主要来源于平时自己的积累，还向朋友借了十几万元。这家名为"伊洋"的服装店在一年后转手时为她赚了将近百万元。

李玟阳随后成立了一家贸易公司，主营医疗器械的进出口，以及机电工程项目、工厂项目的自动化系统和设备装置等。这一次，父母虽说让她自己发展，但在很多项目中还是充当了幕后推手。在经营这家公司时，她完成了一个经典运作:2002年，成都一家高校企业要完成一个污水处理项目，李玟阳先承包了其中很大一块，然后分包给几个不同的公司。虽然这种模式现在已很普遍，但在当时尚属少见，这让她在短短的几个月内赚了近千万元。

创立了"金沙宴"

2005年，李玟阳的拍卖公司接到一宗酒楼转让的拍卖委托，这家酒楼位于成都城西府。酒楼离金沙遗址只有几百米之遥，李玟阳认为，这几年整个成都都在宣扬金沙文明，做餐饮打金沙文化牌必然能取得很好的效果。她接手酒楼，更名为鸿凤蜀府大酒楼。

首先，她创立了"金沙宴"的餐饮品牌，并进行了商标注册保护，接着对4000多平方米的酒楼进行了大改造，使得酒楼的装修更具古蜀风格。"成都人推广金沙文明，也附带推广了我们的品牌。"搭上了这趟顺风车，她在品牌宣传上省下了不少成本，很多省外的游客都慕名前来消费。

在菜品研发方面，李玟阳也独树一帜。李玟阳因唐皇李氏家族的特殊背景，将姑婆远在美国开设中国菜馆风靡美国上层社会的“李氏宫廷9道菜”带回成都，凭借自己对美食的感悟，收集和整理家传千年的菜谱，其千年唐韵的宫廷秘制鱼唇登榜成都10大创新川菜菜品，罕见的70余种家谱菜面市。作为唐皇李氏家谱菜的继承者与创新者，从小受到姑婆和父亲熏陶的李玟阳，被姑婆指定唐皇李氏家谱菜的传人。“我们还要不断挖掘推出李氏家谱菜，结合现代烹饪技艺，不断传承和创新，以市民化的价格普及。将菜谱与民间、文化与自然相结合，创造出更多更好的中国名菜。”

曾遭4个男子恐吓

在完成千万元积累后，李玟阳先后考察过高校、水电、煤矿等多个项目，最终看中了广安华蓥的一家水泥厂。她很快就收购了这家水泥厂，紧接着又收购了当地的另外一家大的水泥厂，前后共投入了3000多万元。经过努力，两家水泥厂红火起来，资产规模达到了数亿元。生意红火招来了竞争对手的不满，李玟阳收到一些不怀好意者的恐吓。最惊险的一次是在2004年，她走在街道上，忽然被4个男子胁持。当时，来人把刀子比在她腰间，威逼她在一些生意上做出让步。虽然这次她在身体上并没有受到大的伤害，但是她开始学会保持一定程度的低调，如今她每次出门基本都要带保镖。

★★★★★ 财富密码

自 主

独立的个性和经商的天赋让李玟阳走在了同龄人的前头。自主创业，自己开辟工作环境。李玟阳用自己的劳动，自己的社会资源获得财富。我国第一次自主创业高潮，是在1978～1985年间，以无业人员为主，通过前期积累，小商品贸易，成为第一批领头人。第二次自主创业高潮是1990～1996年，以公务员离职创业为主，以科技等高素质人才为主。这一期间，公务员工资相对较低，所以各行各业精英纷纷要求以自己的能力获取财富，成就了一大批轻工业和改制企业。我国第三次自主创业高潮是1999～2005年，以互联网行业的兴起为标志和“下岗”潮的影响。互联网技术的兴起与普及，是互联网行业创业的基础，阿里巴巴、百度、搜狐等网站都在这一时间成功创业。还有一部分人群是由于国企改制，减员分流，导致一部分人失去工作而被迫进行创业。这一时间创业主体有两类，一类是网络精英，另一类是下岗人群。这一阶段明显特征是行业细化，创业手段多样。现阶段，我国迎来第四次自主创业潮，由于学生过多而导致就业岗位紧缺。这一阶段自主创业者主体是学生等大量高校毕业生。李玟阳无疑是自主创业的一个范例。

盈利模式

特许加盟扩张餐饮

李玟阳善于发挥资本运作的力量。“通过输出品牌的方式扩张餐饮是我们的战略。”她希望通过特许加盟的方式把她的鸿凤蜀府金沙宴酒楼开到全国各地，以及海外。特许加盟企业与四川鸿凤蜀府金沙宴餐饮公司之间是共存共荣、共同发展、相互制约、相互监督的平等关系，为推进传统餐饮行业的标准化、现代化、产业化、品牌化和国际化，金沙宴餐饮公司确保每一特许加盟企业都能得到扶持和指导体系。

特许加盟有很多实际的优点。由于总部拥有的品牌、商标、经营管理技术都可以直接利用，比起自己去独创事业，无论在时间上、资金上还是在精神上都可以减轻不少负担，对于完全没有生意经验的人来说，可以在较短的时间内入行。优秀的总部，为了提高整个连锁企业的商誉，都会随时开发独创性、高附加值的商品，以产品差别化来领先竞争对手，加盟店可不必自设开发部门。由于总部统筹处理促销、进货、乃至会计事务等，使加盟店能心无旁骛地专心致力于销售工作。

如果自己创业，则商品、原材料进货等，都可能有种种困难，而加盟店则因总部大规模生产及订制，甚至连设备、餐桌椅、杂项装备等，都可以便宜的买进。开张前的职前培训等工作，都可以由总部获得协助，开张后还会定期有人来做各项指导。自行创业则必须自己决定开店场所，而自己对选址的好坏，往往没有信心；加盟店则可以有总部咨询，做风险评估，甚至总部帮助选址。由于总部对周围的环境随时做市场调查，包括顾客层形态、消费倾向的改变等，使得加盟店能及早采取对应措施。加盟店的成功，就是总部的成功，也等于帮助总部拓展市场，因此总部对业绩好的加盟店，还有奖励制度与福利。

第二十五章

“机灵”库克兄妹：**经营高中生网站赚人气赚广告**

“经营网站让我其乐无穷。”

“我们网站的客户群主要针对高中生，我们切实听取他们的建议。”

——凯瑟琳·库克创业寄语

小 传

凯瑟琳·库克 女，1989年生于美国，她的哥哥戴夫·库克大她一岁。2005年，15岁的库克和16岁的哥哥戴夫在新泽西州斯基尔曼市蒙哥马利读高中，分别就读高一和高二。来到陌生的环境，兄妹俩都不太认识同年级的学生，因此只好找出毕业纪念册来认识班上同学。看到纪念册上那些印刷古板的照片，他们便萌生了一个念头：为什么不上网张贴自己的照片，然后上传自己喜爱的音乐、课余兴趣以及个人简历呢？几天后，他们就去找大哥吉奥夫·库克求助。吉奥夫肯定了这个想法，并慷慨注入资金25万美元，作为创建MyYearbook.com的启动资金。事实上，这笔钱是吉奥夫早年就读哈佛大学时自己挣来的"第一桶金"。在大哥的指点下，她和戴夫学会怎样与硅谷的风险投资商谈判，以及怎样租用网络服务器等基本商业技能，从此展开富有挑战性的创业之路。2005年4月，筹备多时的MyYearbook.com网站终于上线。上线第一天，库克和戴夫身穿广告T恤，在校园内全力以赴地宣传。T恤上写道："谁是校园内最漂亮的？谁最闷骚？快上myYearbook.com查寻。"

如今，myYearbook.com网站已经拥有1000多万名注册会员，月访问量高达15亿人次，每年仅广告费即可入账1000万美元，所雇人数多达70人。目前，该网站成为继MySpace、Facebook之后全美第三大社交网站，并且在全美校园少男少女中人气排行第一，其服务对象主要为13～22岁的青少年。据估算，myYearbook的市值至少在数亿美元左右，库克也成为全球最年轻的亿万富翁之一。投资商纷至沓来，可是库克并不为所动，她说："很多人开出了天价收购，可是我们现在无意出售，经营网站让我其乐无穷。"

创业故事

灵光一闪创建出一个高中生自己的世界

一天，凯瑟琳与戴夫一起翻看学校一本旧的毕业生纪念册，偶然发现一名两人都认识的女孩。不过，纪念册上的照片看起来一点都不像她。"我跟戴夫说，这些老纪念册简直太差劲了，"凯瑟琳说，"照片老旧发黄，里面找不到任何有关一名同学的有价值的东西。"凯瑟琳戴着一副大眼镜，坦承自己的性格"有些不合群"。如凯瑟琳所言，那时的高中毕业生纪念册沉闷乏味，只有一些杂志和小报编辑偶尔会认真翻上一翻，目的是为寻觅一些名人小时候的尴尬照片。

库克兄妹突然萌生一个想法："为什么不把自己的情况放到网上去呢？为什么不在网上创建一个自己的主页，写上喜欢什么样的电视剧，爱听什么样的音乐，课余做些什么呢？"凯瑟琳希望创建一个属于高中生自己的世界。她想象中的网站是高中生们可以创建自己的网络版毕业生纪念册，上传照片，与同班、同校甚至其他学校的学生和老师交流课堂笔记。

启动资金来自大哥吉奥夫·库克

凯瑟琳·库克建高中生网站的想法，得到大哥吉奥夫·库克的肯定，并慷慨注入资金25万美元，作为创建MyYearbook.com的启动资金。

有了创业项目，却苦于没钱投资，如果要做，怎样获取启动资金呢？向谁借钱好呢？向银行借，向家人朋友借还是获取风险投资？银行其实是最不该选择的，因为毕竟是初创项目，向银行贷款很难，而且手续繁琐，可能花费了大量精力，最后却借不到。其实VC是可以考虑的，毕竟有创业项目，而且盈利模式非常明确，部分的问题在于启动资金的本质里。创业者对于借款的人而言是个巨大的风险，因为创业者缺少经商经验和贷款担保。不管是家人、朋友、银行、风投还是天使基金都不想让他们的投资打水漂。比较之下，启动资金来自家人朋友也许是一个现实的选择。

网络版面印度开发

吉奥夫·库克先前曾跟印度工程师合作，因此，凯瑟琳·库克和戴夫决定跟随大哥的意见，将网站交由印度的程序员开发。MyYearbook.com网络版面由印度的程序团队进行，网站也在印度开发。

如今，MyYearbook.com备有许多热门功能选项，包括游戏下载、视频上传，还有青少年热门话题的在线调查等。网站成立初期，最原始的版本被分成好几个阶段，第一个阶段为测试版，从学校开始，当时网站上的热门功能选项还没出现，现今网站上热门功能选项比如如何搭讪，偷偷喜欢谁之类的都是由凯瑟琳·库克和朋友在吃饭聊天时想出来的。

MyYearbook.com同时也采取网友的建议，目前最热门的Battles功能是采自网友建议，开发出来后，短短时间内流量已暴增5倍。这个功能就是一对一的照片对决。在MyYearbook.com里，仅有10%的流量是在看个人数据，其他的流量都是来自热门功能，比如MyMag，还有猜谜等。My Mag这个功能是个由用户自己产生的杂志，有些人并不想去做比赛或挑战之类的，他们就会用My Mag，它会受欢迎是网友贡献了许多新文章，因为网站有专业的编辑，所以文章很精彩。只有约2%投稿文章会被刊登出来，且都跟青少年有密切关系的话题，而不只是明星八卦，比如如何维持良好的人际关系。My Mag上最热门的文章一天可收到3000条的讨论，一般的平均一天也会有1000个讨论。

全力以赴地宣传网站

如何宣传自己的网站？花钱在一些搜索引擎上作竞价排名，还可以充分做好网站的优化，如突出关键字、增加网站导航地图、合理布局、添加大流量网站的链接等，以及向google、百度提交网页等等手段增加被搜索引擎抓取的机会。还有其他的宣传手段，如宣传参加各种广告交换组织；与相关网站做友情链接；利用电子邮件群发送消息；通过新闻媒体进行宣传；利用留言板进行宣传；到各大报刊、网站发表文章；在聊天室、BBS上发出邀请；使用专门注册工具提交主页等等。利用一切可能的方法帮助。首先搞清楚，你在做什么?其实，你就是在做广告，是把你的网站告诉众多的人。让不了解此行业的人，加入到你的团队。你必须想办法，让更多的人知道你的网站，也就是求得更多加入的机率。

办社交网站聚千万用户

2005年，凯瑟琳·库克和戴夫·库克建立了MyYearbook.com社交网站。尽管许多投资商希望MyYearbook.com能将总部从新泽西州的斯基尔曼迁至纽约，并希望能在用户个人信息页面添加广告内容，但库克兄妹坚持自己的想法，拒绝了这些要求。

2006年，网站从创投公司募集到410万美元，此后开始业务大发展，迪斯尼公司、美国广播公司(ABC)等纷纷成为其广告客户。现在，MyYearbook.com受到众多年轻人热捧，在全世界拥有数千万用户。现在网站的年收益达到7位数。对于来自MySpace和Face-book等知名社交网站的竞争，凯瑟琳并不担心。

切实听取高中学生的建议

凯瑟琳·库克宣称，"我们的网站主要针对高中学生，我们切实听取他们的建议。"MyYearbook.com网站把目光瞄准高中生市场。

高中时期是人一生中的黄金时期，在这一时期不仅是人生观、世界观形成的重要时期，同时又是增长知识和才干的重要时期。高中生具有独立性，高中生不论是在个人生活的安排上，还是在对人生与社会的看法上，开始有了自己的见解，有了自己活动的空间，如做事情不愿意让家长参与，不愿意让家长进入自己的房间。这一时期高中生智力发展已接近成熟，抽象逻辑思维正从"经验型"向"理论型"急剧转化，情感日益深厚、稳定，带有闭锁性。如不愿意与家长、老师表白自己的想法，而是将其隐藏在内心世界或记载到特殊的笔记本或网页里。高中生交友热情高，迫切需要情感力量和参加不同类型的集体活动，随着不同集体性质的影响，高中学生的个性出现不同的发展方向。高中生对异性关注上升，在公开场合转向文饰、内隐，但又有显示欲，希望引起异性的好感。在一定条件下，少数学生出现对异性较为稳定的情感，进而发展到恋爱。

凯瑟琳·库克认为，与MySpace及Facebook不一样的是，myyearbook.com用户族群年轻许多，80%的用户都介于13～22岁。

经常逃课

成功后的凯瑟琳·库克开始面临新的难题。她如今是美国华盛顿乔治敦大学的学生，主修国际商业与营销。但她发现，平衡经营网站和谋求学业之间的时间分配很不容易。

早在高中时期，凯瑟琳·库克的父母便因为女儿经常逃课，而收到校方寄来的缺课通知书。进入大学之后，她坦言，自己每周花在办网站上的时间至少有40个小时，暑假的时候每周高达60个小时，好在学校了解到她的特殊情况，并未因为她经常缺课而扣学分，只要求她能够顺利通过每门考试。凯瑟琳·库克表示："我想我会坚持读到大学毕业，但不排除为了网站的事务而休学1或2年。

★★★★★ 财富密码

机灵

网站建立后，兄妹俩不想只把它当作"玩具"。接下来的发展证明，这个网站正为全美高中生所急需。仅用9个月时间，网站登记用户就达到95万人次。

当然，仅靠三年前的一个点子无法支持一个网站的发展。库克兄妹逐渐在网站加入游戏和竞赛，用户可以通过这些项目花费和赚取虚拟货币，"赚钱"最多者可荣登网站"最受欢迎的人"。不久后，库克兄妹又兼并了一个提供自创心理测试题的网站。凯瑟琳坚持网站全部设计风格围绕高中生兴趣。约会永远是最受高中生欢迎的话题，网站上点击率颇高的心理测试题目包括"你是男孩眼中的大众情人吗?你会选择什么样的分手方式？"等。

凯瑟琳可能没有意识到，她三年前的灵光一闪将会开创一个全新的网络世界，不过她也面临新难题。她发现，平衡经营网站和谋求学业之间的时间分配并不容易。"我想毕业，"凯瑟琳说，"但我可能不得不休学一两年，先忙网站。"

网站经营也出现新现象，许多人许以重金希望收购myYearbook。但凯瑟琳不想放弃，理由是她"还没玩够"。

盈利模式

赚人气赚广告

MyYearbook.com网站在全美青少年中人气第一，广告年收入千万美元。

2006年，创建的第二年，myYearbook开始收获成功。MyYearbook当年获得410万美元注资。同一年，互联网流量监测机构尼尔森公司评选它为12～17岁青少年最受欢迎网站之一。myYearbook网站如今拥有1000万个注册用户，每月超过15亿人次翻看网站上个人主页。美国互联网调研机构测算，myYearbook.com如今已是美国第三大社交网站，排名仅在“我的空间”和“脸谱”之后。不过，后两者都面向成人，凯瑟琳的网站则是高中生的天下。

网站知名度扩大，引起不少大品牌关注。一些广告主说，他们就喜欢这个网站一贯的质朴风格。“网站为青少年提供一个感受自由的地方，他们在这里不会受人评判。”

第二十六章

“变通”苏哈斯·戈皮纳思：设计网站与开发软件

“我能为自己做的事情，为什么要去为另一家公司做呢？”

“我从来就不想当明星。”

——苏哈斯·戈皮纳思创业寄语

小 传

苏哈斯·戈皮纳思 1986年生于印度。14岁那年，他就创办了一家软件公司。从那年开始，他已经成为印度IT业中最为成功的标杆人物之一。在全球范围内，无论是发达国家，还是发展中国家，都形成了若干规模不等、各具特色的软件产业聚集地，如美国的硅谷、日本九州的硅岛、印度班加罗尔的软件园等等。这些产业聚集地已经成为全球经济格局的重要组成部分，其中，印度的软件业聚集情况颇具借鉴意义。由于决策和定位得当，印度迅速崛起为一个软件生产大国。在班加罗尔软件园内，有软件企业近1200家，占据印度软件业半壁江山。这些软件企业中，8%是跨国公司，24%是中小企业，68%是外资企业。其中43%的软件企业从事应用软件开发，35%从事IT外包服务，22%是软件技术公司。

现在的苏哈斯运转着一家跨国企业，雇佣了400多人，员工年龄平均21岁，他们与全球各地的200名客户开展业务。跨国公司具有全球战略目标和高度集中统一的经营管理。跨国公司的战略目标是以国际市场为导向的，目的是实现全球利润最大化。美国一家公司曾出资1亿美元要求持有其大部分股权，但苏哈斯没有答应。

变通是苏哈斯·戈皮纳思的性格特质。一个人需要变通来获得成功，一个企业需要变通来获得效益。善于变通的人，只需一个好思路，就能开辟一条道路；只需灵活一点，就能进退无碍。印度政府更将他视为国民楷模！

创业故事

为印度人建论坛

1998年，苏哈斯创建了自己的第一个网站酷印度(coolhindustan.com)。"我当时想为全世界的印度人提供一个论坛来发布公共事务，交流有关外出下餐馆的信息，谈论他们感兴趣的一切东西。"网站人气兴旺，结果还吸引了巴基斯坦的黑客。他们攻击了"酷印度"，将网站的标志换成了"酷巴基斯坦"。他最后放弃了这个网站。

当时，美国硅谷的猎头们已经听说了苏哈斯的不凡。有一家名叫"网络解决方案"的公司邀请这位年轻的印度人前往其总部。这是他平生第一次坐飞机，也是第一次出印度。"他们为我提供了一个工作岗位。他们还愿意为我支付在美国接受教育的费用。""我能为自己做的事情，为什么要去为另一家公司做呢？"就是在此时，他下定决心要成为一名老板。

1亿美元也不卖"宝贝"

苏哈斯本来可以开着豪华的大轿车，也可以住进高级公寓，或者给父母在郊区买一栋别墅。但他们一家住的是中等规模的房子，他开的是一辆小型轿车，他用的手机也不时髦，穿的也不是什么名牌服装。

2005年，来自美国的一家投资公司开价1亿美元，要求持有"全球解决方案"的大部分股份。但在商谈了好几个月之后，苏哈斯还是拒绝了。对于拒绝的理由，他回答说："我怎么可以卖掉我的'宝贝'呢？"

在20世纪90年代中期，印度中南部班加罗尔城出现了第一批网吧，其中有一家就开到了苏哈斯家附近。"哥哥希雷亚斯带我去了那里，我被它迷住了，互联网从此改变了我的生活。"他当时每一分钟都泡在网上。他自己学会了怎样建网站。他母亲卡拉说："他当时把他手里的每一个卢比(印度货币单位)都花在网吧里。"苏哈斯也承认说："在那以前，我一直是个好学生，在发现互联网之后，我的成绩就很一般了。”

客户遍布世界

“全球解决方案”公司已经在世界各地积累了200名客户，在11个国家设立了办事处，公司约65%的营业额来自欧盟。公司尤其善于发现未饱和的市场。比如说，他们为各个学校开发了一款软件产品，这是一种班级电子注册系统，能让老师们轻松登记分数，记录学生考勤，让家长们核验孩子是否去上课了。印度政府对这一主意无比兴奋，政府与“全球解决方案”签订合同，要在1000座学校里使用这一软件。

在印度班加罗尔的运行成本较低。“全球解决方案”在这里的员工月薪为540～675美元，但与在西方的分公司雇员们1485美元的月薪比起来，就少了一大截。“对于我们来说，为‘全球解决方案’工作并不是为了钱，”负责财务管理的加亚思里·库马尔说，“这儿的氛围和乐趣显得更重要得多，这儿没有任何等级制度。”

边工作边读大学

苏哈斯的父亲戈皮纳思曾经是印度国防部的一名科学家，他说：“儿子过去7年间所做的种种选择是正确的，对于我们来说，他拿个文凭这一点是很重要的，在印度，受教育是最重要的事。”苏哈斯已经采纳了父母的建议，在工作之余，学习工程学。不过他还真不容易找到时间来学习，曾经因为要去德国参加一次大会，他不得不放弃了一次考试，而要重新获得考试机会，就得等到一年之后。在大学里，苏哈斯听取各种讲座，偶尔也开开讲座，前来听讲的人往往比他大上数十岁。

苏哈斯说，有时候他觉得自己未能像大多数朋友一样好好享受年轻时光。他们可以去看电影，而他却坐在电脑面前工作。“我的同学们叫我‘先生’，用手机为我拍照，或者向我索要签名，这让我很苦恼，我从来就不想当什么明星。”

蓄胡须显成熟

苏哈斯·戈皮纳思是“世界最年轻的CEO”，为不显得幼稚，苏哈斯蓄起了胡须。嘴上没毛，办事不牢。留点胡子显得有点沧桑感，让人觉得经历过很多，显得成熟、稳重、干练。成熟似乎是一件很残酷的事情，它代表了青春的流失和梦想的褪色。可是，走向成熟是人生的方向。成熟是一种明亮而不刺眼的光辉，一种圆润而不腻耳的音响，一种不再需要对别人察言观色的从容，一种不理会哄闹的微笑，一种无须声张的厚实，一种并不陡峭的高度。

★★★★★ 财富密码

变 通

苏哈斯的父母敦促他要完成学业，学点有用的东西。因为父母觉得，只有这样才能获得一个稳定的工作。印度的法律规定：至少要有18岁才能自己开公司。

苏哈斯没法等下去，他变通了一下：邀请3位朋友一道，将他的这家公司在美国加州圣何塞注册。“这当然是在网上注册的。”他想将公司命名为“全球解决方案(GlobalSolutions)”，但这一名称已经有人注册了，于是他改用了“全球解决方案“的缩写“Globals”。 坚持是一座灯塔，在黑暗中，它能让你感到光明与希望；变通是一双翅膀，在山穷水尽时，它能带你展翅飞翔。在创业人生路上，两者缺一不可。在坚持梦想的同时，不要忘了带上“变通”的翅膀！只有这样，才能更容易地到达成功的彼岸！

印度的一些政要知道了这位年轻人。他甚至还获得了一次与总统阿卜杜尔·卡拉姆私下交谈的机会。苏哈斯说：“我那次告诉他说，印度法律对于开办公司者在年龄方面的限制，应当予以废除。”卡拉姆当时许诺支持他，但迄今为止什么都没改变。阻力不只来自法律。许多潜在的客户知道他只有14岁时，都取消了订单。“许多人并不怎么拿我当回事。”最后，苏哈斯设法克服了所有的阻力。有关他的公司的正面消息渐渐传开了，他也雇用了越来越多的人手，开办了更多的分公司。他的大多数雇员也和他一样年轻：平均年龄21岁，最年长的26岁，最小的才12岁。

盈利模式

设计网站与开发软件

苏哈斯·戈皮纳思吃得少，睡得也太少。她的母亲卡拉说："这样子是不健康的。今天他躺在沙发里，在笔记本电脑上一直工作到凌晨4点，然后8点钟就去了办公室。"

苏哈斯现在是"全球解决方案(GlobalsInc.)"公司的CEO兼创始人之一。这家公司为客户设计网站和开发软件，在世界各地雇用了400多员工，如今他已经成为印度人的一个偶像，堪称印度版吉尼斯世界纪录大全的"林姆卡纪录大全(LimcaBookofRecords)"将苏哈斯列为"世界最年轻首席执行官"。

网站建设是网站策划师、网络程序员、网页设计师等岗位，应用各种网络程序开发技术和网页设计技术，在互联网上建设站点，并包含域名注册和主机托管等服务的总称。网站是企业展示自身形象、发布产品信息、联系网上客户的新平台，进而可以通过电子商务开拓新的市场，以极少的投入获得极大的收益和利润。

软件开发的内容是：需求、设计、编程和测试。需求：不仅仅是用户需求，应该是开发中遇到的所有的需求。比如，首先要知道做这个项目是为了解决什么问题；测试案例中应该输入什么数据……为了清楚地知道这些需求，经常要和客户、项目经理等交流。设计：编码前，肯定有个计划告诉要做什么，结构是怎样等等。编程：如果在项目截止日，程序不能跑起来或达不到客户的要求，就无法顺利交接。测试：先写测试，这样可以及时知道是否真得完成了，否则，会不知道，到底有哪些功能是真正完成了，离预期目标还差多远。

第二十七章

“创新”弗雷泽·多尔蒂：**最大超市出售超级果酱**

“我是在冒险。要对冒险有自己的观点，并享受这个旅程。”

“我正在思考如何让其他的不健康食品也能够变得更加有益健康：少一点糖、少一点脂肪和盐。”

“我认为创业非常需要冒险的精神。也许实现一个想法是非常困难的，但你自己必须100%地相信它，并且要通过努力让其他人也认同这是一个不错的点子。”

“你要自愿地、主动地尝试新的事物，不断改变你的想法并且试着改进你现在所做的事情，哪怕这件事情已经看上去足够好。”

——弗雷泽·多尔蒂创业寄语

小 传

弗雷泽·多尔蒂 1989年出生于英国。2007年，英国韦特罗斯(Waitrose)超市与多尔蒂接洽，希望销售他的“超级果酱”产品。几个月后“超级果酱”开始出现在184家连锁店的货架上。Waitrose是英国一家高级的连锁超市，商标上有皇室徽章，是皇室的指定超市。此后，英国零售业巨头特易购(Tesco)购进“超级果酱”，并在其300家连锁店出售。TESCO，成立于1924年，是英国最大的超市连锁集团。在英国，英国人每8英镑的消费中，至少有1英镑花在特易购的连锁店。特易购已经在某种程度上代表甚至塑造了英国人的生活方式，1/3的日用百货从这里流向英国人的家中，特易购的顾客以大致相同的比例涵盖了各个阶层的英国民众，包括上层富人、新富阶层、中产阶层、手工业者与一般民众。2004年，TESCO出资1.4亿英镑收购中国“乐购”超市集团50％的股份，开始进入中国市场。在2008年成为仅次于沃尔玛、家乐福和家得宝的全球第四大超市集团。

由多尔蒂研制的“超级果酱”，原料采用的都是对身体健康极为有益的水果，同时，他还将果酱秘方进行了改动，从而使果酱食用起来更加健康。水果是人们心目中最健康的食品之一，甚至有些人吃的水果比主食还要多几倍。吃果酱比直接吃水果更有利于肠胃吸收，更快转化为身体所需的气血、能量。多尔蒂目前个人资产已超过100万美元。

创业故事

靠祖母秘方赚第一桶金

多尔蒂嘴馋，尤其爱吃果酱。14岁的时候，祖母送给了他一份特别的礼物——自己花费几十年研制出来的“果酱秘方”。

从8岁起就想方设法赚零花钱的多尔蒂如获至宝，何不拿着这份“秘方”做点果酱生意呢？说干就干，多尔蒂去超市用2英镑买了一打橘子和一包糖，在自家的厨房里照着秘方熬出了6瓶橘子果酱，然后就提着一个塑料袋挨家挨户去敲门兜售了。多尔蒂一开始就找对了人，那些留守在家的老太太，谁能拒绝这样一个兜售“自制果酱”的可爱男孩呢？在她们的热心帮助下，首批产品很快就销售一空，而且因为口味极佳，又是出自一个孩子之手，他的名声很快就传了出去。

果酱生意的发展进度出乎多尔蒂的预料。一年以后，为了满足顾客的需要，多尔蒂每周要呆在厨房里制作出上千瓶果酱，父母都被他拉来作为帮手。多尔蒂的父亲说：“很长一段时间，他都霸占着我们的厨房，要么在做实验，要么在做果酱，完成每天增加的订单。他在厨房的时候，我们谁都别想进去，除非我们做好准备进去帮忙，连客人来了也要帮着给瓶子贴标签。”很快，多尔蒂成了小有名气的创业者。一家电视台为他拍摄了一个纪录片，以多尔蒂生意扩大为契机，记录他寻找扩大再生产的方法。在摄像机的镜头下，他找到了一家工厂，在那里他可以进入车间和流水线，亲自监管产品；还找到一个当地的代理机构免费设计果酱瓶。节目的最后，电视台邀请了一群普通观众品尝果酱，试吃者惊奇于一个少年能制作出如此美味的果酱。节目的播出也为多尔蒂扩大了影响力。

最棘手的事

多尔蒂并不是为了赚更多钱才去经营事业，他希望看到自己创业的成功。但人们很难相信一个少年的创业点子，而且怎样获得创业的启动资金也是个很棘手的问题。所以一开始，很多人都不相信多尔蒂能真刀真枪地干起来，也没有人愿意和他一起创业。最终，多尔蒂从一家慈善机构那里借到了启动资金，这家慈善机构愿意借钱帮助一些渴望创业的年轻人。随后，多尔蒂请专业设计师给果酱设计了时尚商标，想方设法把“超级果酱”放上超市的货架。当然，多尔蒂也得到了一些成功企业家的建议，他们乐意让多尔蒂分享他们的经验。

★★★★★ 财富密码

创新

多尔蒂的故事在英国几乎家喻户晓。他中断了一阵学业，因为他的果酱开始在英国最大的连锁超市销售。当然，这一切除了得益于祖母的秘方，更多的是多尔蒂的聪明大脑在起作用。

在传统的果酱行业中，草莓酱占销售份额的40%，市场已经饱和。为了避免和其他草莓酱供应商正面竞争，多尔蒂在原始秘方的基础上，进行了大胆的创新。他注意到传统果酱的制作成分中80%都是糖，那些十分在乎身体健康的消费者对此类果酱十分排斥。于是，他采用含有很高抗氧化剂和维生素的水果或蔬菜来作原料，比如黑加仑、蓝莓、姜、蔓越橘等等，他将这些称为“超级水果”。然后多尔蒂花了4个月研制出用果汁来代替甜味剂的方法，使得产品的甘油指数很低，符合健康食物的标准，既保留了果酱的甜美，又达到了100%纯天然果酱的要求，连糖尿病患者都可以食用。就这样，由“超级水果”制成的“超级果酱”成了人们的新宠。此外，多尔蒂还决定针对特定人群，特别是年轻人开发另类产品。他研制开发了猕猴桃、柠檬口味的果酱，甚至还有红辣椒口味。他说喝粥或者吃酸奶酪的时候辅以这种果酱味道很不错，据说这种红辣椒口味的果酱是和我国的腐乳有些相似。在英国，不含人工添加剂的“超级果酱”一面市就引起了强烈的反响。

盈利模式

最大超市出售超级果酱

“超级果酱”已经有10多种不同的口味，多种口味多样产品带给消费者不同的口感和享受。俗话说，众口难调。只有口味多样的果酱，才能满足不同口味的人群。多种口味，适合多样人群。

“果酱男孩”多尔蒂已经成为英国年轻人心目中的偶像，因为他的“超级果酱”走出自家的厨房，摆进了英国最大超市的货架，被誉为“最受欢迎的果酱品牌”之一。英国最大超市Tesco和沃尔玛、家乐福比起来，Tesco成长最快。Tesco一直是以自己的方式走路，在世界零售业越来越同质化的今天，Tesco看上去是一个标新立异的角色。Tesco在全世界拥有门店总数超过3700家，员工总数达440000多人。除英国外，Tesco还在其他13个国家开展业务。 3000多家连锁店就是一个超级管道，管道是生命线。管道是一天24小时、一周7天、一年365天不停地动作。当你睡觉时，当你玩乐时，当你退休时，当你生病时，或者在紧急情况下，管道继续付钱给你。我们生活在一个“提桶的世界”中，收入高的人提着大桶，收入少的人提着小桶。但不管怎样，任何提桶者都是一样的，只要提桶者用完了病假日或休假日，如果他们不继续提桶，就得不到收水。只要建造一条能带来持续收入的管道，你就可以脱离这种为了生计而每天辛苦奔波的日子，从此彻底摆脱“提桶人”的命运，真正实现财务自由。

第二十八章

“天分”贝尔尼克：利用资金流的时间差

“选择卖中国制造的办公椅很奇怪吗?我认为这是最合理的决定!”

“能否成为一名优秀的销售商？由天分决定！”

——贝尔尼克创业寄语

小 传

贝尔尼克 1987年出生于美国。他14岁时就自创网站，专卖中国制造的椅子，现在每年营业额达1500万美元，拥有40多名员工及4万平方米仓库，连美国国防部都是他的客户。美国国防部是关于美国军队的部门，成立于1947年9月18日，前身为美国战争部，总部位于五角大楼。最好客户是高要求，同时也是付钱多而及时的大客户。只有看到大把大把的钱滚入了创业公司的账上，激情才会持续高涨。没有客户就没有一切。市场可以从三个方面看：宏观的、微观的，以及具体如何开发市场。大客户对于企业的生存与发展至关重要，成功的进行大客户的销售，是保证企业持续良好发展的重要手段。要想成功拿下大订单，首先第一步，问问自己，谁是你的大客户，找准你的大客户。

贝尔尼克乍看去只是一个普通学生，但仔细观察，他的手上戴着价值数千美元的名表，座驾是德国宝马。宿舍里刚刚添置了40英寸的大电视，嘴边总挂着“退休账户”，“我的律师表示”，“我的理财顾问建议”，难掩富豪气派。

创业从学生抓起，作为在校学生，用自己的智慧和汗水挣钱，而不再用父母的钱，是一件骄傲的事情。

创业故事

卖游戏卡赚第一桶金

贝尔尼克的第一笔创业资金来自上小学的时候。当别的孩子正在游戏机中找寻童年欢乐时,贝尔尼克为邻居剪草赚钱。他没有用这笔钱来买糖果,而是购买了有升值潜力的游戏卡与棒球卡,在拍卖网站中炒卖。他还购买了大量游戏卡在网上出售。游戏卡是用于游戏充值时使用的卡,游戏卡按传播介质分为虚卡、实卡、直充卡。虚卡通过电子邮件和网页、短信进行发放。实体卡通过发刮卡,获取卡号和密码,通过网络或其他方式进行充值。直充卡其实就是省略了虚卡卡号和密码的一种方式,通过esales系统,直接将虚卡充入游戏账号。

卖中国椅子发家

贝尔尼克拥有的一切全靠拼搏而来。在椅子公司开业当天,贝尔尼克凌晨五时就守候在电脑旁,等待第一笔生意。不久,贝尔尼克一家已经需要安装免费电话,方便贝尔尼克上学回家后与顾客交谈了。母亲莱斯利说:“我认为顾客并不知道他们正在和一个孩子谈(生意)。”

目前贝尔尼克的生意遍布全美,客户包括国防部等政府机构和哈佛、耶鲁等大学,甚至著名的电视真人秀节目也是他的常客。在互联网搜寻引擎上以“办公椅”为检索主题,首先出现的就是贝尔尼克的网页。贝尔尼克选择“办公椅”这个过去他并不熟悉的产品进行销售,最初并不为大家看好。大家认为他选择的这个方向,过去没有人经营过。贝尔克尼却说:“选择卖中国人制造的办公椅很奇怪吗?我认为这是最合理的决定!”他的理由是做这个生意:成交价高,低囤货,同质商品少。商业操作中,他卖办公椅,不用高额的邮政寄送,而改以大宗货运的方式,大大降低了运输成本。

★★★★★ 财富密码

天分

贝尔尼克打小就有做生意的天分。贝尔尼克10岁时为邻居花园剪草赚钱。上小学时，在知名拍卖网站上炒卖游戏卡，他购买了大量游戏卡在网上出售。父亲说：“那时我们打开邮箱，常常会发现支票从里面涌出来。”贝尔尼克还没满13岁时，已经赚到4000多美元。

进入中学后，贝尔尼克自学网页设计，为家人和朋友制作网页。贝尔尼克构思出在互联网上出售办公椅的公司时，就把自己锁在房内埋头苦干，直到网页制作大功告成。

做生意靠天分，什么是天分？天分就是对某样事物有与生俱来的领悟力；天分就是敢想别人不敢想的，敢做别人不敢做的，再加上坚持不懈。经商之道应该以计为首。面对空前惨烈的市场竞争，你想要找准自己的立足点和切入点、站稳脚跟、生存下来、谋取利益、发展壮大，那么，就必须首先考虑如何运用商业智慧制定全面系统的、可操作的和切实有效的经营策略和实施方案，以便确保每战必捷，战无不胜。

盈利模式

利用资金流的时间差

商业操作中,贝尔尼克采取在接到客户的订单后,再向中国的制造商订货,利用资金流的时间差,"空手套白狼"。

贝尔尼克的真正聪明之处在于,他看到了,随着信息技术的迅速发展和应用普及,传统的信息流、物流、资金流传输速度出现了很大的差异化,信息流传递最快,资金流由于有信息技术的辅助,传递速度次之,最慢的是物流。由于三流传递速度出现明显的差异化,因此传统的三流并行方式并非是最快的流动方式,如果将三流分开运行,再进行有机地整合,就会创造出一种更快速的商业模式,这即是贝尔尼克模式。在三流分行的模式中,来自客户端的需求信息与来自供应链上端的产品信息通过信息技术手段进行了精确链接,从而使信息流单独成为一个快速流动的单元,贝尔尼克向客户承诺其个性化的需求信息会最准确地反映为产品信息,而在过程中对需求信息加以引导使之尽可能接近贝尔尼克可以提供的产品信息,这样贝尔尼克就省略了等待上游供应商提供产品信息的环节,将传统的信息流精简,争取到了时间,实现方式即通常所说的按单订制和按单配制。

但物流与资金流的相对迟滞必然带来三流之间的一个明显的时间差,这个时间差由客户对办公椅的心理等待时间所弥补。也就是说,贝尔尼克如果想成功,就一定要把客户从知道所购的准确产品信息到见到产品实物之间的时间,控制在客户对产品的心理等待时间之内。只要贝尔尼克能够将信息流与物流之间的时间差控制在合理的时间区间之内,贝尔尼克就能够完成承诺,赢得客户的信任。这导致了贝尔尼克在几乎零库存管理和高效的供应链管理上的狂热追求,并最终成功地建立了一整套"三流分行,有机整合”的全新的商业模式。

如果客户需求的只是办公椅这样的标准化产品，追求的是低廉的价格和更方便的使用，贝尔尼克模式无疑是具竞争力的。但随着网络技术的普及，客户应用越来越向多样化、复杂化和网络化发展，使单一的办公椅已经不能满足不同领域客户日益增长的需求时，贝尔尼克模式资源欠缺的局限性在不久的将来将会遇到越来越多的挑战。

第二十九章

“省钱”本·沃尔德林：
服务比较赢取顾客忠诚

“每一个在网站上列出名称的运营商客户我都收取一定比例的钱。”

——本·沃尔德林创业寄语

小传

本·沃尔德林，1986年出生于荷兰。他是一个商业天才。早在13岁时，本·沃尔德林就创办了自己的第一家公司，现在他是荷兰最知名的年轻老板之一。敢为天下的人才能创办自己的公司。创办自己的公司会有许多回报，可以掌握自己的未来，有机会过上富足的生活。你有一个想法，你有一个设想，你对这件事的狂热已接近强迫性的状态，以至于你的家人都开始怀疑你的心态是否失衡了。此时，你应当准备开办自己的公司！新公司可以创造以前不曾有过的就业机会，创造能提供新的服务功能的新产品和新服务。新公司实现了创业者的梦想，每一家公司都是对其所有者的一种独特的反映，就像一幅艺术作品是其创作者的反映一样。

沃尔德林为人所知的公司是Bellen.com网站，这个网站提供了一项服务，用户可以在该网站比较不同公司移动电话的收费。荷兰最大的移动通信运营公司是荷兰电信，荷兰第二大GSM运营商是Libertel公司。荷兰电信运营商普遍采用单向收费，即主叫方付费。但不同手机运营商之间的资费标准不同，购买时选择同一运营商的不同合同内容、资费标准也不同，而且用同一运营商提供同一合同内容的接入服务，在不同时间通话资费标准也不同。

● 创业故事

回复邮件后才做作业

沃尔德林的公司只有三个人，一个全职的雇员，一个撰稿人还有他的母亲。他的母亲担任公司的经理。沃尔德林解释说："根据荷兰的法律，我的年纪太小，不能当经理。"他还只是一个学生。"我与荷兰的其他学生一样骑着自行车上学，不得不学习到一天快结束的时候。唯一不同的是，当我放学回家以后，我需要用几个小时的时间答复电子邮件和与运营商打交道，然后，我才做作业。"电子邮件是一种用电子手段提供信息交换的通信方式，是Internet应用最广的服务。通过网络的电子邮件系统，用户可以用非常低廉的价格，以非常快速的方式，与世界上任何一个角落的网络用户联系，这些电子邮件可以是文字、图像、声音等各种方式。正是由于电子邮件的使用简易、投递迅速、收费低廉、易于保存、全球畅通无阻，使得电子邮件被广泛地应用，它使人们的交流方式得到了极大的改变。

学生自主创业是一个必然趋势。创业必须弄清楚可行性的分析，新商品的价值，机会，新的经营方式，渠道。要学会整合。学生自主创业就是学生通过个人及他人的努力，利用所学到的知识、才能、技术和所形成的各种能力，以自筹资金、技术入股、寻求合作等方式，在有限的环境中，努力创新、寻求机会，不断成长创造价值的过程。沃尔德林创造了新公司，也创造了学生创业的佳话。

★★★★★ 财富密码

省 钱

荷兰格罗宁根市的本·沃尔德通过教人们怎样节省电话费已使他成为了百万富翁。

沃尔德林建立了一个Bellen.com网站，介绍哪一家公司能够最好得满足用户的需求。用户所要做的事情就是浏览这个网站，输入当前电话运营商的名称和用户通常使用电话的次数。这个网站就可以帮助用户计算最便宜的选择。对于普通家庭来说，节约开支是最重要的。赚钱不如省钱快。日常生活中，大多数人坚持的原则是：能免就免，该省则省；若非实在需要，再便宜也不得浪费。如果消费的速度大于收入的速度，最后财富还是无法增加，更谈不上理财了。买手机的支出是一次性的，而手机费、电话费、宽带费，每个月要支付的通讯账单则是绵绵不绝的。学会话费理财，会省下不少开支。

为别人省钱就是为自己赚钱。自从1998年建立这个网站以来，沃尔德林已经收入了几百万欧元。

盈利模式

服务比较赢取顾客忠诚

本·沃尔德林（Ben Woldring）的商业实体——bencom.nl网站赢得了顾客的忠诚，许多荷兰人用它提供的对比信息来寻找移动电话、网络宽带的最佳服务。现在，沃尔德林的Bencom公司，已经扩展了多个站点，提供固定电话、移动电话、网络宽带等方面完整详尽的资料。用户通过这个网站比较不同公司的服务是免费的，那他靠什么盈利？在阅读完Bencom的资料后，有些客户会在线申请开通电话和使用一些服务项目，这样Bencom能得到相关的介绍酬金。同样，Bencom可以从横幅广告、电信供应商和转售者那里获得收入。沃尔德林说，现在每年能有数百万欧元的收入。沃尔德林说：“我的收入来自广告和与网站签约要在网站上列出名称的电信运营商。每一个在网站上列出名称的运营商客户我都收取一定比例的钱。”

第三十章

“爱心”费拉·格雷：**时间就是金钱**

“我一定能做些事情来帮她的忙。”

“我宁愿先苦后甜。”

“金钱能让我做许多以前做不到的事情。”

——费拉·格雷创业寄语

小 传

费拉·格雷 1987年出生，非洲裔美国人。在美国贫民区长大的孩子有不少都走上了贩毒的道路。格雷说道："如果去贩毒，那么可能会先得到些短期利益，但最后定会堕入地狱般的困境。我宁愿先苦后甜。"

由于没有人敢雇用这个"童工"，格雷选择利用最容易获取的资源来开始创业的第一步，例如在街上随便就能找到的石块。"我开始在这些大石头上画上颜色和图案，然后挨家挨户的敲门推销作品。我大声地敲门，跟人们握手说：'你好！我叫费拉·格雷。你愿意买下这块石头吗？它能用来做镇纸、压书具或者门脚夹。'那些人往往会疑惑地看着我说：'这不是原本在我家门前地上的那块石头吗？'我则会解释说：'是的，但是它现在的模样已经跟原来不一样啦。'" 格雷很早就学会了怎样发掘普通物件的另类价值。

除了卖石头，格雷还会向邻居推销他自制的沐浴露。格雷的祖母奥德丽·普里斯说："格雷是个小男子汉，他不是小男孩。有一次他准备发表一场演讲，就对现场的所有人说'坐好，听我说'——就好像他是一位教授一样。"8岁的时候，格雷建立了自己的商业协会，叫做"城区街坊经济企业协会"，这是一个鼓励年轻人创业的社区组织，会员也大多是一些贫困家庭出身的儿童。格雷设法获得了一些当地商人的捐赠，用于交通和租用开会场地的费用，以便让穷孩子们聚在一起学习经商的方法。"我那时候很紧张，因为我必须以这么小的年纪请求人们捐钱，而且还要面对遭受拒绝的现实。许多人都会对我说'不'。他们会当着我们的面把大门关上。但是我还是设法筹集到了1.5万美元，我使用了一种所谓的'5人策略'——如果你不想捐，那么请你多介绍5个可能会捐钱的人给我们认识。" 靠着筹款，格雷和他的小商会开始推广自己的业务，包括售卖小饼干和礼物卡。在某种程度上，这就是他学习怎样创业的第一课。

几年后，格雷母亲的心脏病愈发严重。格雷的哥哥安德烈找到了一份工作，能够让全家搬到美国西部一起生活，这也为格雷带来了一个转机。在拉斯维加斯，他拥有更广阔空间去施展他的创业和交际天分。他此前的创业经历引起了媒体的关注，他还得到了一份播音工作——获邀在当地电视台的一个脱口秀节目“后台直播”中担任主持人。格雷这个时候仅仅12岁，但是已经能在观众面前侃侃而谈。他的名声逐渐大了起来，开始有人预约邀请他进行一些演讲，每次的出场费高达数千美元。格雷抓住这些机会，利用自己最拿手的技能来挣钱。

2005年1月，格雷又根据自己的创业经历写成一本书。索尼影视娱乐公司已经打电话征求格雷的意见，希望投资将他的故事拍成一部电影。“金钱能让我做许多以前做不到的事情。现在我拥有自己的汽车，在拉斯维加斯和纽约都有房产。我手上戴的手表就价值1.6万美元。”不过，格雷仍要与时间赛跑。

创业故事

读一本书，办一家公司

在读完一本市场行销的书后，格雷创办了属于自己的一家食品公司。“我按照书里每个章节的介绍一步一步去建立起食品公司。我自己用火炉制作糖浆，倒进瓶子里，然后送去给包装工人，并且设法找熟悉这个行业的人来指导我。”靠着这家食品公司和其他一些资产，14岁的格林正式成为百万富翁，创下了美国商界的一个传奇。读书与赚钱有什么关系吗?不，它们没有,它们是两码事。学术与商业是两个世界，书读的多，钱不一定赚的多，甚至适得其反。读书与赚钱原本是两个没有多大关系的概念，但是常常有人会提出这样的问题：读书与赚钱哪个更重要呢？在现实中，有人读书是为了赚钱，读书有用。理想的人生应当是物质与精神的完美统一，知识与财富同样拥有。所以，最好的选择是不要把读书与赚钱对立起来，做到读书赚钱两不误。退而求其次，当是该读书时读书，该赚钱时赚钱，最不济的便是头脑空空且口袋也空空。

“我的衣橱里没有一件西装是低于1000美元的，但是我（除了花钱）也会适当地进行投资。”格雷目前的兴趣包括房地产经纪和开设针对年轻人的商业课程。此外，格雷还是《城内》杂志的发行人。他的头像甚至出现在了一种借记卡上。

★★★★★ 财富密码

爱 心

格雷目睹了单亲母亲的艰苦工作，格雷早在6岁就开始“创业”帮补家用。由于工作和生活压力，格雷母亲的心脏病一次又一次地复发。格雷那时就告诉自己：“我要改善家里的生活。""当我上床睡觉的时候，妈妈还没有睡觉；当我睡醒时，她也已经起床了。""我从来都无法确定她是否真的有睡觉休息，我从这些事情中真切地感到了求生、奋斗的感觉。后来妈妈心脏病发作，我就说：'我一定能做些事情来帮她的忙。'"

格雷善于利用他最了解的东西赚钱。他喜欢跟着祖母下厨房，学做果汁，然后尝试着调制自己喜欢的口味。有一次，他看了祖母做果汁的过程后，灵机一动，立即决定注册一家食品公司。他说："我是一边看书一边学习如何经营一家食品公司的。"靠着这家食品公司和其他生意上的收入，14岁的时候，格雷就成了一名百万富翁。那年，为了让母亲住得更舒服些，他给她买了一栋房子。

格雷说，他相信人生有最重要的两个时刻，一个是我们出生的时候，另一个是我们发现我们为什么出生的时候。许多人都想知道格雷成功的秘诀，对此他说："问你自己三个问题吧！第一，什么对我来说简单而对别人来说却很难？第二，你会为了什么可以年复一年地工作而不必求得回报？第三个问题是，你怎么才能为他人服务以及你怎么才能回报他人？

盈利模式

时间就是金钱

费拉·格雷， 6岁开始赚钱帮补生计； 8岁组织社区商会；12岁创办公司；14岁成为百万富翁；20岁出书教人怎样致富…… 对格雷来说，时间就是金钱。金钱与时间是相等的，格雷离不开钱，而钱不是白给的，钱是靠自己挣来的。挣钱靠什么？靠的是技能、知识、实践能力，还要有一点就是时间。有人一小时能挣1000多元，有人一小时才几十元,甚至几元！ 格雷一小时挣1000多元，开始他就这么多吗？要时间来磨炼,一步步升级的!时间与金钱相等。商品用来干什么？换钱！知识用来干什么？挣钱！习惯用来干什么？养成好习惯才能更好的工作！人的一生与钱打交道，什么都用钱!什么都需要时间!钱与时间是不可分离的!

金钱与时间，在“会用”与“不会用”者的手中，会产生很大的区别。善于理财的人，能够用有限的金钱，买到他所需要的东西，甚至以钱滚钱，创造更多的财富。至于不懂理财的人，则可能毫无计划地使用，东买一点，西添一点，到头来买的东西不少，却可能该有的没有，已买的又无用处。 同样的，会用时间的人，懂得安排时间，按照事情的缓急来支取，到头来，不但完成了他要做的，而且能够留下多余的时间。至于不会用的人，则东摸摸，西磨磨，时间一分一秒地过去，浪费的比利用的多，犹豫的比决断的多，时间永远不够用，事情永远做不成。